ガイドブック

法学

［改訂版］

生駒正文・髙田富男　編著
川中達治・細川壯平・宮本里恵・甲斐好文
生駒俊英・井上仁志・山本慶子・土井典子　著

嵯峨野書院

はしがき

本書は、学生諸君や一般社会人の方々を対象に解説する専門教養としての法学の基礎知識をコンパクトにまとめたものである。

法学は社会人として自己の完成を目指す上で有効に役立てることができる必要不可欠な教科であるため、各短大・大学・専門学校でこれを課すことになっている。本書は従前の法学と称せられて法学専攻者にのみ課せられたものとは趣を変え、図表を利用しながら法学の基礎知識を要領よく平易に解説することを主眼として執筆したものである。

我々の日常生活は、絶えず法律関係の連続である。法律の情報・知識を持っているか、そうでないかで、今後の社会生活が違ったものになる可能性が大きいといえる。

そこで、本書は身近な法的問題を取り上げることによって、法の生きた現実の機能を学ぶとともに、法的なものの考え方（リーガル・マインド）を学習できるようになっている。

また、本書は通説・判例を中心として過剰な情報をできる限り排除し、1項目2頁見開きを原則として法律の基本的知識を身につけてもらうため、初学者にとっても納得してもらえる内容になっていると思う。

本書は説明不十分な個所もありうるかもしれないが、読者諸氏から忌憚のないご批判ならびにご叱正をいただければ、さらによりよいものにしていきたいと思う。

いうまでもなく、本書の執筆に当たり、これまでの多数の先生方の貴重な文献を利用させていただいたことを心から深く感謝申し上げる次第である。

終わりに、本書の出版に際して、辛抱強くお世話いただいた嵯峨野書院の相談役・中村忠義氏、編集部の平山妙子氏はじめ関係者の方々に厚くお礼申し上げる次第である。

平成28年10月

生駒正文
髙田富男

改訂版　はしがき

本書の社会経済生活の基本である民法分野は、制定後１２０年経っており、時代が大きく変動する中、制定当時の民法が予想しなかった状況が多く出現した。そのため、現在の社会経済に対応する改正と、一般的にわかりやすいように明文化する改正が行われた。その他にも消費者契約法、意匠法などの改正も行われた。そこで、本書は、第一版を上梓してから三年しか経過していないが、内容をアップ・トゥ・デートなものにするため、加筆することとした。

なお、今回の改訂には、嵯峨野書院の元相談役・中村忠義氏、編集部の中江俊治氏はじめ関係者の方々に大変お世話になった。記して厚くお礼申し上げる次第である。

令和２年12月

生駒正文
髙田富男

目次

第8章 家族法の基礎知識

執筆者一覧

（＊印編者，執筆順）

＊生 駒 正 文	（吉備国際大学大学院知的財産学研究科長）	第１章，第４章，第６章，第７章第５節
＊髙 田 富 男	（愛知工科大学自動車短期大学教授）	第２章
川 中 達 治	（中京大学非常勤講師）	第３章
細 川 壯 平	（常葉大学法学部教授）	第５章
宮 本 里 恵	（紫高総合法務行政書士事務所代表・行政書士）	第６章
甲 斐 好 文	（熊本学園大学経済学部准教授）	第７章第１節～第４節，第６節～第12節
生 駒 俊 英	（福井大学国際地域学部准教授）	第８章
井 上 仁 志	（大阪産業大学経営学部教授）	第９章
山 本 慶 子	（吉備国際大学大学院非常勤講師・学術博士）	第10章第１節～第２節
土 井 典 子	（吉備国際大学大学院･大阪経済法科大学非常勤講師）	第10章第３節～第５節

第1章

法学の基礎知識

① 法律とは

1. 法律は社会のルール

我々は、社会共同生活を本能的に営むにすぎない他の動物とちがって、行動の標準規則である規範の意識を持ち、自らの要求をコントロールできる。そして、実際の社会生活上では、法以外にも習俗、道徳、宗教などの規範を有しており、これに従うことにより社会生活を秩序あるものとし、我々の社会関係に平和と安定をもたらすことができる（図表1-1参照）。

このように社会生活の営まれているところに社会規範（各ルール）が存在することは当然であろう。しかも社会規範のうち、法は社会力、とくに国家権力が強要・強制（刑罰を加えたり、強制執行を行うこと）する規範として、もっとも特徴を持っている。このような強要・強制の力があればこそ、我々の社会生活は秩序よく、平和と安定が維持されるのである。たとえば、「お互いの約束は守らねばならない」という道徳の強制力は主に心理的なものであるが、法律では契約（約束）の実行がなければ、国家権力（主として裁判所）によって履行が強制的に実現され、違反があれば、契約解除・損害賠償を求めることもできる。

2. 法律の必要性

各法は各目的を持つが、究極的には我々の社会生活の秩序維持と正義を実現するために必要なのである。

(1) **社会秩序の維持**　労働基準法は労働者の労働条件の適正な確保を目的とするように、各法も固有の目的を我々の社会生活の秩序維持・安定としている。

(2) **正義の実現**　我々は社会生活に正義を実現することを法に期待する。すなわち、我々は法の理念が正義であることを忘れてはならない。「正義」とは何かというと、一般的には公平・平等といわれている。これはアリストテレスの平均的正義（本は各人に対して一律千円で売る）と配分的正義（各人の能力などに応じた比例的平等）が知られている。

3. 法の性格

我々は法という場合、六法全書の中に出てくる法、たとえば、民法・商法・刑法などのように国会で制定される法律、すなわち成文法（文章で書き表された法）とよばれる法律を考えがちである。しかし、これらの法以外に、その詳細な手続きについては、内閣が制定する政令や各省庁大臣が制定する省令などにより具体的に規定されている命令も広い意味では法律といわれている。なお、法律ではないが、ビジネスにおける法令の有権解釈として行政実務上重要な地位を占める通達がある。

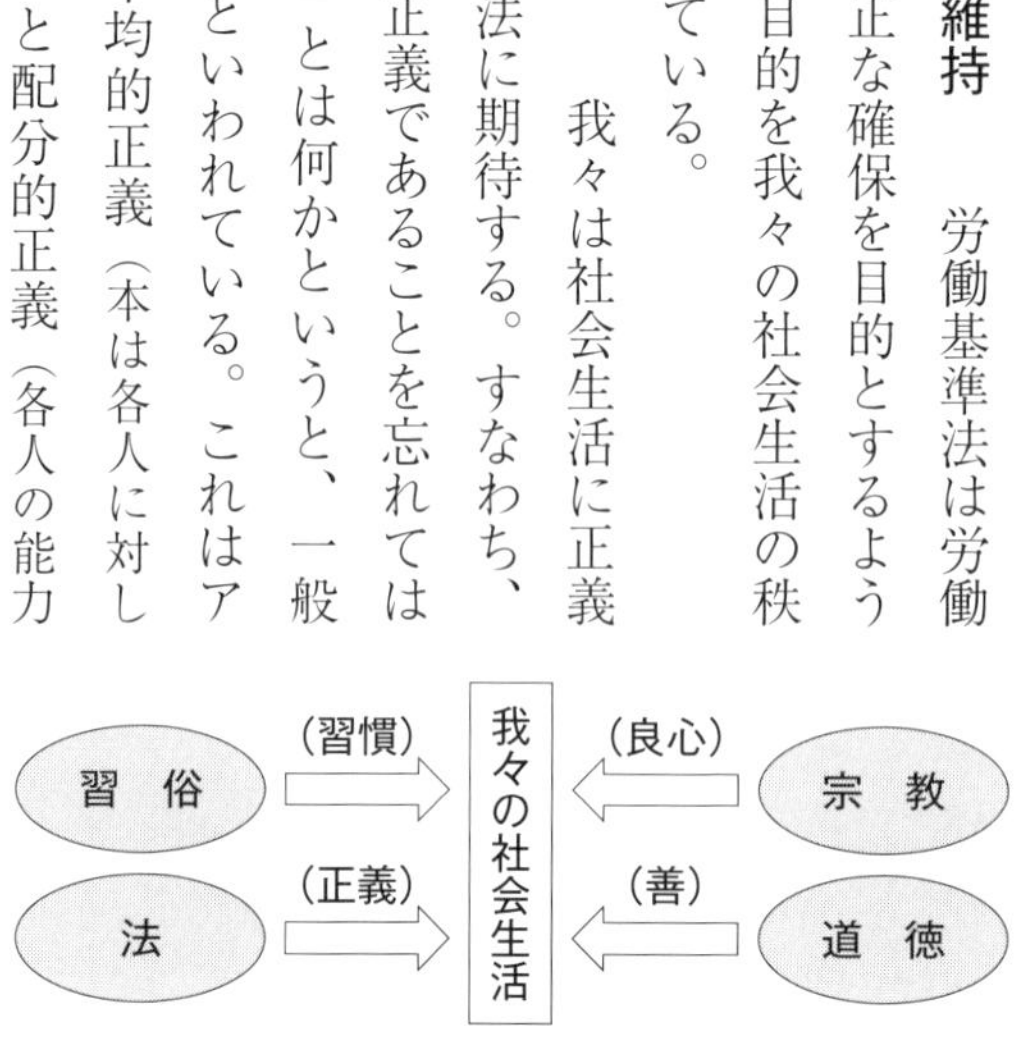

図表1-1　社会規範

(1)　私法と公法　一般的には、我々の社会生活のうち、国家と我々個人との関係、たとえば、選挙や税金などの関係を規律する法律（公職選挙法、所得税法）を公法という。これに対して、我々個人と個人との関係、たとえば、不動産の売買や結婚などの関係を規律する法律（民法）を私法という（図表１－２参照）。

(2)　成文法と不文法　成文法とは、条文の形で表現されている法のことである。また、一定の手続きによって制定された法であるから制定法ともいう。成文法には、憲法、法律、条約、議院規則、最高裁判所規則、行政機関の命令、地方自治体の条例および規則などがある。これに対して、不文法とは、条文の形で表現されない法のことであり、慣習法（人の行動様式で繰返し継続されるもののうち法的効力を認められるもの）、判例法（裁判の繰返しによって法的効力を認められたもの）、条理（物事の道理・筋道のことで、社会生活をつらぬく根本理念）などが当たる。不文法は複雑な社会生活の中では、成文法を補完する存在である。

(3)　一般法と特別法　一般法とは、広く一般の人、事柄、行為などについて効力をおよぼす法をいう。これに対して、特別法とは、一般法を適用するのが適切でなく、特定の人、事柄、行為などについて効力を及ぼす法をいう。このように区別する実益は、「特別法は一般法に先立って適用する」という原則にある。たとえば、土地賃貸借契約の場合には、民法の規定よりも借地借家法が優先して適用される。なお、商法は民法に対する特別法である。

(4)　実体法と手続法　実体法とは、権利義務の実体を定め、裁判をする際の基準となる法律をいう。民法、商法、刑法などが実体法である。これに対して、手続法とは、権利義務の運用手続である裁判手続を定めた法律をいう。民事訴訟法、刑事訴訟法などが手続法である。たとえば、交通事故により損害を受けた被害者は、それによって生じた損害を加害者に対して請求できるという規定（民７０９条）が実体法であり、損害賠償を請求するための手続を定めた法律（民事訴訟法）が手続法である。

(5)　強行法と任意法　強行法とは、ある規定に対し、当事者の意思によっても、その規定に反する取決めが許可されない規定をいう。たとえば、労働者の最低賃金を定めた最低賃金法をいう。これに対して、任意法とは、当事者の意思により、法に反する取決めが許される規定をいう。

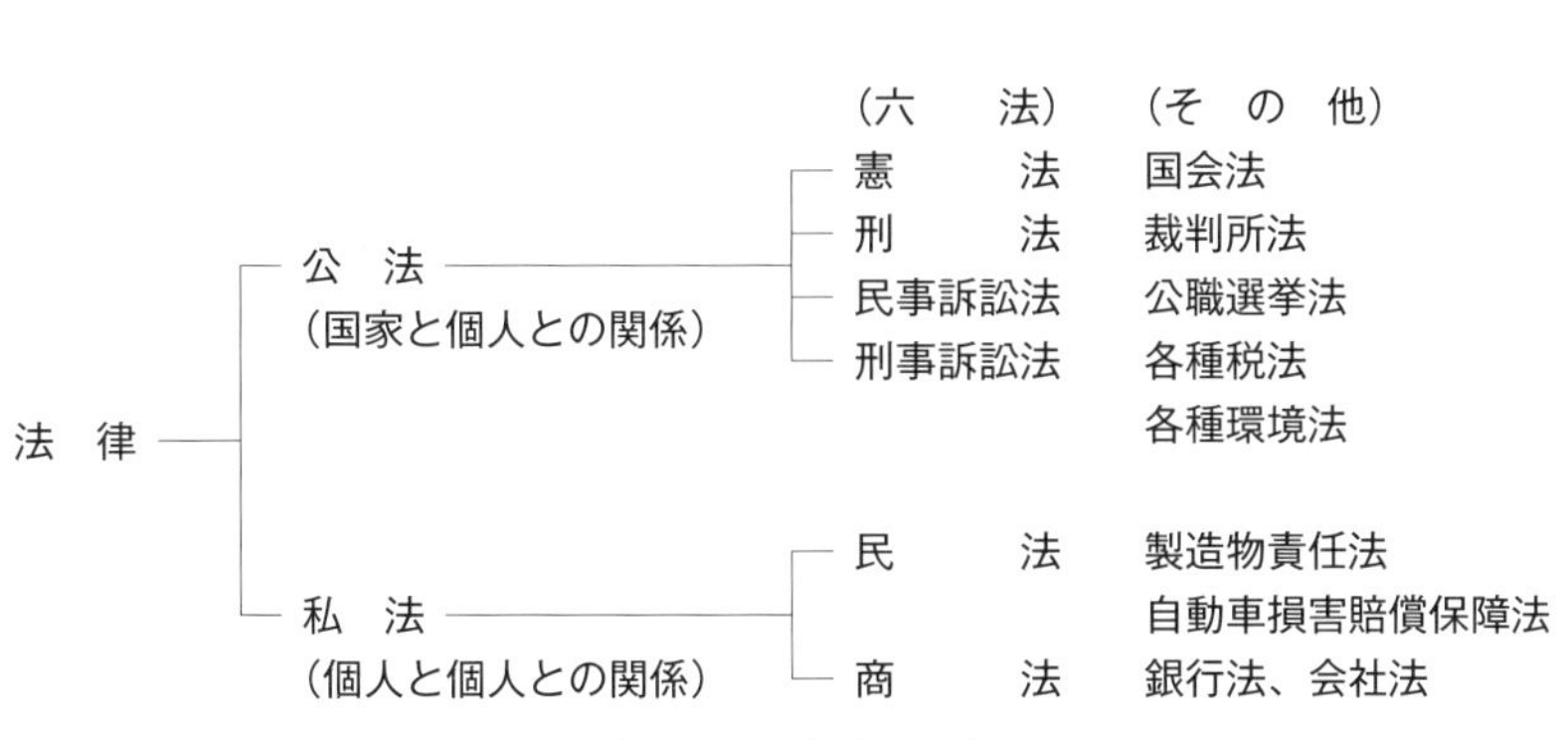

図表１－２　私法と公法

② 法律の体系

わが国の法律体系では、法の種類はさまざまであるが、それによって法の形式的効力の優劣も決まってくる（図表1－3参照）。

1．法の種類

(1) **憲法**　憲法とは、国家の統治・組織および基本的人権に関する構成で、すべての法律の中で最高法規性を有する。日本国憲法は、前文と１０３条の条文からなり、昭和21年11月３日に制定され、昭和22年５月３日に施行され現在に至っている。

(2) **条約**　条約は、文書による国家間の約束で成立する。条約には、協定、協約、議定書、宣言なども含まれる。ただ、条約と法律との効力関係についての優劣が問題となる。

(3) **法律**　法律とは、国権の最高機関である国会の議決を経て制定された成文法をいう。法律は国内法として、憲法の次に強い効力を持ち、わが国の法律体系の中心的存在である。

(4) **命令**　命令とは、国会の議決を経ることなく制定された成文法をいう。命令には、内閣が定める政令、内閣総理大臣が定める内閣府令、各省大臣が定める省令に分かれている。政令の効力は、法律には劣るが内閣府令、省令などには優越するのである。

(5) **規則**　規則には、衆議院・参議院が定める各議院規則、最高裁判所が定める最高裁判所規則、外局たる各委員会および各庁の長官が定める規則（中央労働委員会規則、国家公安委員会規則などが命令）、会計検査院・人事院が定める独立機関の規則（会計検査院規則、人事院規則などが命令）などがある。規則は、法令に劣るが、規則相互間においては所管事項が異なるため、優劣関係は生じないとされる。

(6) **条例**　条例とは、法律の範囲内で、地方公共団体が、その議会において制定する住民の権利、義務に関する法規で、たとえば都道府県条例、市町村条例などがある（憲94条）。地方自治法では、「法令に違反しない限りにおいて」（地自14条１項）と規定のため、条例の効力は、憲法、法律、命令に劣る。なお、条例は、当該地方公共団体の地域内でのみ効力を有する。

以上のごとく、わが国の法律体系は効力順をもって形成されているのであるが、上下の法令間に矛盾抵触する関係が発生したと

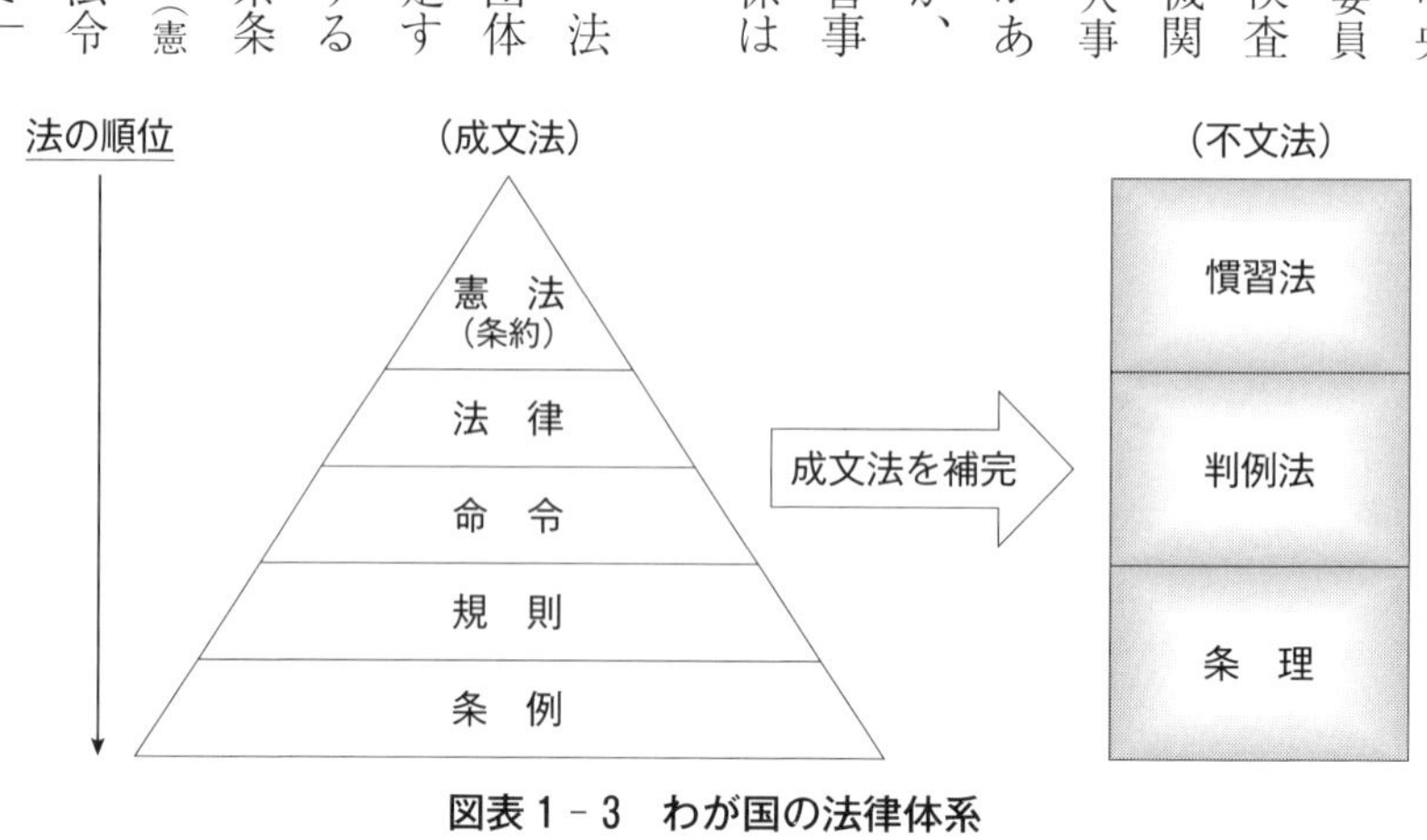

図表１－３　わが国の法律体系

きは、裁判所に法令審査権が与えられている（憲81条）。

２．法の支配範囲（法の効力範囲）

法の支配範囲とは、法が我々の社会生活を支配する範囲のことである。そして、この法の効力の問題は、人・場所・時に関する効力の三つの点から観察される。

(1)　人に関する効力（法がいかなる人々に適用されるか）

①　原則　国籍法の定めるところに従い、日本国民たる資格、または身分を有するものは、本国にあると他国にあるとを問わず、日本国の法の支配を受ける。

②　例外　外国に在留する国民については、その在留国の法の支配を受けるのが原則である。ただし、次のような例外がある。

(ア)　公法関係　参政権、請願権、兵役の義務などは、本国法の支配を受ける。ただし、納税の義務などは、原則として在留国の法の支配を受ける。

(イ)　私法関係　身分関係、能力に関する事項などは本国法の支配を受ける。

(ウ)　特定の地位を有する者　天皇（皇室典範21条）、国会議員（憲50条、国会33条以下）などは、日本国の法令の適用を制限されたり、適用されないことがある。

(エ)　治外法権または領事裁判権　治外法権（一国の元首、大統領、外交使節・その随員・家族、一定の軍隊）、領事裁判権を持つ者は、すべて本国法の支配を受ける。

(2)　場所に関する効力（法がいかなる領域に適用されるか）

①　原則　一国の法は、その国の領域（領土、領海、領空）において適用されるのが原則である。これは属地主義を基本としている。ただし、次のような例外がある。

②　例外

(ア)　国内在留の外国人　前記(1)②の説明による。

(イ)　国際法による原則　他国の領域内、領域外においても、その国の艦船（航空機も同様）には、その国の本国法が適用される。さらに、管理地、信託統治地域、軍事基地として他国に提供している地域も、その国の本国法の適用を受ける。

(3)　時に関する効力（法がいつからいつまで法の効力を持つか）

①　法律不遡及の原則　法律はその施行の日から効力を生じ、廃止の日まで効力を有するが、施行の日以前に発生した該当事項については適用されないというのが原則で、我々の社会生活の維持・継続を期待するものである。この原則は、立法政策上必要かつ公平の原則に反しない場合、例外的に法の遡及効が認められることもある（刑６条、民法附則４条・昭和22年法律第２２２号）。この法律不遡及の原則の当然の結果として既得権不可侵の原則がある。

②　経過法（時際法）　旧法時代に発生した事項が、新法時代にまで進行する事項については、新旧いずれの法を適用するかが問題となる。この問題を解決する規定を経過法（時際法）という。たとえば、民法施行法、商法施行法などである。

③ 法律の解釈と適用

1. 法の適用

法律は通常、条件付き断定をもって存在している（たとえば、「人を殺した者は、死刑又は無期若しくは五年以上の懲役に処する」―刑199条）。ある事実があればある法律上の効果ありと規定されている。そこで、法律適用の過程については、刑法199条の殺人罪の規定を大前提とした場合、我々の社会生活の中でAがBを殺したという具体的事件が発生し、検察庁がAを被告人として公訴提起したとき、裁判官が「AがBを殺した」という事実を認めると、その社会的事実が小前提となり、解釈によって（論理的方法）、そこから「Aを死刑に処する」という判決の結論を導き出すことになる（図表1－4参照）。

このような法律の適用は裁判所によって行われる。我々が社会生活上発生する紛争をお互いに解決できず、最終的解決を法に求める場合、その適用については、裁判官が論理的・理性的に判断を行う。したがって、裁判官は、法なきのゆえをもって裁判を拒むことができない。なお、我々は法を知らないという理由で法の適用を免れることはできない。

2. 事実の認定

(1) 事実認定の確定　裁判所において、裁判官が法を適用する場合には、事実の認定を誤らないことが大切である。その事件の真相を解明することによって、判決内容が異なる場合もあるため、事実の認定は重要な問題である。

(2) 事実認定の法則　事実の認定は、原則として証拠により確定する。わが国の民事訴訟、刑事訴訟においては、証拠裁判主義を採用する関係上、証拠を事実認定の重要な資料としている（民訴185条、刑訴31

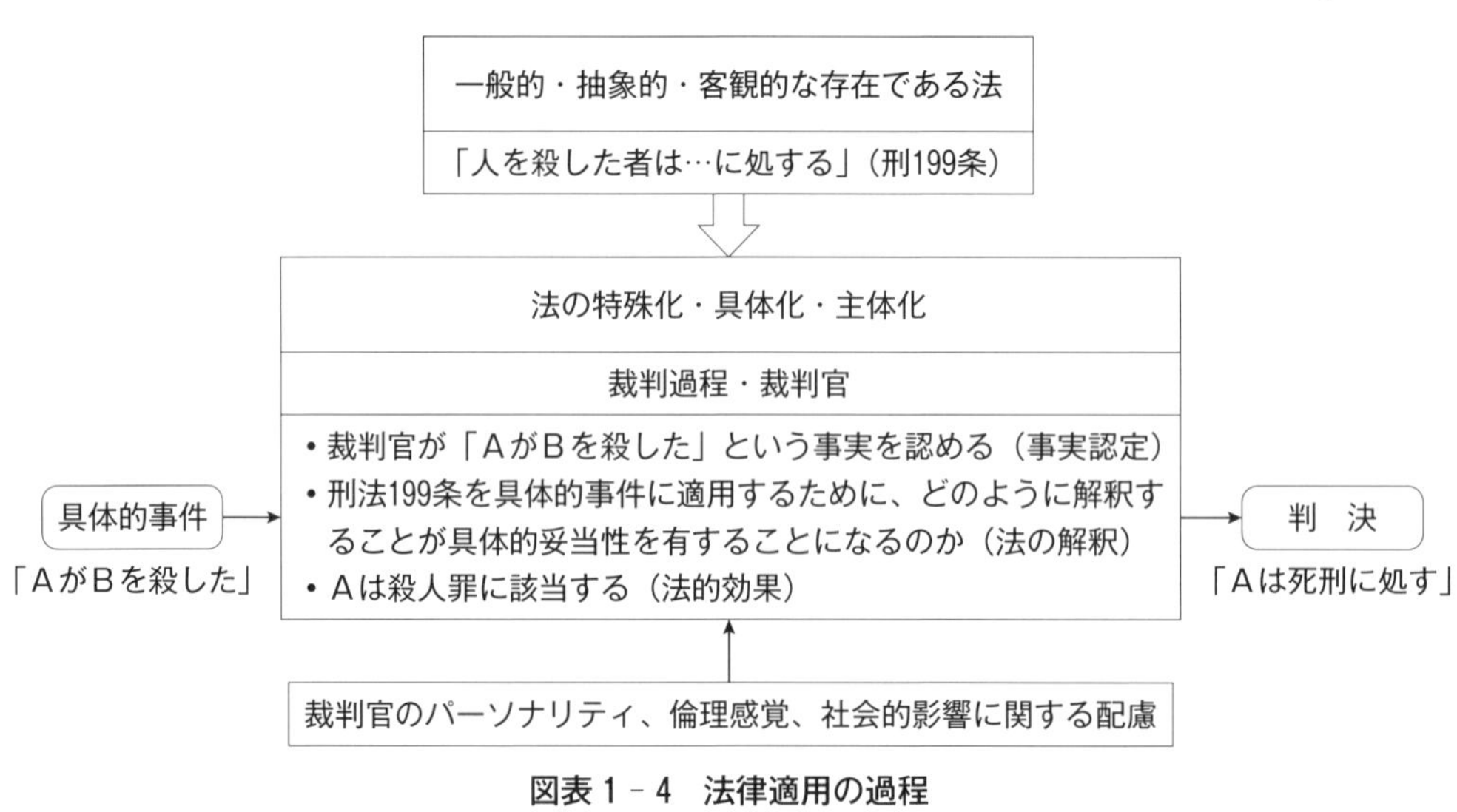
一般的・抽象的・客観的な存在である法
「人を殺した者は…に処する」（刑199条）
法の特殊化・具体化・主体化
裁判過程・裁判官
• 裁判官が「AがBを殺した」という事実を認める（事実認定）
• 刑法199条を具体的事件に適用するために、どのように解釈することが具体的妥当性を有することになるのか（法の解釈）
• Aは殺人罪に該当する（法的効果）
具体的事件
「AがBを殺した」
判　決
「Aは死刑に処す」
裁判官のパーソナリティ、倫理感覚、社会的影響に関する配慮

図表1－4　法律適用の過程

8条）。

刑事訴訟（刑事事件）では、検察官（原告）が、公訴事実を客観的に証明する証拠を提出しなければならないが（立証責任）、被告人が犯罪行為を行っていないことを立証する責任はない。また、証拠資料については、裁判所がみずから進んで蒐集することができる（職権主義）。なお、自白の証拠能力について、被告人は、公判廷における自白であると否とを問わず、その自白が自己に不利益な唯一の証拠である場合には有罪とされない（刑訴319条）。

これに対して、民事訴訟（民事事件）では、個人間の紛争の解決が目的であるから、裁判官が当事者（原告・被告）から提出された証拠資料に基づいて事実認定を行えばよいのである（当事者主義）。しかし、裁判において当事者が自白した事実・顕著な事実（阪神大震災の一般公知事実と、当事者の破産のように裁判所が職務上知り得た事実）は、証明することを要しない（民訴179条）。

(3)　事実の推定　法は明文を設けて、事実を推定することができる。民法772条の「妻が婚姻中に懐胎した子は、夫の子と推定する」という規定は、結婚関係にある夫婦間に子を懐胎したとき、父子関係については必ずしも明確でない場合でも、法律上結婚関係にある父母から生まれた子と一応確定するが、もちろん父の側で反証をあげればこれを覆せる。

(4)　事実の擬制　法は明文を設けて、事実を擬制することができる。法文中に、「……看做ス」、あるいは「……みなす」と規定する場合である。これは、法政策的見地から、事実でないことを事実として確定することである。したがって、推定とは異なる。

3．法の解釈の意義・目的と解釈の方法

法の解釈とは、法文の背後にある意味・内容を明らかにする操作をいう。すなわち、ある事件に対して（民事事件、刑事事件を問わない）、法を適用しようとする場合は、その適用する法文の意味・内容を明らかにすることが必要となる。そして、このことは不文法である慣習法および判例法についても行われるが、とくに成文法について重要な意味を持つものである。

法の解釈の方法には、大きく分けて「有権解釈」（公権的解釈ともいわれ、立法機関、司法機関、行政機関によってなされる解釈）と「学理解釈」（学者や法曹などによって、学説として展開される法律解釈で、「文理解釈」――法の規定の言葉に則して解釈、「論理解釈」――論理の法則に従ってなす法律解釈）の二つがある（図表1-5参照）。

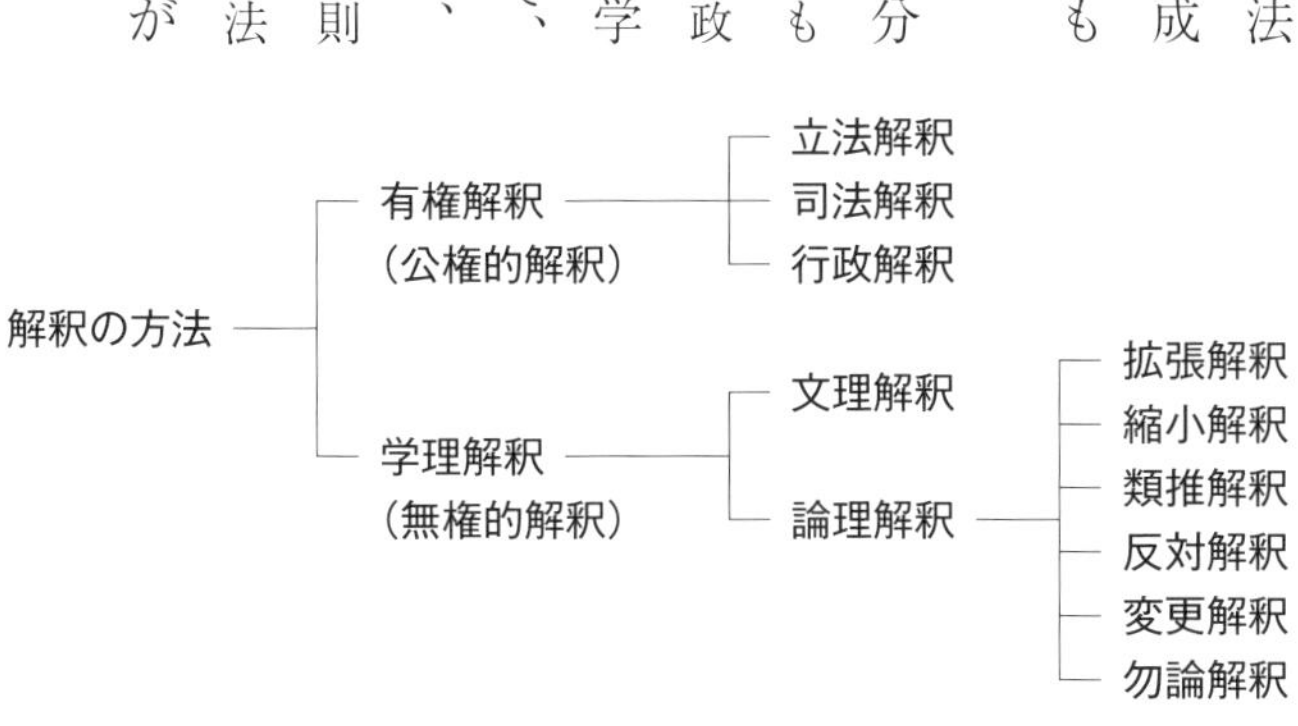

図表1－5　法の解釈の方法

④ 裁判とは

1．権利の実現方法

(1) 権利と義務　我々の社会共同生活は、すべて法律によって規制される法律関係がみられる。このような法律によって規制される法律関係は、それを権利・義務の関係としてとらえている。

権利とは、相手方に対してある行為を行うことができること（あるいはできないこと）を法によって保護することをいう。また、義務とは、相手方に対してある行為を行うことができること（あるいはできないこと）を法によって拘束することをいう。たとえば、建物の売買の場合では、売主には代金の支払を請求する権利と建物を引き渡す義務が生じ、買主には建物の引渡しを請求する権利と代金の支払の義務が発生する。

(2) 裁判による権利の実現　権利を有する者がその権利の内容を具体的に実現するために、たとえば、売主が売買代金の支払を請求し、買主が建物の引渡しを請求することを権利の行使という。

我々の社会共同生活においては、権利の行使をしたが、相手方がそれに応じない場合にも自らの力によって権利内容を実現する自力救済は原則として認められず、裁判所などによる公権力救済が必要である。

2．裁判所の組織

裁判所は、最高裁判所と下級裁判所（高等・地方・簡易・家庭の各裁判所）からなる。

わが国の裁判は原則として、三審制度（一審→控訴審→上告審）をとり、事件内容によっては、簡易裁判所（訴訟の目的の価額が140万円を超えない請求）か地方裁判所、あるいは家庭裁判所で第一審が行われる。第一審の裁判に不服があるときは、上級の裁判所に不服申立てができる。また、その裁判も不服であるときには、さらに上級の裁判所である最高裁判所に不服を申し立てることができる。最高裁判所の長たる裁判官は、内閣の指名に基づいて、天皇が任命する（憲6条2項）。その他の裁判官は、内閣が任命する（憲79条1項・80条）。

3．裁判所での訴訟の種類

裁判所で扱う訴訟には、次の三つの種類がある。

まず、「貸した金を返還してくれ」とか、「買った商品を引き渡してくれ」とかいうように私人と私人との間の争いを判断して、法律的・強制的に解決していくための手続が民事訴訟である。したがって民事訴訟では、主として損害賠償、金銭貸借、不動産登記の紛争が行われる。また、税務署が法律に違反して税金を高くかけてきたとか、ある業務を行うとして知事に許可の申請をしたところ、法律上許可すべきであるのに不許可となったというような行政権の行使その他の公法上の権利関係についての争いを判断して、解決するのが行政訴訟である。さらに、泥棒が入り、お金や衣類が盗まれたというような犯罪に対して、国が刑罰を科すかどうかを判断して解決していくための手続が刑事訴訟である。

これに対して、家庭内で起きた事件（離婚・失踪宣告・遺産相続など）を扱う機関として、家庭裁判所がある。家裁の解決は訴訟以前に調停や審判を行う制度（家事調停や家事審判―いずれも申立書を出す）が準備されている（調停前置主義、なお、犯罪を犯した20歳未満の未成年者については、家庭裁判所で少年審判を受ける）。これら調停・審判の効力については、調停調書が作成され、確定した審判書も確定判決と同等の効力がある。

裁判を受ける権利は、国民の基本的人権として憲法32条で保障されている。

4．略 式 裁 判

略式裁判とは、万引きやスピード違反といった１００万円以下の罰金や科料にあたる刑事事件（事案が明白で簡易な事件で、被疑者に異議のない場合）に関して警察官の請求があった場合、簡易裁判所が検察官の起訴状などの書面だけで審理し、被告人に罰金や科料を科す特別手続きである。

5．紛争は自分でも解決できる

⑴　少額訴訟

60万円以下の金銭支払請求などの民事訴訟については、簡易裁判所で手続きができる少額訴訟制度がある。この少額訴訟の場合は自分で訴訟ができ1日で終わる簡略化された制度である。この判決に不服な場合、異議を申し立てることができ、普通の裁判で審理・判決を受けることができる。

⑵　民事調停

民事調停は、民事に関する紛争（金の貸し借り、売買代金の支払い、交通事故の損害、近隣関係、建物の明渡し）につき、当事者（申立人・相手方）が納得するまで話し合うことが基本で、実情に即した解決を図ることを目的とする優れた制度である。民事調停は裁判所の調停委員会（裁判官と民間から選ばれた2人以上の調停委員）の仲介によってトラブルを解決する手段である。民事調停は特別の法律知識は必要ないし、自分一人ですることができ、手数料は安く、非公開で、調停調書が作成された場合は確定判決と同一の効力がある。

⑶　即決和解と公正証書

当事者の間で話し合って、合意が得られた場合（示談）、その内容を一つは公証人役場で公証人に作成してもらう公正証書とする方法が、もう一つは簡易裁判所に申立て和解調書を作成してもらう即決和解の方法がある。公正証書は、強制執行認諾文言「債務者は金銭債務を履行しないときは、直ちに強制執行を受けても異議ないことを認諾する。」を付けることで執行証書となるので、債務者が履行しない場合、公正証書を基にして強制執行ができる。即決和解は確定判決と同一の効力があるが、相手方が和解調書を受け取る必要がある。

参考文献

目﨑哲久・國友順市編著『新・レッスン法学〔改訂版〕』嵯峨野書院、二〇一三年
三好充・鈴木義孚編著『ポイント法学』嵯峨野書院、二〇一三年
生駒正文・平井卓・髙田富男編著『アクセス法学』嵯峨野書院、二〇〇四年

第2章

国家と法律の基礎知識①——統治機構

① 国民主権と象徴天皇制

1. 国民主権

国家の三要素とは、「人民」「主権」「領域」である。すなわち、国土があり、人々が住み、その国土と人々を統治していくのが主権であり、その主権を持っているのが国民であるとするのが「国民主権」である。

国民主権は、17世紀から18世紀にかけて欧米諸国で起こった市民革命（名誉革命、アメリカ独立革命、フランス革命）を経て確立されたもので、わが国では、大日本帝国憲法の下においては、天皇主権であり、統帥権をはじめとするすべての権限を天皇が有していたが、日本国憲法において、国の最終的な意思決定を行うのが国民であるとする「国民主権」が初めて実現したものである。

日本国憲法の三大原理は、国民主権、基本的人権の尊重、平和主義であり、憲法前文に規定されていることから、いかに大切かがうかがい知れる。

主権の概念には、一般的に、①統治権、②最高独立性、③国政の最高決定権の三つがあると考えられている。

「国民主権」とは、主権の概念である③の国政の最高決定権に当たり、国の治め方や国の行う仕事など国家の最終的な意思決定を行うのが国民であることを意味する。憲法の前文において「主権が国民に存することを宣言し、この憲法を確定する」と規定している。

本来は、主権者である国民が直接政治に参加する（直接民主制）が望ましいが、社会が多種多様、複雑化することにより直接民主制を行うことは不可能であることから、今日では、間接民主制（代議制）を採用している。国民の中から公選した代表者を通じて、議会で国の重要事項を決定している。憲法前文において「そもそも国政は、国民の厳粛な信託によるものであって、その権威は国民に由来し、その権力は国民の代表者がこれを行使し、その福利は国民がこれを享受する」と規定している。このように国家主権の考え方が代表民主制にあり、国民は、全国民の代表で構成される代表機関を通じて行動し、その代表機関は国民の意思を反映するとみなされるのである。わが国における代表機関が国会であり、憲法41条で「国会は国権の最高機関」と規定されている。主権者の国民である代表の国会が、国家の最終的意思決定機関である。

統治権…国家固有の支配権。
最高独立性…国家がどこにも隷属せず、対外的に独立していること。
国政の最高決定権…政治のあり方を決める最高の決定権。人民主権、君主主権に区分できる。

図表２－１　主権の概念

2. 象徴天皇制

現在の憲法は国民主権を定めたが、天皇の制度をも存続せしめた。しかし、この天皇は、日本国の象徴であり日本国民統合の象徴とされ、その地位は明治憲法のように万世一系という皇統によるものでなく、日本国民の総意に基づくものとされた（憲１条）。ただし、皇位は世襲のものとされ、国会が議決した皇室典範の定めるところによって継承される（憲２条）。

主権が国民にある以上、天皇は国政に関する機能を有せず、国事に関する行為のみを行うことができる（憲４条１項）。しかし、国事に関するすべての行為には内閣の助言と承認を必要とし、内閣がすべて責任を負うとされるので（憲３条・７条）、天皇は政治的にかかわることができないことが明記されている。国事に関する行為は、法律の定めるところによってこれを委任したり（憲４条２項）、摂政に行わせることができる（憲５条）。国事に関する行為には、次のようなものがある（憲６条・７条）。

①　国会の指名に基づいて、内閣総理大臣を任命する。

②　内閣の指名に基づいて、最高裁判所の長たる裁判官を任命する。

③　憲法改正、法律、政令及び条約を公布すること。

④　国会を召集すること。

⑤　衆議院を解散すること。

⑥　国会議員の総選挙の施行を公示すること。

⑦　国務大臣及び法律の定めるその他の官吏の任免並びに全権委任状及び大使及び公使の信任状を認証すること。

⑧　大赦、特赦、減刑、刑の執行の免除及び復権を認証すること。

⑨　栄典を授与すること。

⑩　批准書及び法律の定めるその他の外交文書を認証すること。

⑪　外国の大使及び公使を接受すること。

⑫　儀式を行うこと。

図表２－２　大日本帝国憲法と日本国憲法の比較

	大日本帝国憲法	日本国憲法
主　権	天皇主権	国民主権
天　皇	元首 神聖不可侵の存在	日本国・日本国民統合の象徴
天皇の機能	統治権を総攬。 議会に拘束されず大権を行使。	政治的機能なし。 内閣の助言と承認の下、形式的・儀礼的行為のみ行う。
国民の権利	「臣民」としての権利	基本的人権として永久不可侵の権利

② 国会の地位と構成

1. 権力分立（三権分立）

近代民主政治は、立法権、行政権、司法権の三権に分立し、相互に抑制と均衡を図っている。これは、国の統治機構の権限を三つの機関に分けたもので、憲法の第四章国会、第五章内閣、第六章司法として規定している。国会に立法権を、内閣に行政権を、裁判所に司法権をあたえ、一カ所に権力が集中しないようにし、国民の人権を守るために機能している。

各国により、政治機構に違いはあるが、おおむね、立法権と行政権が厳格に分離されたアメリカの「大統領制」と立法権と行政権が密接な関係にあるイギリスの「議院内閣制」に分けることができる。わが国は議院内閣制を採用している。

2. 国会の地位

(1) 代議制民主主義　日本国民全員が集まって、国の政策を議論することは不可能であることから、今日では、国民によって選挙された代表者を通じて行うという代議制がとられている。それが日本国憲法前文「そもそも国政は、国民の厳格な信託によるものであつて、その権威は国民に由来し、その権力は国民の代表者がこれを行使し、その福利は国民がこれを享受する」であり、「両議院は、全国民を代表する選挙された議員でこれを組織する」（憲43条1項）と規定し、国会議員は特定の地域、階級などを代表するものでなく、全国民を代表するものである。

(2) 国会中心主義　憲法41条は「国会は、国権の最高機関であつて、国の唯一の立法機関である」と「国会中心主義」を定めたものである。これは国民を代表する機関との考え方である。た

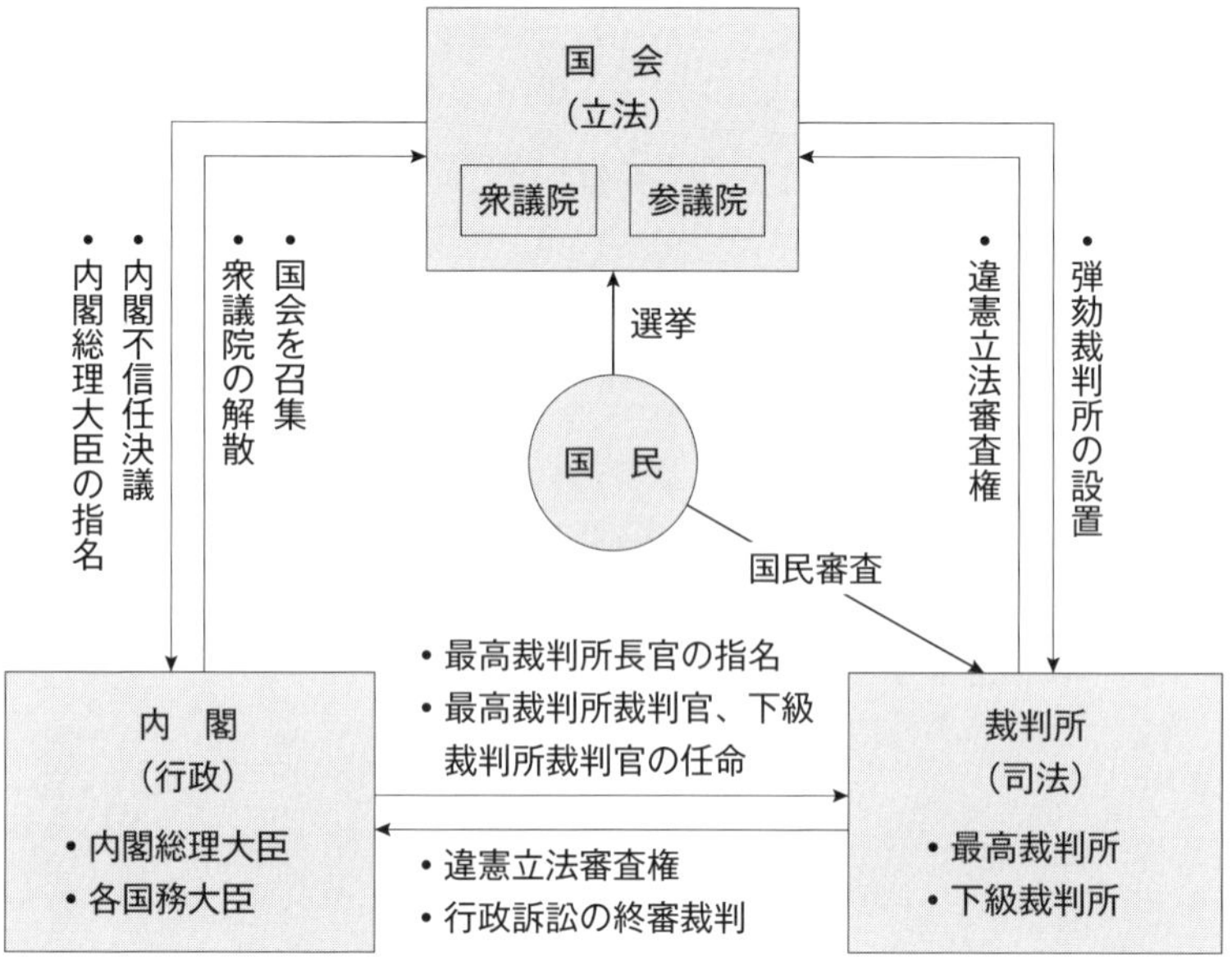

図表2－3　日本の政治機構

だし、憲法は三権分立の原則をとっており、相互に抑制と均衡を図ることから、国会に絶対的な権力を与えたものではなく、国会の優位的地位を与えたものと考えられる。

(3) 唯一の立法機関　「唯一の立法機関」(憲41条)として、国会の議決を通して法律の制定がなされ、国会以外の機関では法律を制定することができない(国会単独立法)という原則を取っている。ただし、憲法は、内閣の政令制定権を認めたり(憲73条)、地方公共団体に条例制定権を認めるなど(憲94条)、立法権の独占の例外を規定している(憲58条2項・77条・95条)ことから、ここでも抑制と均衡が図られている。

図表2－4　国会の組織

	衆議院	参議院
議員定数	465人	248人
選挙方法	小選挙区　289人 比例代表　176人 （全国を11ブロック区）	選挙区　148人 比例代表　100人 （全国を1選挙区）
任　期	4年以内 （解散の場合は、任期終了）	6年 （3年ごとに半数改選）
解　散	あり	なし
選挙権	満18歳以上	満18歳以上
被選挙権	満25歳以上	満30歳以上

3. 国会の構成

憲法では「国会は、衆議院及び参議院の両議院でこれを構成する」(憲42条)と二院制を定めている。両院を置く主な理由は、審議の慎重が期待でき、多数党の横暴を抑制し、多種多様な国民の意思を国会に反映させやすいことと考えられる。

3 国会の権能と国会議員の地位・権限

1. 国会の種類

① 常会（通常国会）は、毎年一月に召集され会期は150日間。主に次年度予算審議を中心に法案の審議などが行われる。一回限り延長国会が認められている。

② 臨時会（臨時国会）は、緊急に必要な案件があるときに臨時に召集される国会で会期は不定である。内閣または議員の要求（衆参いずれかの議院の総議員の4分の1以上）によって開催される。

③ 特別会（特別国会）は、衆議院の総選挙から30日以内に召集される。内閣総理大臣の指名が行われる。

④ 参議院の緊急集会は、衆議院の解散中に、国に緊急の必要が生じたときに内閣の要求により召集される。

2. 衆議院の優越

衆議院と参議院で異なった議決をした場合、次の四つは、憲法で衆議院の優越が認められている。

① 法律案の議決（憲59条）　衆議院と参議院で異なった議決をした場合と参議院が60日以内に議決しないときは、否決したものとみなし、衆議院で3分の2以上の賛成で再可決された場合は、衆議院の議決が国会の議決となる。

② 予算の先議権・議決権（憲60条）　衆議院と参議院で異なった議決をした場合、または30日以内に参議院が議決しないときは、衆議院の議決が国会の議決となる。予算については衆議院に先議権がある。

③ 条約の承認（憲61条）　予算の議決に準ずる。

④ 内閣総理大臣の指名（憲67条）　異なった議決、10日以内に議決しないときは衆議院の議決が国会の議決となる。

⑤ 内閣不信任決議（憲69条）　衆議院のみの権限である。衆議院の優越は、衆議院が小選挙区制をとり、任期が短く、解散があることから、参議院より直近の民意が反映されやすいと考えられるからである。

異なった議決をした場合、両院協議会が開催される。予算、条約、内閣総理大臣の指名については両院協議会の開催（国会85条・86条）を求めているが、法律案については、両院協議会を求めることが

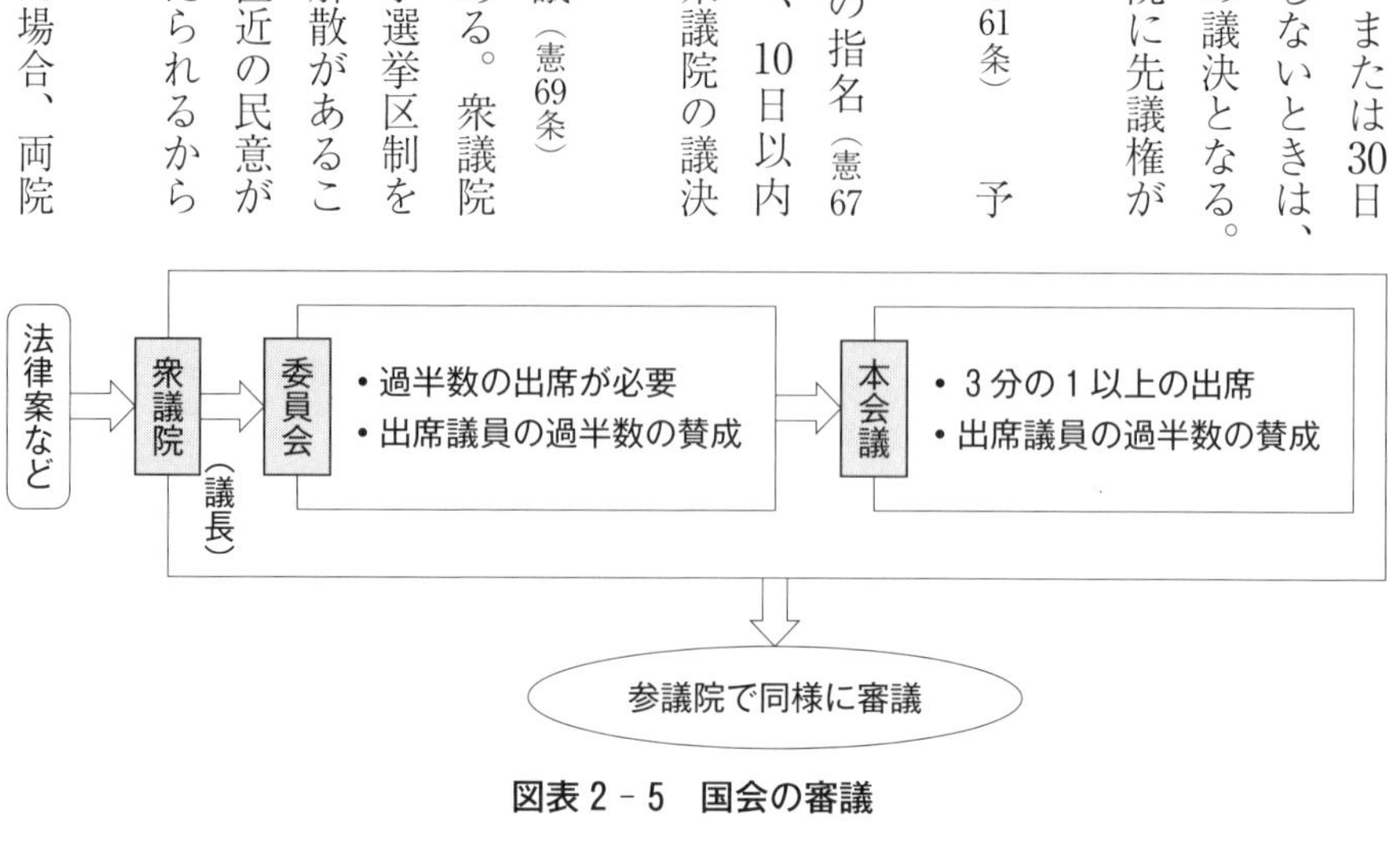

図表2－5　国会の審議

できる（国会84条）とされ開催の有無は衆議院に委ねられている。

3．国会の審議

国会の審議は、本会議の前に委員会で審議される委員会制を採用している。これは、アメリカの制度にならったものである。審議の内容が専門化・複雑化し本会議で細かく審議することが困難になったことや専門化に対応するために考案されたものである。

委員会は、衆議院、参議院のそれぞれに、常任委員会と特別な案件を審議するための特別委員会があり、各議員は、必ずどこかの常任委員会に所属する。委員会の所属議員数は、比例により人数が各党派に割り当てられる。また、重要な案件については、公聴会を設け専門家、学識経験者などの意見を参考に聞くことがある。

4．国会議員の地位と機能

国会議員は国民の代表者であり、国権の最高機関としての機能を果たすため、議員の独立性が保障されている。各院が重要な問題を自由に審議し、独立の判断を形成できるように配慮されたものである。

国会議員の独立の保障を守るために、憲法は三つの特権を議員に認めている。

①　「両議院の議員は、法律の定める場合を除いては、国会の会期中逮捕されず、会期前に逮捕された議員は、その議院の要求があれば、会期中これを釈放しなければならない」（憲50条）。これは、政府の政治的な理由から逮捕するのを防ぐ仕組みの一つである。国会議員のこのような特権の例外として、国会法で国会会期中でも国会の許可があれば逮捕できる「逮捕許諾請求の場合」（国会33条）と「院外における現行犯逮捕の場合」（国会34条）が認められている。

②　「両議院の議員は、議院で行つた演説、討論又は表決について、院外で責任を問はれない」（憲51条）。この免責特権は、自由な議論ができるように、議員の発言、表現活動の自由を最大限に保障したものである。

③　「両議院の議員は、法律の定めるところにより、国庫から相当額の歳費を受ける」（憲49条）。歳費とは、国会議員に支払われる給料のことで、その他に、通信費、交通費、公設秘書の給料などが支払われている。

④ 内閣の地位と議院内閣制

1．内閣の地位

憲法で「行政権は、内閣に属する」（憲65条）と規定して、行政を行う機能が内閣に属していることを示している。これは、「国会が唯一の立法機関である」（憲41条）、「司法権が裁判所に属する」（憲76条）とならんで、権力分立制を明らかにするものであり、内閣が行政権を有することは、一般行政事務を行うほか、行政各部を指揮し、統括することを意味する。しかし、今日の社会における行政権は、国防や治安維持だけでなく、社会福祉から、経済・文化・外交など、広範囲にわたった活動が含まれているため、行政とは何かと定義づけるのは極めて困難であり、いまだに定説をみない状態にある。

(1) 控除説（消極説）

「立法」とは、国民の権利義務、および国民生活を規律する一般的・抽象的法規を定立する作用であり、「司法」は、具体的な争訟について法を適用し、それを裁定する作用であると定義づけることができるが、行政の定義は困難なため、立法と司法以外の一切の国家作用を行政と定義づけたのがこの説である。これに対して、内容が明らかにされていないという批判から、行政を積極的に定義しようという立場から積極説も唱えられているが、憲法の解釈に関する限り、控除説にしたがってよいというのが通説的見解である。

(2) 最高行政機関

行政を行う機能が内閣に属していることは、憲法65条で示しているが、すべての行政権が内閣に独占されることではなく、内閣が最高の行政機関であることを意味している。これは、すなわち、憲法で定める例外（憲6条・7条の天皇の行う国事行為、憲90条の会計検査院）を除いても、多種多様な行政事務が行政各部の機関で行われていることから、内閣は、その行政権の中心となって指揮・統括することを明らかにしたものである。

そこで問題になってくるのが、憲法に明記されていない独立行政委員会（人事院、公正取引委員会など）と内閣の関係である。独立行政委員会は、特定の行政権を有する合議制の機関で、委員には任期が定められ、内閣から独立して職務を行うため、任期中は原則として罷免されないという保障が与えられている。内閣のほかに別個の行政機関が存在するということは、議院内閣制のたてまえから許されないのではという考え方もあるが、今日では憲法の容認するところと解するのが妥当である。

2．議院内閣制

大統領制は、国民によって直接選挙で首長たる大統領が選ばれるが、議院内閣制は、議院、すなわち衆議院・参議院の国会議員の中から、国会の議決で、首長たる内閣総理大臣が指名され、内閣が組織される。

そして、内閣は、国会の信任に基づいて存立する制度である。そのことは、わが国が議院内閣制を採っていることがうかがえる。

① 内閣総理大臣は、国会議員の中から、国会の議決で指名される（憲67条1項）。国務大臣の過半数は国会議員でなければならない（憲68条1項）。

② 内閣総理大臣その他の国務大臣は、議案について発言するため議院に出席することができる。また、答弁または説明のため出席を求められたときは、出席しなければならない（憲63条）。

③ 内閣は、衆議院で不信任決議が可決、または信任決議が否決したときは、10日以内に衆議院を解散するか、総辞職しなければならない（憲69条）。

④ 内閣は、行政権の行使について、国会に対して連帯して責任を負う（憲66条3項）。

議院内閣制の本質は、国民の代表である国会を中心とした民主政治を確立しようとするもので、立法権と行政権との間に均衡が保たれるよう、お互いを抑制しあうように、コントロールする手段が考えられている。また、国会の議決により内閣総理大臣が指名されることから、一般的に総選挙において、衆議院で多数の議席を得た政党の党首が内閣総理大臣に指名されれのが通例である。その他の国務大臣は、過半数が国会議員から内閣総理大臣によって任命されるため、国会における多数党の意思と政策が行政に反映されやすい（政党内閣制）。

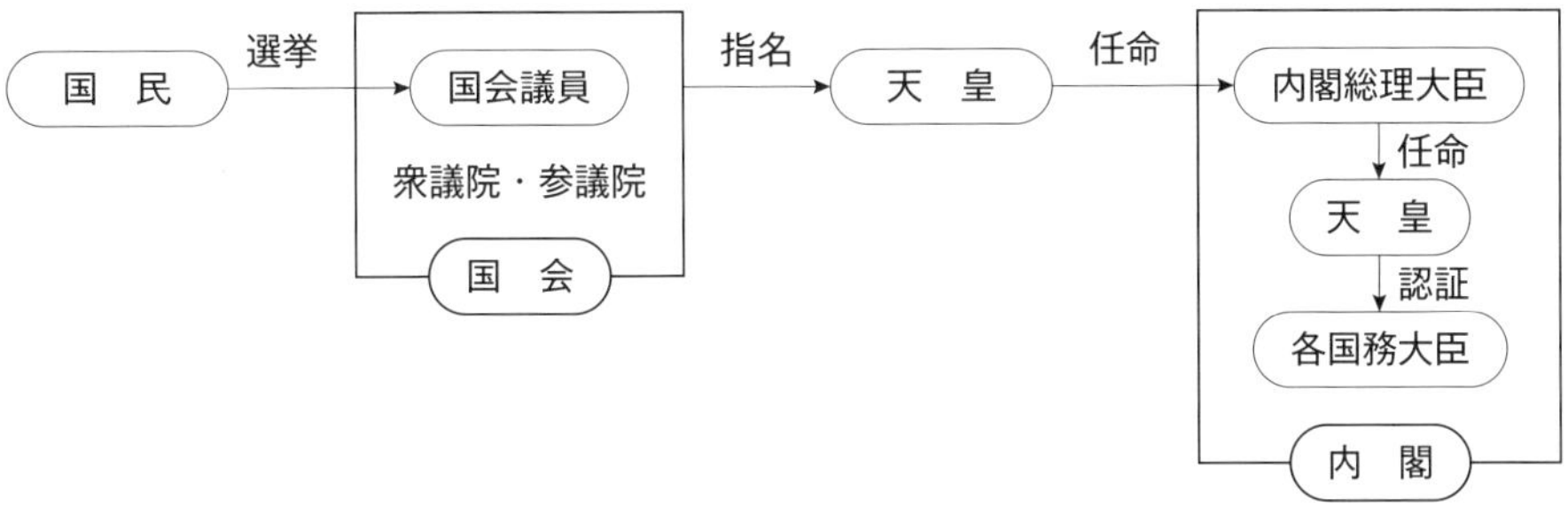

図表2－6　議院内閣制

5 内閣の組織と内閣総理大臣

1. 内閣の組織

内閣は、「その首長たる内閣総理大臣及びその他の国務大臣でこれを組織する」（憲66条1項）と規定されているように、行政の最高責任を持つ合議体である。多くの場合、国会で多数の議席を得た政党から内閣総理大臣が指名され、国務大臣が任命されることから、現実には、内閣が日本の政治を動かす重要な役割を果たしていることがうかがえる。また、国務大臣は14名以内とされているが、特別に必要がある場合においては3名を限度に増加させることができるなど、内閣の組織および運営の基本的事項については、内閣法で詳細に定められている。

「内閣総理大臣その他の国務大臣は、文民でなければならない」（憲66条2項）。このように66条は、内閣の組織、資格、国会に対する連帯責任を定めたものであるが、その中に文民条項があり、文民とは、非軍人をいう。もともとこの項目は総司令部からの強い要望で修正追加されたもので、英文には「内閣総理大臣その他の国務大臣は civilians でなければならない」とあり、この civilians にあたる語として「文民」がつけられたものである。この条項は、日本の軍国主義的支配の復活を防止する意味と、平和主義を実現するために設けられたものとされている。ただ、この文民の適用範囲については過去において職業軍人の経歴のないものというのが多数説であるが、いまだ定説をみることはできない。

2. 内閣総理大臣の地位と権限

内閣総理大臣は、国会議員の中から国会の議決で指名され、天皇はその指名に基づいて内閣総理大臣を任命する（憲67条・6条）。内閣総理大臣は、内閣という合議体の「首長」（憲66条）としての地位を認め、いくつかの強大な権限を与えることで、他の国務大臣より上位にある者としている。その主要な権限には次のようなものがある。

(1) 国務大臣の任免権（憲68条）　国務大臣の任命と罷免を決定するのは、内閣総理大臣の権限として認めたもので、これにより首長としての内閣総理大臣の権限強化と、内閣の統一性が保障されるものである。任命については、その過半数は国会議員でなければならない（憲68条1項）と定められているが、罷免については何の制約もなく閣議にかける必要はない。任免には形式的に天皇の認証が必要で、その認証には、内閣の助言と承認が必要であるが、内閣は、これを拒否できない。

(2) 国務大臣の訴追に対する同意権（憲75条）　これは司法権からの不当な圧迫を受けるのを防止するためと、内閣総理大臣の権力強化の一つである。すなわちここでいう訴追とは、起訴ばかりではなく、それを前提とする逮捕や勾留などの身体拘束も含むと解される。同意のない逮捕は違法であり、同意のない訴追は無

効である。（刑訴338条4号）

(3)　国会への議案提出権、一般国務および外交関係についての国会報告（憲72条）　内閣総理大臣が、国会に対する代表者としての行為をあらわしたもので、これは、予算や条約を処理する権限を有しているのに対し、国会は、国会の議決を要すること、報告を義務づけることによって監督権を示したもので、権力の均衡と抑制をはかる一つの手段として重要な意味をもっている。

(4)　行政各部に対する指揮監督権（憲72条）　指揮監督権は、閣議にかけて決定した方針にもとづいて行われる（内閣6条）。これは、内閣における指揮監督権を、内閣の首長である総理大臣が有していることと、方針の統一をはかるものである。

(5)　法律に定められた特殊権限

①　緊急事態の布告および警察の統制（警察法71条・72条）

②　自衛隊の防衛出動、治安出動の命令（自衛隊法76条・78条）

③　公益事業の労働争議に対する緊急調整の決定（労働関係調整法35条の2）

(6)　その他

①　法律・政令に署名（憲74条）、②主任大臣間に権限の疑義が生じた場合（内閣7条）、③行政各部の処分や命令を中止させる権限（内閣8条）

3．閣　議

内閣がその職権を行うのは、閣議によるものとする（内閣4条）。と規定されているように、閣議とは、内閣の会議で、内閣の最高意思決定機関である。閣議は、非公開（秘密会）で内閣総理大臣が主宰し、各省の国務大臣が出席し週2回（火曜と金曜）定例閣議が開催される。閣議決定は、全員一致により決定し、各大臣全員の署名を必要としている。他に臨時閣議、持ち回り閣議があり了解、報告がなされる。また、定例閣議の前日（月曜、木曜）には、事務次官会議が開催される。これには、各省の事務方のトップである事務次官が参加する。会議において、全員一致で承認された案件だけが、翌日の閣議に提出される仕組みになっている。

Column　内閣総理大臣の任期は何年か？

ずばり内閣総理大臣に任期はない。10年でも20年でも続けることができる。ただ、各政党には党のリーダーとして、総裁、党首などが設けられていて、それぞれに任期が決められている。ちなみに自民党の総裁は、一期３年で三期まで務めることができる。そのため、総裁、党首、政権が交代すると内閣総理大臣が交代することになる。

6 内閣の機能と責任

1. 内閣の機能

内閣の有する機能は、憲法73条に規定された一般行政事務に関するものと、それ以外の行政事務に関するものとに分けることができる。

① 法律の誠実な執行と国務を総理すること（1号）。
② 外交関係を処理すること（2号）。
③ 条約を締結すること（3号）。
④ 法律の定める基準に従い、官吏に関する事務を掌理すること（4号）。
⑤ 予算を作成して国会に提出すること（5号）。
⑥ 憲法及び法律の規定を実施するために、政令を制定すること。ただし、政令には、特にその法律の委任がある場合を除いては、罰則を設けることができない（6号）。
⑦ 大赦、特赦、減刑、刑の執行の免除及び復権を決定する（7号）。

その他として、憲法73条以外の事務に、憲法では助言的権限として、天皇の国事行為に対する助言と承認（憲7条）のほか個別的に次の事務を行う。

① 最高裁判所の長たる裁判官を指名すること（憲6条2項）。
② 最高裁判所の長たる裁判官以外の裁判官および下級裁判所の裁判官を任命すること（憲79条1項・80条1項）。
③ 臨時会の召集を決定すること（憲53条）。
④ 参議院の緊急集会を求めること（憲54条）。
⑤ 衆議院を解散すること（憲69条）。
⑥ 予備費を支出すること（憲87条1項）。
⑦ 決算を国会に提出すること（憲90条1項）。
⑧ 国会および国民に対して国の財政状況について報告すること（憲91条）。

2. 内閣の責任

「内閣は、行政権の行使について、国会に対し連帯して責任を負ふ」（憲66条3項）と規定して、行政権の担当者としての合議体たる内閣が、一体として国会に対して連帯して責任を負うべき原則を述べたものである。

① 責任の相手は、天皇でなく国会である。

明治憲法では、行政権は天皇に属していたので、もっぱら天皇に対して責任を負うこととしていたが、日本国憲法では、国民主権の原則からも、行政権の行使について国民に対して責任を負うものである。したがって、国民の代表機関である国会に責任を負うものである。責任の追及方法には、もっとも明確で強力なものとして衆議院による内閣不信任決議がある。

② 責任は連帯責任である。

連帯責任とは、国会に対してすべての国務大臣が一体として負う責任である。したがって内閣は各国務大臣が統一した意思で行動しなければならない。そのために、閣議決定は全員一致によることが慣例になっている。

3. 総　辞　職

① 衆議院で内閣不信任が議決されたとき（憲69条）

衆議院で、内閣不信任決議案が可決されたとき、または、信任決議案が否決されたとき、内閣は、10日以内に衆議院を解散しない限り、内閣を総辞職しなければならない。内閣は、国会の信任に基づいて存立するという、議院内閣制の原則をあらわしたものである。内閣が国会からの信任を失ったとき、衆議院の解散という方法で、内閣にとどまることができるし、国民に直接信任を問うことができる。ただし、②で述べるように、総選挙後初めて国会が召集（特別会）されたとき、内閣は総辞職しなければならない。

② 新たな国会が召集されたとき（憲70条）

衆議院の総選挙（解散、任期満了による）後、30日以内に召集される国会（特別会）で、内閣の総辞職が義務づけられている。総選挙によって、新たな国民の代表者が選ばれたことにより、新たな国会の信任をえる必要があるからである。

③ 内閣総理大臣が欠けたとき（憲70条）

欠けたときとは、辞職、失格、死亡などによって欠けたときであって、病気や一時的な生死不明はこれには含まれない。内閣は、国会が指名した内閣総理大臣によって、任命された国務大臣で組織されたものであって、その内閣の首長たる内閣総理大臣が欠けたときは、新たに国会の信任を必要とするものである。

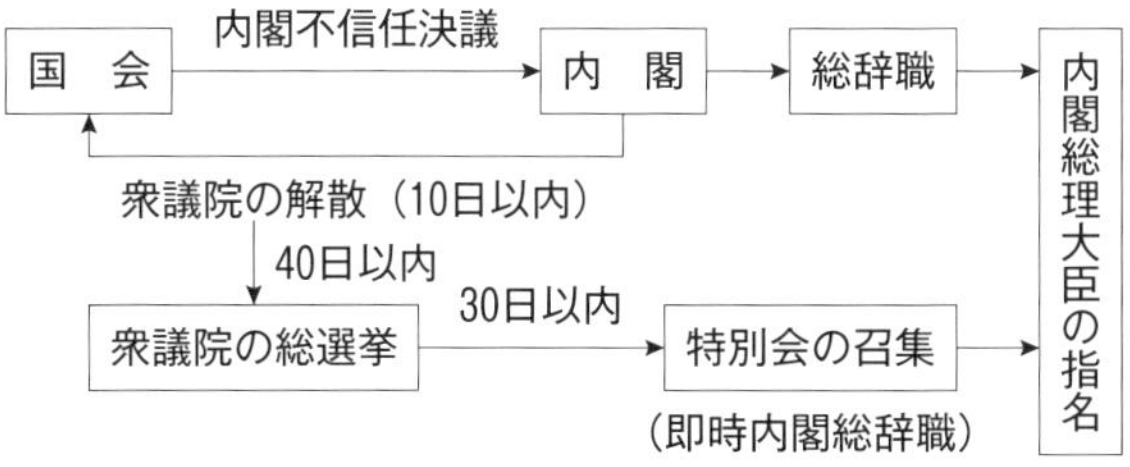

図表２－７　衆議院の解散と内閣総辞職

⑦ 裁判所の組織と裁判のしくみ

1. 裁判所の組織

憲法76条第1項に「すべて司法権は、最高裁判所及び法律の定めるところにより設置する下級裁判所に属する」と定め、さらに「行政裁判所」の設置を禁ずるともに行政機関が終審として裁判を行うことを禁止している（憲76条2項）。行政裁判所とは、旧憲法下の軍事会議や皇室裁判がこれにあたる。

裁判所は、最高裁判所のほか、下級裁判所として高等裁判所、地方裁判所、家庭裁判所、簡易裁判所で組織されている。下級裁判所は、最高裁判所に対する他の裁判所の総称であり、下級裁判所自体は存在するわけではない。

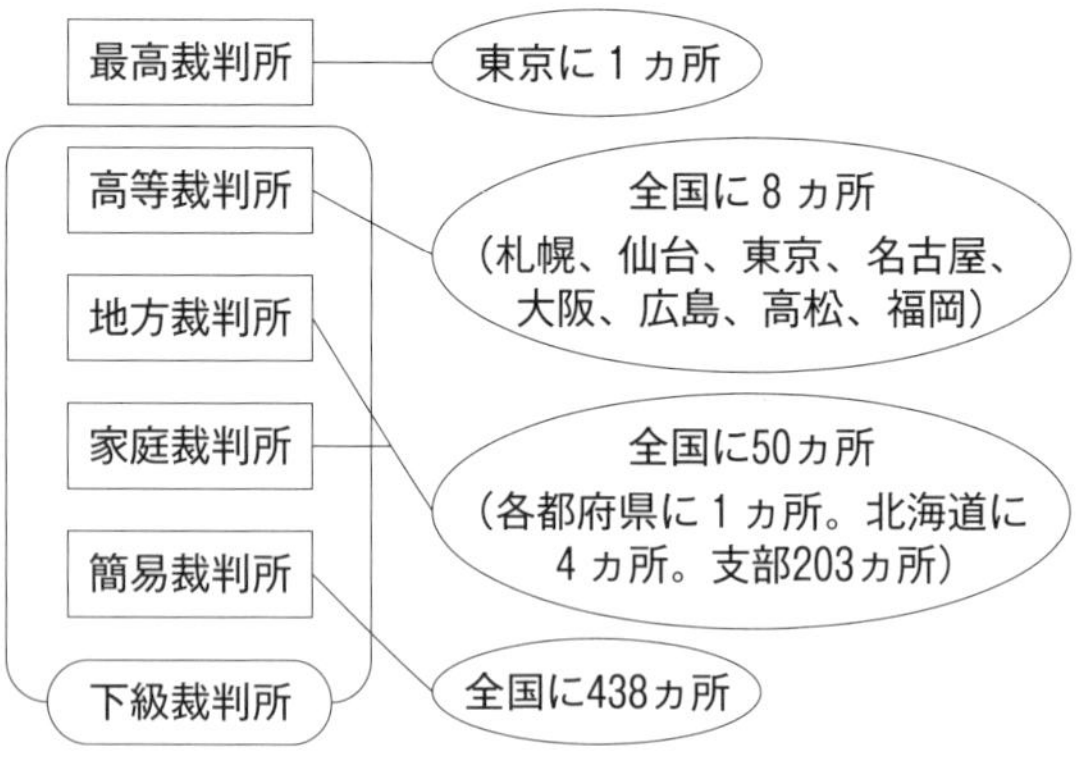

図表２－８　裁判所の種類

最高裁判所は、最高裁判所長官1名とその他の裁判官14名で構成されている。最高裁判所長官は、内閣が指名し、天皇が任命する。その他の裁判官は、内閣が任命し、天皇が認証する。

下級裁判所の裁判官は、最高裁判所が作成した名簿により内閣が任命する。最高裁判所裁判官は、任命後、最初の衆議院議員総選挙において国民審査（憲79条2項）が行われ、国民投票でやめさせたい（罷免）裁判官に「×」を記すしくみになっている。その後10年経つごとに衆議院議員総選挙と同時に行われる。これまで

図表２－９　国民審査

のところ、国民審査で罷免になった裁判官はいない。最高裁判所と簡易裁判所の裁判官の定年は70歳、その他の裁判官は65歳となっている。

2．裁判のしくみ（三審制度）

日本の裁判制度は、三審制度を採用している。第一審、控訴審、上告審の順で原則として、三回裁判を受けることを認めた制度である。これは、裁判の公正と慎重を目的とし、人権保障を確実にするものである。

裁判の種類には、民事裁判と刑事裁判がある。

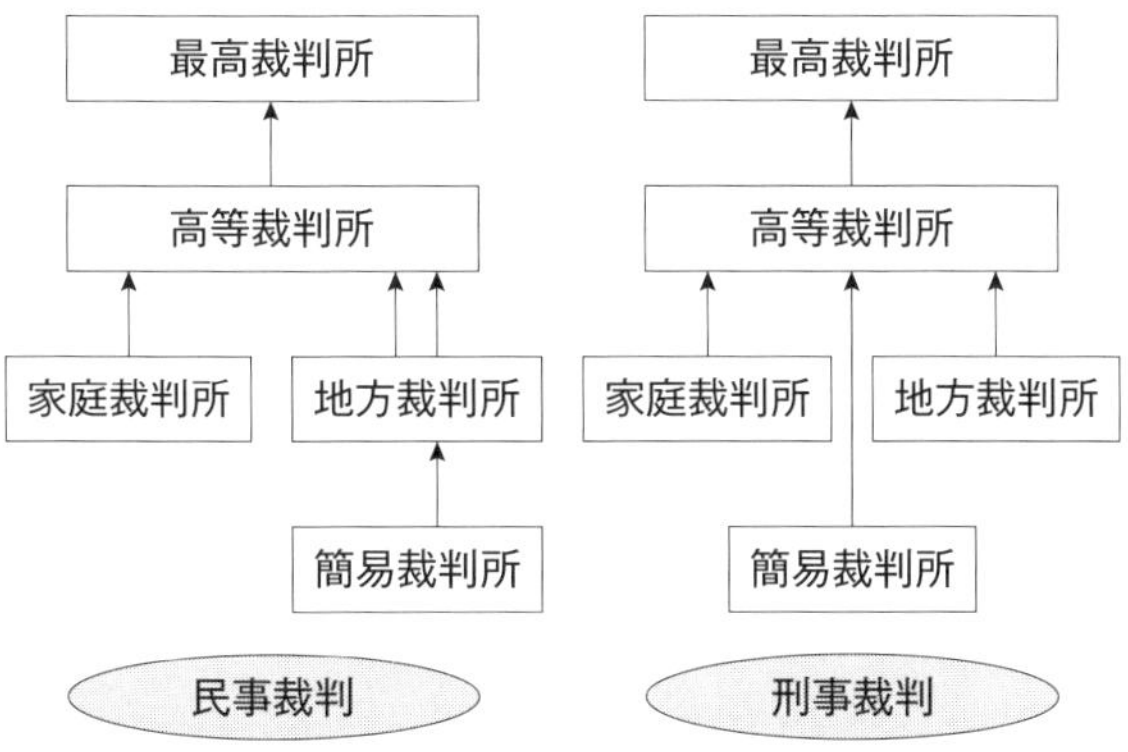

裁判には、第一審、控訴審、上告審の他に次のような審判がある。

【飛躍（跳躍）上告】

第一審の判決に対して、違憲・合憲など違憲審査に関する裁判において、控訴審を飛ばして上告すること。

【抗告】

判決以外の決定、命令に対して上級の裁判所に不服を申し立てること。

図表２－10　民事裁判と刑事裁判

民事裁判は、私人と私人の争いがあったとき、私法上の権利または利益の保護を求めるための裁判である。訴訟額が１４０万円以下の争いについては簡易裁判所で、それを超える訴訟額については地方裁判所でそれぞれ裁判が行われる。相続、離婚など家庭に関する裁判が家庭裁判所で行われる。

刑事裁判は、犯罪行為があった場合に、刑法の規定に従って罰するための裁判である。軽犯罪など軽微な事件を簡易裁判所で、少年の犯罪や非行など少年法に関わるものを家庭裁判所で、その他の刑法犯罪を地方裁判所で、それぞれ第一審が行われる。また、国家や地方公共団体の違法な行政によって権利が侵害された場合、その救済を請求する裁判として行政裁判があるが、これは、民事裁判に準じて行われる。

8 違憲立法審査権と司法権の独立

1．違憲立法審査権

憲法98条1項に「この憲法は、国の最高法規であつて、その条規に反する法律、命令、詔勅及び国務に関するその他の行為の全部又は一部は、その効力を有しない」として、憲法の最高法規性を規定している。その法律、命令、詔勅等が憲法に反していないかどうかを審判するのが違憲立法審査権である。この違憲立法審査権は最高裁判所だけでなく下級裁判所を含めたすべての裁判所がもつ権限である。特に最高裁判所は終審裁判所であり、その判決は下級裁判所を拘束するという点で、合憲、違憲の判断を最後に最高裁判所が行うことから「憲法の番人」としての役目を果たしている。また、国民は、「憲法の番人」である最高裁判所の裁判官を国民審査する権限を持つことから、「番人の番人」の役割を果たしている。

違憲立法審査権は、大きく分けて付随的審査制と抽象的審査制の二種類がある。

付随的審査制は、具体的な事件が起こった時に、通常の司法裁判所で法令の違憲審査を行うものであり、アメリカや日本などで採用されている。

抽象的審査制は、具体的な事件が起きなくとも、憲法裁判所を特別に設置し、一定の限られた申立権者が行う請求をうけて法令の違憲審査を行うもので、ドイツやオーストリアで採用されている。

付随的審査制を取り入れている日本では、法律が制定されても、裁判所では、違憲立法審査は行われず、具体的なトラブル（訴訟）があって初めて行使されることになる。また、違憲と判断されても法律自体が無効になるのではなく、適用された条項が廃止されたり、適用を受けないと考えるのが多数説である。

2．司法権の限界と独立

司法権の独立は、権力分立主義に則り国家の統治機構である立法権、行政権、司法権が独立した国家機関であることを明確にしている。また、「すべて裁判官は、その良心に従ひ独立してその職権を行ひ、この憲法及び法律にのみ拘束される」（憲76条3項）と規定し、すべての機関から裁判官は裁判に関して干渉、拘束を受けないという「裁判官の独立」を認めている。司法権の独立を保障するために裁判官の独立が保障されている。

裁判官の独立を保障するため、裁判官の身分保障がなされている。「裁判官は、裁判により、心身の故障のために職務を執ることができないと決定された場合を除いては、公の弾劾によらなければ罷免されない。裁判官の懲戒処分は、行政機関がこれを行ふことができない」（憲78条）。「国会は、罷免の訴追を受けた裁判官を裁判するため、両議院の議員で組織する弾劾裁判所を設ける」

（憲64条）とし、裁判官の裁判は国会のみが行うことができ、行政機関は裁判官の懲戒処分を行うことができないとしている。これは、裁判官が「良心に従ひ」公平な裁判ができるように裁判官の完全な独立を保障したものであり、裁判官を拘束するのは、憲法およびその他の法律のみである。

裁判官が罷免されるのは、次の場合である。

① 最高裁判所裁判官については国民審査の結果罷免されたとき。

② 裁判官が心身故障のため職務不能になったときに罷免の対象となるが、そのことは裁判（裁判官分限法）によって決定されなければならない（憲78条）。

③ 公の弾劾とは、国会の弾劾裁判所が裁判により罷免したとき（憲64条1項）。弾劾裁判所は、両議院の各7名（計14名）の国会議員で構成される。

3. 裁判員制度

二〇〇四（平成16）年5月「裁判員の参加する刑事裁判に関する法律」（裁判員法）が成立し、二〇〇九（平成21）年5月21日から実施されている。これは、裁判に国民の一般常識をとり入れ、国民に分かりやすく、かつ迅速な裁判が行えることを目的としたものである。

裁判員が裁判に参加するのは、殺人、放火など重大な刑事事件における第一審の裁判のみである。第一審の判決に、検察、弁護側が不服として上級の裁判所に控訴した裁判について関与することはない。

裁判員は、選挙権のある人が誰でも選ばれる仕組みになっている。地方裁判所がある管轄の市町村選挙管理委員会がランダムに抽選で選び、翌年の裁判員候補者名簿が作成され、11月頃に該当者に通知がある。裁判員候補者名簿の有効期間は、翌年の1月1日から12月31日までである。

裁判員裁判は原則として裁判員6名、裁判官3名が一緒になって多数決で判断するが、有罪、無罪どちらの判断であれ多数の判断に必ず裁判官が1名入っている必要がある。

裁判員候補者名簿登録の通知（11月頃）
- 地方裁判所ごとに、選挙権を有する人から、無作為に翌年度の裁判員候補者が選出される。

⇩

選任手続期日への呼出状
- 裁判員候補者名簿の中から50名程度が抽選で選出される。
- 該当裁判の6週間前までに通知が送られてくる。

⇩

抽選より6名の裁判員を選出
- 呼出日に裁判所に出向き選任手続に参加。
- 6名の裁判員が選出され、万が一に備え6名の補充裁判員が選出される。

図表2－11　裁判員の選出方法

⑨ 選挙制度

1. 民主的選挙の原則

選挙は、国民の有する政治権力を国民の代表者に委ねるための権利である。近代選挙の原理は以下の①普通選挙、②平等選挙、③自由選挙、④秘密選挙のとおりである。詳細については、第3章国家と法律の基礎知識②――基本的人権の尊重の⑭参政権・国務請求権にて後述する。

2. 衆議院と参議院の選挙制度

衆議院の議員総数は475名、小選挙区（289名）と比例代表（176名）に分かれている。選挙は別々に投票を行い、小選挙区は個人名を記入して投票し、各選挙区から得票数の多い人が1名選ばれる。

比例代表は、全国を11のブロックに分け、政党名を記入して投票する。ブロックごとに政党の得票数に応じて議席が配分される。したがって有権者は二票投票することになる。また、比例代表においては、小選挙区比例代表並立制を採用し、小選挙区と比例代表の両方に立候補できる仕組みになっている（重複立候補制）。このため、比例代表での当選を決める方法として、拘束名簿式比例代表制（予め当選順位を決めた名簿）が採用されている。小選挙区で当選した者はそのまま当選となり、比例代表の当選順位から除

図表2－13　ドント方式

	A党	B党	C党	D党
得票数	9000 ①	7200 ②	5400 ③	3300 ⑥
1/2	4500 ④	3600 ⑤	2700 ⑧	1650
1/3	3000 ⑦	2400	1800	
1/4				
議席数	3	2	2	1

定数を「8」とした場合。
• 得票数の多い政党から①②③…の順で議席を獲得。
• 議席を獲得するごとに、得票数が1/2、1/3、1/4…と減る。

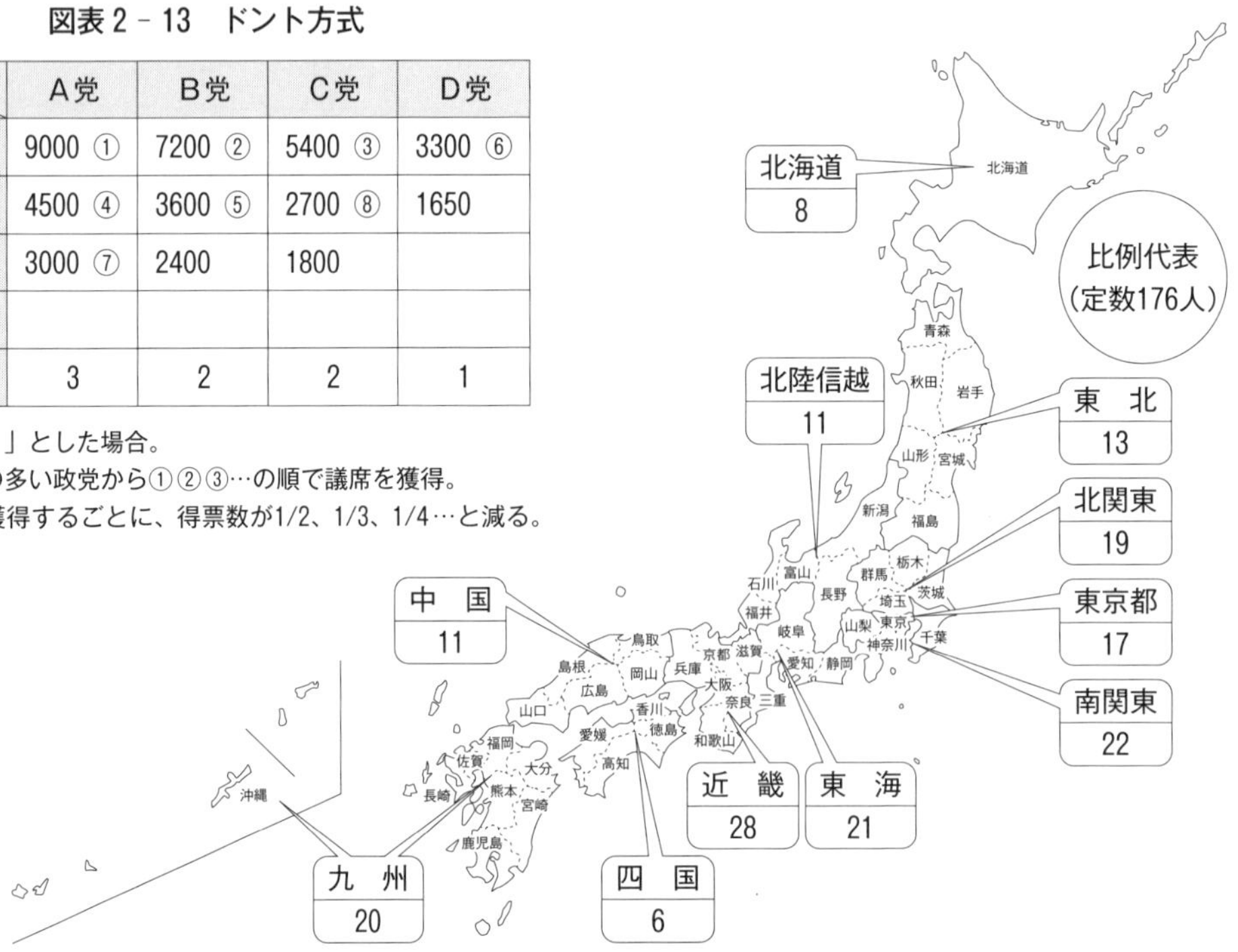

図表2－12　衆議院比例代表選挙の選挙区（ブロック）と各選挙区別定数
出典：総務省HPより

外される。小選挙区で落選した候補者は比例代表の名簿順位で当選が決まり、名簿順位が同じ人は、小選挙区での惜敗率により当選者が決まる仕組みになっている（復活当選）。

参議院の議員総数は248名、原則都道府県単位の選挙区（148名）と全国を一選挙区とする比例代表（100名）に分かれている。任期は6年であるが、3年ごとに半数が改選されるため、実際は定数の半数で選挙が行われる。選挙区では、個人名を記入して投票し、各都道府県の有権者数に応じて、1から6名が選ばれる。

比例代表は、全国を一つの選挙区とし、個人名または政党名のどちらかを記入して投票することになる。各政党の得票数は、個人名で投票されたものは、その人の所属政党の得票となり、政党名で投票されたものと合算して政党の得票数となる。その得票数に応じて議席が配分される。配分された議席を個人名で書かれた得票数の多い人から当選することになる。したがって、衆議院の比例代表と違い、立候補名簿は各政党から届けられるが、候補者名のみで名簿順位は記されていない（非拘束名簿式比例代表制）。衆議院、参議院とも得票数の議席配分については、ドント方式が採用されている。また、売名行為や不純な動機での立候補を防ぐため、供託金制度が設けられている。衆議院の小選挙区と参議院の都道府県選挙区では300万円、それぞれの比例代表では600万円が必要となり、一定の得票数がない場合は没収されることになる。

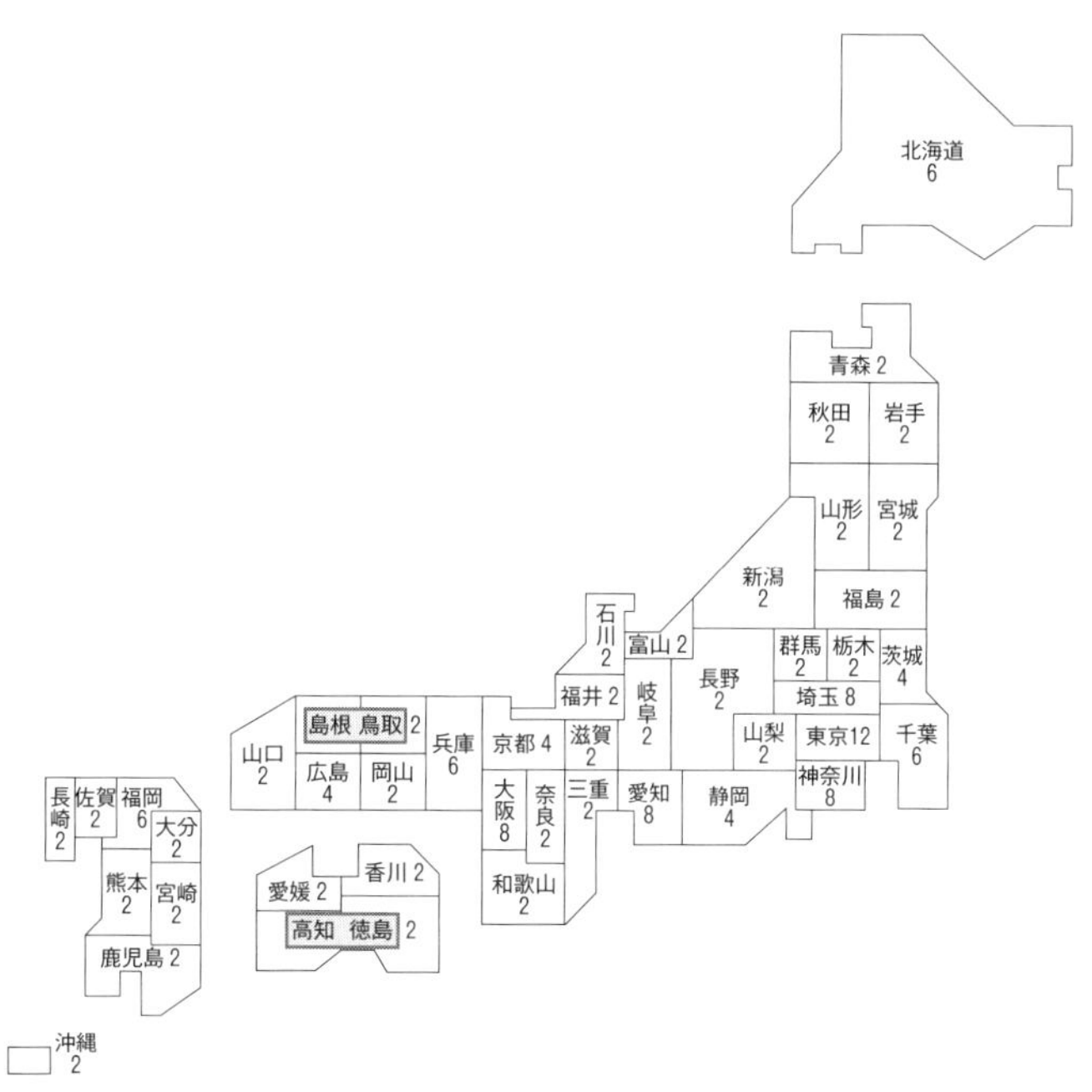

※　参議院通常選挙は、各選挙で定数の半数ずつ改選される。

図表2－14　参議院選挙区および定数

出典：総務省HPより

⑩ 地方自治と地方公共団体

1. 地方自治の本旨

「地方自治は民主主義の源泉であるだけでなく学校である」（イギリスの政治学者ブライスのことば）に代表されるように、地方自治は、その地域の問題を住民自らの手で解決していこうという民主主義の考えにそったものであり、国民に民主主義の考え方を浸透させる狙いがある。これは、大日本帝国憲法下での中央集権制により、中央政府の干渉・統制が強く、地方公共団体の自主性が弱く、地方自治の規定がなかったところによる。

日本国憲法は地方自治を重要な原則の一つとして、第八章で地方自治を保障する規定を設けている。

憲法92条は「地方公共団体の組織及び運営に関する事項は、地方自治の本旨に基いて、法律でこれを定める」と規定し、具体的には地方自治法が、地方公共団体の組織、運営等を定めている。

地方自治の本旨は、イギリス・アメリカで発達した「住民自治」とドイツ・フランスで発達した「団体自治」の二つの概念を持つと考えられるのが一般的である。

2. 地方公共団体の組織と権限

地方公共団体には、執行機関と議決機関がある。

執行機関の代表（首長）として、都道府県に知事が、市町村に市長、町長、村長が設けられている。補助機関として副知事、副市長、副町長、副村長が、会計の仕事は「会計管理者」が担当している。この他、首長から独立した合議制の執行機関として「行政委員会」が設置されている。

議決機関として、都道府県議会、市町村議会がある。住民の直接選挙で選ばれた議員により構成され、国会と同じく最高の意思決定機関である。条例の制定権、予算、決算などに関する議決権を有する。

首長も議会も住民の直接選挙によって選ばれ、国政の議院内閣制とは異なり、住民の選んだ首長や議員によって地方の政治行政が行われるとする住民自治の表れである。また、住民は直接請求権を持ち、地方の政治に不満があるときに請求することができる。直接請求権には、①首長や議員の解職請求（リコール）、②議会の解散請求（リコール）、③条例の制定・改廃請求（イニシアティブ）、④経理事務の監査請求（イニシアティブ）、⑤副知事、選挙管理委員などの解職請求（リコール）がある。また、最近では、市町村合併などに代

図表2－15　住民自治と団体自治

住民自治の原則	住民が地方自治へ直接・間接に参加することにより、住民の意思と責任において地方公共団体を運営するという原則。
団体自治の原則	地域団体として地方公共団体に固有の自治権を認め、自らの権限と責任において行うとする原則。

表される地域にとって大切な政策を住民投票するところが増えている。

3．地方議会と首長の関係

議会と首長も住民の直接選挙によって選出されることから、住民の意思が直接反映されることになる。議会と首長がお互いに独立し、抑制と均衡をはかり政治が行われている。

①　首長の拒否権　議会が議決した予算、条例に対して異議がある場合に拒否する権限。首長は拒否の理由を示し議会に再審議を要求。議会は再審議を行い、出席議員の3分の2以上の賛成で再議決されるとその議決は確定し、首長は再拒否できない。

図表2－16　住民の直接請求権

種類	必要な署名数	請求先	請求後
条例の制定改廃の請求	有権者の50分の1以上	首長	首長が議会にかけ、その結果を公表
事務監査の請求	有権者の50分の1以上	監査委員	監査委員は監査を行い結果を公表
首長、議員の解職請求	有権者の3分の1以上	選挙管理委員会	住民投票を行い、過半数の同意があれば解職
議会の解散請求	有権者の3分の1以上	選挙管理委員会	住民投票を行い、過半数の同意があれば解散
副知事、選挙管理委員会などの解職請求	有権者の3分の1以上	首長	議会で3分の2以上が出席し、4分の3以上の同意があれば解職

②　議会による首長の不信任決議　議会で3分の2以上の議員が出席し、その4分の3以上の同意により首長の不信任決議が確定する。首長はこれに対して議会を解散し選挙を行う（10日以内に議会が解散されない場合は首長の失職となる）。選挙後、初めての議会で3分の2以上の議員が出席し、その過半数の同意により首長の失職が確定する。

③　首長の議会招集権および議案提出権

④　首長の専決処分（議会が議決しないとき）

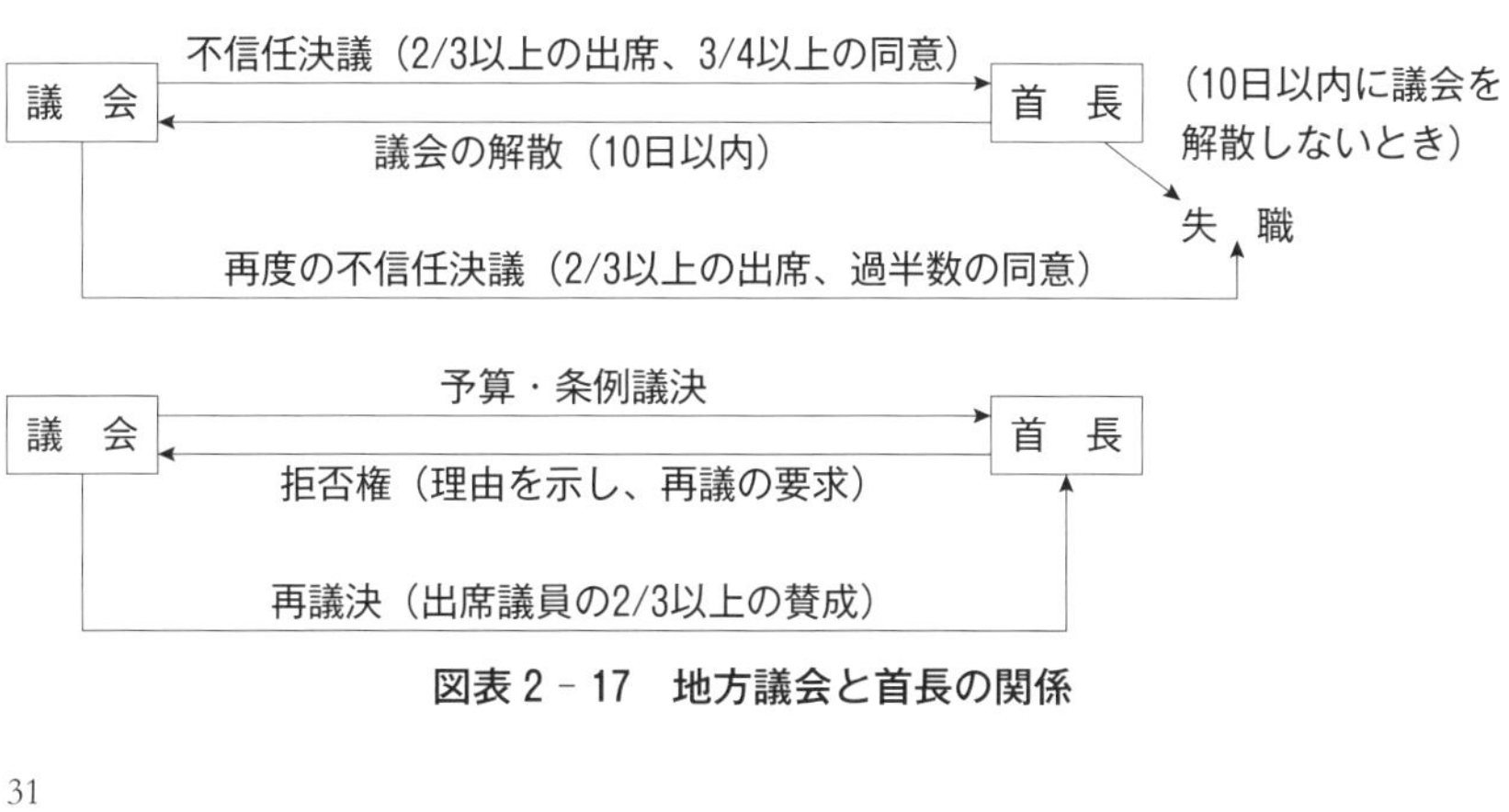

図表2－17　地方議会と首長の関係

参考文献

鴨野幸雄・中島史雄・大山儀雄・佐藤明夫編著『法学・憲法　現代社会生活と法』成文堂、一九八三年
浦部法穂『入門　憲法ゼミナール〔改訂版〕』実務教育出版、一九九九年
中川淳編『やさしく学ぶ法学〔第3版〕』法律文化社、二〇〇六年
湯浅道男・岸昭道編著『初めて学ぶ法学〔第2版〕』成文堂、一九九五年
阿部照哉編著『新憲法教室』法律文化社、一九九九年
中原精一『日本国憲法講義Ⅱ』成文堂、一九八五年
伊藤正己『憲法入門〔第4版補訂版〕』有斐閣、二〇〇六年
阿部照哉他編著『憲法（4）統治機構〔第3版〕』有斐閣、一九九六年
阿部照哉他編著『憲法判例〔第3版増補〕』有斐閣、一九九九年
上田正一・森本敦司・生駒正文編著『アクセス憲法』嵯峨野書院、二〇〇四年
生駒正文・平井卓・髙田富男編著『アクセス法学』嵯峨野書院、二〇〇四年

第3章

国家と法律の基礎知識 ②
——基本的人権の尊重

1 基本的人権とその歴史

基本的人権の観念およびその保障の制度は、立憲主義と不可分の形でヨーロッパにその起源を有する。一二一五年に成立したマグナ・カルタは、国王に対する封建貴族たちの諸要求を確認した契約文書であり、個人の権利・自由を宣言した文書ではなかった。しかし後世における解釈と再確認を通じて権利保護のシンボルとしての意味をもつようになり、近代人権思想の発展に大きく貢献している。17世紀に成立する権利請願（一六二八年）や権利章典（一六八九年）も、イギリス国民の疑いの余地のない古来の権利を確認するものであって、人の生まれながらに有する天賦の人権ではなかった。人権思想の成立は、生命、自由、身体の安全、私的所有、契約の自由などが人間理性の命令としての自然法上の権利であって、国家とその法律はこれを侵すことができないという、近代自然法の理論を待たなければならなかった。

1．自然権

一六九〇年に公刊されたジョン・ロックの『市民政府論』によれば、人は自然状態において、そこで支配する自然法により人間としての生存に不可欠の自然権を有し、これには生命、自由、財産が含まれる。そこでは各人は平等で独立の状態にあるが、自ら自然法の執行者にならなければならないことになる。この不便をなくすために契約によって設立されたのが政治社会すなわち国家である。したがって、国家は、個人の生命、自由および財産保全を存立の目的とし、その目的を果たすために必要な、人民から信託された権力をもつにすぎない。

自然権の理論は、その他の啓蒙思想によっても展開されるが、それがはじめて、権利宣言として政治の実践に移されるのは、アメリカの建国にさいしてである。一七七六年のヴァージニア権利章典では、「すべて人は、生来ひとしく自由かつ独立しており、一定の生来の権利を有する。これらの権利は、人民が社会を組織するにあたり、いかなる契約によっても、その子孫から奪うことのできないものである。かかる権利とは、すなわち財産を取得・所有し、幸福と安全を追求獲得する手段を伴って、生命と自由を享受する権利である」とうたっている。同年の独立宣言も、生命、自由および幸福追求に対する権利が自然状態における自然権であり、契約によって設立された国家のうちにあっても、天賦の人権として確保されるべきことを「自明の真理」として確認している。

一七八九年のフランスの「人および市民の諸権利の宣言」（フランス人権宣言）は、アメリカの権利章典の影響を受け、また自然権思想に立脚して、人間一般の権利の存在を確認する。すなわち、「あらゆる政治的団結の目的は、人の消滅することのない自然権を保全することである。これらの権利は、自由、所有、安全および圧政への抵抗である」（同宣言2条）と宣言する。ここで抵抗権も自然権に数えられたことは注目される。

2．基本権の社会化

18世紀に成立したアメリカ権利章典（一七九一年憲法修正1条～10条）およびフランス人権宣言（一七八九年）は、信教の自由、言論・出版の自由、住居の不可侵、不法に逮捕・拘禁されない自由など自由権を中心とし、それに財産権の不可侵と「法の前の平等」の原則が加わっていた。19世紀になってからも、憲法の保障する基本権は、それが人間の権利であると国民の権利であるとを問わず、この流れをくんで、自由権的基本権とその保障を担保するための手続上の権利や参政権を内容とするものであった。

自由権の保障と財産権の不可侵に示される自由放任政策は、19世紀の過程において、社会経済生活における自由競争を力づけ、資本主義の高度化と相まって、富の偏在、労働者の貧困、失業などの深刻な社会問題を提起し始めた。市民社会における所有権の自由と契約の自由は、一般抽象的な自由の保障であって、権利主体や当事者の経済的・社会的地位をまったく問題にしなかったため、現実には、階級対立を含む資本制社会のさまざまな矛盾を激化させることになった。大企業と個々の労働者の間では、自由で対等の取引ということは、有名無実であり、自由競争に託されていた社会の自動調整機能は失われた。そこで、市民社会の外部からの補強と存続のために、一方で所有権の絶対性と契約の自由を制限するとともに、他方において、国が積極的に国民生活に介入し、生存の配慮を行うことが要請されることとなった。

このような国家観の重大な変化は、基本権の領域では、財産権の相対化と生存権的基本権の登場となってあらわれる。この20世紀の社会国家的人権宣言のモデルとなるのは、一九一九年のワイマール憲法である。ここでは法律の前の平等、人身の自由、表現の自由など古典的な基本権とならんで、経済生活に関して、151条1項で、「経済生活の秩序は、すべての者に人間に価する生存を保障することを目的とする正義の原則に適合しなければならない。個人の経済的自由は、この限度内で確保される。」と定め、さらに163条2項で、「各ドイツ人に、経済的労働によって生計を営む可能性が与えられるべきである。彼に適当な労働の機会が与えられない限り、その必要な生計について配慮される」と規定する。他方、153条では、財産権について、その内容と限界が法律によって明らかにされ、所有権は義務を伴い、その行使は同時に公共の福祉に役立つべきものとされ、財産権が生存権の延長としての社会権的なものに転化せしめられる契機をつくった。生存権的基本権は、第二次大戦後のドイツやフランスの憲法においてさらに進展した。日本国憲法も、伝統的な自由権の拡大強化をはかると共に、生存権、労働権、団結権などをとり入れて、社会国家への転回を示している。

② 人権の国際的保障

近代国家は、それぞれ独立した国家ごとに憲法ないし人権宣言を定め、それぞれ所属する国民を中心にその人権の保障システムを作った。そして現代国家も基本的には同様にこの枠組みを継承している。しかし、とりわけ20世紀後半になると、人権の国際的保障システムが発展し、それに大きな影響を受けている。

1．国連憲章および世界人権宣言

一九四五年の国連憲章は、その前文で「基本的人権と人間の尊厳及び価値と男女及び大小各国の同権とに関する信念を改めて確認」している。国際連合は、人権委員会を設立し、その審議に基づき一九四八年12月の総会で採択された「世界人権宣言」を発表した。前文は「人類社会のすべての構成員の固有の尊厳と平等で譲ることのできない権利とを承認することは、世界における自由、正義および平和の基礎である」とし、1条では、「すべての人間は、生まれながらにして自由であり、かつ、尊厳と権利とについて平等である」と宣言し、20世紀憲法の特徴である社会保障、経済的・社会的・文化的権利、労働に関する権利、労働時間の制限・休息の権利、生活の保障・母子の保護、教育に関する権利など各種の社会的基本権を人権の範囲としている。

2．国際人権規約

その後国連総会は、世界人権宣言に掲げられた人権を条約の形で保障するため、一九六六年12月に「国際人権規約」を採択した。一つは、「経済的、社会的及び文化的権利に関する国際規約」（通称A規約―社会権規約）、他の一つは「市民的及び政治的権利に関する国際規約」（B規約―自由権規約）であり、後者には選択議定書が付いている。A規約1条では、人民自決の権利を保障し、6条以下に労働の権利、労働条件についての権利、団結権および同盟罷業権、社会保障についての権利、家族・母親・児童の保護、生活水準についての権利、健康を享受する権利、教育についての権利などの社会権的権利を含んでいる。

また、B規約2条1項では、「この規約の各締約国は、その領域内にあり、かつ、その管轄の下にあるすべての個人に対し、人種、皮膚の色、性、言語、宗教、政治的意見その他の意見、国民的若しくは社会的出身、出生又は他の地位等によるいかなる差別もなしにこの規約において認められる権利を尊重し及び確保することを約束する」と定め、この原則の下で、具体的権利として、生存権および死刑の制限、拷問または非人道的な刑罰の禁止、奴隷および強制労働の禁止、身体の自由および逮捕抑留の要件、移動・居住・出国および帰国の自由、外国人の恣意的追放の禁止、公正な裁判を受ける権利、思想・良心および宗教の自由、表現の自由、平和的集会の自由、結社の自由、児童の権利などが網羅されている。

この規約の実施機関として人権委員会（B規約28条）を設置し、この規約の締約国は、この規約において認められる権利の実現のためにとった措置およびこれらの権利の享受についてもたらされる進歩に関する報告を、委員会の要請により提出するとされている（40条）。また、委員会は、報告書を検討する権限をもち、この規約を実施していないと認める場合は、締約国に対し書面で注意を喚起することができる（41条）。選択議定書は、人事委員会が権利を侵害されたと主張する個人の通報を受けて審理する権限を定めている。

A規約は一九七六年1月3日、B規約および選択議定書は同年3月23日に発効した（B規約41条は、79年3月28日発効）。わが国では、一九七九（昭54）年6月にAおよびB規約を批准し、9月21日から効力が発生した。なお、わが国では選択議定書には署名せず、B規約41条を受諾していない。国際人権規約は、世界人権宣言の内容を条約化したものであり、締約国が人権保障を条約上の義務として負うことになる。日本国憲法およびその下にある法令は、B規約の要求を大体において充たしている。

第34回国連総会では、一九七九年に「女子に対するあらゆる形態の差別の撤廃に関する条約」を採択し、わが国は、80年に署名し、85年に批准した。この条約は、政治、経済、社会、文化の分野における、女子に対するあらゆる形態の差別を撤廃し、女子に対する政策を適当な手段により遅滞なく追求することを求めるもので、締約国に対し個別条項（7～16条）で定める具体的な事項を確保するための適当な措置を採ることを要請している。わが国は、この条約の署名にともない、条約に適合するよういくつかの立法措置を採った。その一つは、「男女雇用機会均等法」（略称）が形式的には「勤労婦人福祉法」（昭47年）の改正という形で、昭和60年5月に成立した。内容は、募集・採用、配置・昇進、教育訓練、福利厚生、定年・退職の5項目について女子を差別してはならないと定めるが、罰則規定がなく、努力または義務規定となっている。他の一つは、昭和59年の国籍法の改正により、これまで父系優先主義を採用していたのを、父母両系血統主義に改め、親の性別による別扱いを廃止した。

また、わが国は、昭和56年にそれまで加入していなかった「難民の地位に関する条約」を承認した。この条約の加入を契機として、出入国管理令を改正し、「出入国管理及び難民認定法」を制定し、難民（政治的難民）に対し一時庇護の制度が定められ、結果として不完全ながら一種の亡命権を認めることになった。さらに、平成6年に児童の権利に関する条約、平成7年に人種差別撤廃条約をそれぞれ批准している。以上の国際的レベルの条約による保障システムとは別に、ヨーロッパ人権条約（一九五三年）や米州人権条約（一九七八年）など、地域的な条約システムも発展している。

③ 日本国憲法の基本的人権保障　公共の福祉

人権の歴史は、時代により、国により、必ずしも均一とはいえない発展過程をたどって人権保障が育成されたことを示しているが、基本的には、個人の尊厳を基本とする個人主義の理念に立つ民主主義において、何よりも個人の自由が尊重されることが要求される。日本国憲法も、欧米における個人尊重の理念を受け入れて、基本的人権の諸規定を設けている。そして、第3章は、個別的な人権規定に先立って、それらに共通する一般原則ともいうべき理念を受け入れて、基本的人権の諸規定を設けている。これらの規定は、その法的性格が明確でなく、むしろ倫理的な性質の濃いものであるが、あるいは人権の本質を明らかにし、あるいは国政の指導原理を明示するものであって、第3章全体の基礎となる考え方を知るうえで意味がある。

1．人権の分類

人権は、大別して、自由権、社会権、参政権に分けることができる。自由権は、国家が個人の領域に対して権力的に介入することを排除して、個人の自由な意思決定と活動とを保障する人権である。その意味で、「国家からの自由」とも言われ、人権保障の確立期から人権体系の中心をなしている重要な権利である。また、精神的自由権は、内面的な精神活動の自由（思想の自由、信仰の自由、学問研究の自由）と外面的な精神活動の自由（宗教的行為の自由、研究発表の自由、表現の自由）に分けて考えるのが、人権の限界を明らかにするという観点からは、わかりやすい。

社会権は、資本主義の高度化にともなって生じた失業・貧困・労働条件の悪化などの弊害から、社会的・経済的弱者を守るために保障されるに至った20世紀的な人権である。それは、「国家による自由」とも言われ、社会的・経済的弱者が「人間に値する生活」を営むことができるように、国家の積極的な配慮を求めることのできる権利である。

参政権は、国民の国政に参加する権利であり、「国家への自由」とも言われ、自由権の確保に仕える。具体的には、選挙権・被選挙権に代表されるが、広く憲法改正国民投票や最高裁判所裁判官の国民審査も含まれる。公務員になる資格（公務就任能力または公務就任権）を含めるばあいもある。

以上の基本的な分類を踏まえて日本国憲法における人権を分類すると、①包括的基本権（13条）、②法の下の平等（14条）、③自由権、④社会権、⑤参政権、⑥受益権（国務請求権）、の6つになる。なお、①の包括的基本権、②の平等権は、法秩序の基本原則であり、人権の総則的な権利である。⑥の受益権は、裁判を受ける権利、請願権などを言い、基本権を確保するための基本権として、古くから自由権と相ともなって保障されてきたものである。

2．基本的人権の享有

憲法11条にいう基本的人権とは、本来は、初期の人権宣言の保障した自然権にあたるもので、自由権を中心とするものであると解される。しかし、現代の観点に立つときには、そのように狭く限定される必要はない。現代において自由権はそれのみで完結するものではなく、歴史的発展においてみたように、自由権を生きたものにするための参政権を必要とするし、また社会国家が進むにつれて、自由権と社会権とは相互に調和して、双方ともに実効性を獲得できる。その意味で、国民の享有するすべての基本的人権は、自由権、平等権のような自然法上の人権と考えられるものはもとより、参政権、社会権をも含むものである。

3．人権の制約（公共の福祉）

前述のように人権は類型化できるが、そこでの種別は人権の制約が可能であることを前提にしつつ、その制約が憲法上許されるかどうかの判断基準と関連させて考えられるものである。この立場にたつときは、人権の制約の有効性の判断の基準は一律ではなくて、人権によって差異のあることになる。一つの有力な立場は、憲法22条、29条のように公共の福祉をとくに示して制限を予定している経済的自由権は別として、一般的には人権にもそこに当然に内在する制約があり、この限度で法律で制約をおくのを憲法が禁じていないことは、12条、13条をまつまでもなく、当然であるとする。これを内在的制約の理論ということができる。ある意味では、制約を公共の福祉で正当化するか、内在的制約によって正当化するかは用語の問題にすぎないといえるかもしれない。しかし、内在的制約の理論は、抽象的な公共の福祉の観念でいっさいを割り切るのに比して、それぞれの人権への個別的な考慮を可能にし、また個人主義の理念と両立するものといってよいであろう。ただし、内在的制約の考え方もまた多様な人権のすべてについて適切な指針を与えるとはいえない。

したがって、公共の福祉の理論と内在的制約の理論を調和させつつ、とくに先に挙げた人権の類型別と関連させながら、いっそう具体的な判断基準が形成できるような考え方をとるべきであろう。公共の福祉は、全体として各個人に平等で豊かな人権を享受させる原理である。そのうち自由国家的公共の福祉は、人権享受を保持するという消極的な目的のために必要とされる最小限の秩序である。自由主義国家にあっても、国がこの最小限の秩序を保持することは公共の福祉によって求められ、これによって人権が制限をうけざるをえない。その意味でこれは先にあげた内在的制約と共通するといえる。

これに対して社会国家的公共の福祉は、国家の政策に基づいて、個人の生活水準を向上し、福祉を増大するという積極的な内容をもつものである。これによる制約は人権に内在する制約ではなくて、国家の政策に基づく制約といえるであろう。

④ 個人の尊重　幸福追求権と新しい人権

1. 個人の尊重

個人の尊重の原理とそれに基づく人権の体系は、日本国憲の最も重要な基本原理である。日本国憲法13条は、「すべて国民は、個人として尊重される」と定めている。ここでは、「個人として」ということろが重要である。それは、一人ひとりの人間はかけがえのない価値ある個性をもった人間であるから、その一人ひとりを人間として最大限に尊重しようという思想である。だから、豊かな人も貧しい人も、健康な人もハンディキャップを負った人も、若い人も年齢を重ねた人も、学歴も性別も人種もまったく関係なしに、すべての人が一人の個人として最大限尊重されるべきだというのが、憲法の根本的価値観である。そしてまた、一人ひとりを個人として尊重するということは、なによりも、人間を「数」としてしかとらえない軍隊や戦争とは相容れないし、誰もが「平和」な生活を送れるということが大前提として必要になる。

2. 生命、自由及び幸福追求に対する国民の権利

憲法13条で保障される人権の範囲に関しては、人格的自立説と一般的自由説の対立がある。保障される人権に関して、人格的自立説は、個人の人格的生存に必要不可欠な権利とする。それに対して、一般的自由説は、すべての生活活動領域における一般的な行動の自由とする。

一般的自由説は、一般的な行動の自由を「一応の」自由だとしたうえで、制約を加える。そのため、ファッションとしての髪型や服装の自由も、人格的自立に不可欠な権利も、まずは、同じ「一応の」自由として扱われる。しかし、13条前段の「個人の尊重」原理を踏まえて13条後段を解釈するなら、13条後段で保障される人権は、個人の人格的生存に必要不可欠な権利に限られるものと思われる。ただし、個人の人格的生存に必要不可欠ではない自由・利益でも、それに対する規制の目的や方法によっては、「個人の尊重」原理に反するものとして、規制が認められないこともある。また、単なるファッションに留まらず、その人のアイデンティティや尊厳に関わる髪型や服装などは、個人の人格的生存に必要不可欠な権利として、保障されるべきだろう。

3. 新しい人権

それでは、憲法13条で保障される人権はどのようなものがあるだろうか。

(1) 名誉権

名誉権は、人格価値そのものに関わる権利として、13条で保障される。21条2項で禁止される検閲および表現の自由の事前抑制の原則的禁止との関係で、出版物の事前差止の仮処分の是非が争われた事案において、最高裁も、人格権としての名誉権をみとめている（「北方ジャーナル事件」最大判昭61・6・11民集四〇巻四号八七二頁）。

(2) **プライバシー権**　プライバシー権は、当初、不法行為法上の権利とされていたが、現在は、憲法上の権利の1つでもあると考えられている。

まず、不法行為法上のプライバシー権に関するリーディング・ケースである「宴のあと」事件の東京地裁判決（東京地判昭39・9・28下民集一五巻九号二三一七頁）は、「日本国憲法のよって立つところでもある個人の尊厳という思想は、相互の人格が尊重され、不当な干渉から自我が保護されることによってはじめて確実なものとなるのであって、そのためには、正当な理由がなく他人の私事を公開することが許されてはならないことはいうまでもない」とし、「プライバシー権は私生活をみだりに公開されないという法的保障ないし権利として理解される」とした。

(3) **自己決定権**　人格的自立説を前提としたばあい、自己決定権とは、人格的自立に必要不可欠な重要事項に関する自己決定の権利のことを意味する。自己決定権の代表的なものとしては、次の4つのグループに分けられる。

①　家族関係をめぐる自己決定　結婚と離婚を含めてあらゆる形の家族を形成するときの決定や、生殖をめぐる決定がある。

②　自己の生命や身体に関する自己決定　医療をめぐる自己決定、いわゆるインフォームド・コンセントまたはインフォームド・チョイスや、死をめぐる自己決定がある。これには、臓器移植のドナー・カード、リビング・ウィル、尊厳死における本人の意思、安楽死の成立条件の問題などがある。

③　ライフスタイルに関する自己決定　これは多岐にわたるが、話題になったものとしては、高校生の校則問題（髪型、服装、運転免許証）、大学生の政治活動、口ひげをたくわえる決定、喫煙の自由と嫌煙権、どぶろくを作る決定などがある。

④　危険行為に関する自己決定　危険なスポーツ（たとえば登山、ボクシングなど）をする決定、危険な職業（たとえば鳶職、トンネル工事）に就く決定などである。

(4) **環境権**　最高裁判例においては認められていないものの、個別的な環境保護立法の整備が必要であろう。

Column　丸刈り強制に関する事例

熊本県内の町立中学校に在籍していた原告は、同中学校の校則で定められていた服装規定のうち、男子生徒の髪型について「丸刈、長髪禁止」と定めた部分に従わずに3年間通学した後に、町およびその校則を制定した校長を相手取ってこの校則が制定・公布されたことなどにより精神的被害をこうむったとして、その損害の賠償（10万円）を求めた事件があった。熊本地方裁判所は、教育上の措置の判断は必ずしも画一的に決することはできず、著しく不合理であると断定することはできないとして、この訴えをしりぞけた（熊本地判昭60・11・13判タ570号33頁）。

⑤ 法の下の平等

日本国憲法は、「すべて国民は、法の下に平等であつて、人種、信条、性別、社会的身分又は門地により、政治的、経済的又は社会的関係において差別されない」（14条1項）と、一般的平等原則と国民の平等権を宣言し、さらに平等原則の具体的制度として、貴族制度の否認（14条2項）、栄典の授与が特権を伴わないこと（14条3項）、普通平等選挙（15条3項・44条）、家族生活における両性の平等（24条）、教育の機会均等（26条1項）について規定する。戦後の民主主義改革の中核をなす憲法の改正を契機として、改めて平等思想が展開され、旧来の法制が再検討された。すなわち、戦後いちはやく実現をみた婦人参政のほか、昭和21年1月1日には天皇の神格性を否定するいわゆる天皇の人間宣言が出る。次いで、刑法の改正により、天皇、皇族に対して危害を加える行為および不敬の行為を重く処罰していた皇室に対する罪（刑73～76条）、妻を不平等に扱っていた姦通罪（同183条）が廃止された。昭和23年の民法の改正により、「本法ハ個人ノ尊厳ト両性ノ本質的平等トヲ旨トシテ之ヲ解釈スヘシ」（民1条ノ2）という解釈の指導原理が導入され、妻の無能力に関する規定（同14条～18条）が削除された。そのほか、夫婦の氏、同居義務、財産関係、親権などについて両性の平等が実現するよう改正が行われ、相続については、家督相続が廃止され、相続権に関して男女同権、諸子平等の原則がとり入れられた。

1．法の下の平等

憲法14条1項の規定は、便宜上、前段の「法の下の平等」と後段の個別的差別禁止の原則に分けられるが、学説・判例におけるこの規定の解釈上の論点は、①前段・後段いずれも立法者を拘束するのか、あるいは法の適用においてのみ作用するのか、②「平等」あるいは「差別されない」というのは、どういう意味か、③前段と後段の関係をどのように考えるか、ということである。大別すると下の表の3説に集約することができる。

2．絶対的平等と相対的平等

憲法の要求する平等の意味については、絶対的平等説と相対的平等説とがある。絶対的平等説では、各人は人間であるという点で同等であり、相互に差別されてはならない。もちろん、各人に備わるあらゆる事実上の差異を無視してすべての

図表3－1　憲法14条1項の解釈

立法者非拘束・後段列挙説	すでに成立している法を適用するにあたって同じ扱いをする。
立法者拘束・後段例示説	「法の下の平等」は立法者も拘束する。人種・信条などの事由は例示的なものであり、それ以外の事由であっても理由なく差別することは禁じられる。
立法者拘束・後段列挙説	上記の変形。人種・信条などの事由による差別は原則として違憲と推定される。それ以外の事由による差別については、一般の合理的根拠の有無によって判断される。（多数説）

国民を無差別均等に取り扱うことは不可能であるから、特定の事由に基づく差別が禁じられるとき、あるいは特定の取り扱いに関し差別が禁じられるとき、そのかぎりにおいて、そこで要請される平等を絶対的な意味に解するのである（制限絶対的平等説）。相対的平等説によれば、個人的特性に基づく差異は立法においても顧慮されるべきであり、厳密にいえば、各人の事実上の事情と法的取り扱いとの間の比率の均一が要求される。もちろん、事実上の差異も具体的な取り扱いにとって意味のあるものでなければならない。

この問題を解決する普遍妥当な基準を見出すことは困難であって、結局、法的処遇が正義または合理的判断に合致し、一般社会の法的観念に照らし恣意的でないかどうかによって決せられることになる。しかし、これらの不確定な概念を解釈基準として憲法判断にもちこむことは、裁判所の主観的な合理性判断をみとめることになるので、合理性の意味内容を理論的に分析し、合理性の論証を客観化する必要がある。そのような判断基準として、人間性を尊重するという個人主義的・民主主義的理念があげられ、あるいは個人の尊厳と人格価値の平等の尊重・保障という民主主義の基本理念があげられる。

3．判　例

(1) **尊属殺重罰規定の合憲性**　刑法200条は、「自己又ハ配偶者ノ直系尊属ヲ殺シタル者ハ死刑又ハ無期懲役ニ処ス」として、普通殺人に比べて尊属殺に重罰を科していたが、このように尊属殺を特別に扱うことが、法の下の平等の原則に反しないかどうかが問題となっていた。最高裁は昭和48年違憲判決を下した（最大判昭48・4・4刑集二七巻三号二六五頁）。

(2) **議員定数不均衡の合憲性**　国会議員の選挙において、各選挙区の議員定数の配分に不均衡があり、そのため人口数（もしくは有権者数）との比率において、選挙人の投票価値（1票の重み）に不平等が存在することが違憲ではないか、という問題である（最大判平25・11・20民集六七巻八号一五〇三頁、最大判平26・11・26判タ一四〇九号七一頁など）。

(3) **生後認知児童国籍確認事件**　生後認知を受けたが日本人の父と外国人の母が婚姻せず国籍を取得できない子が、憲法14条1項違反を理由に国籍を有することの確認を求めた。最高裁は、国籍法3条は、立法事実が変化したため違憲であると判示した（最大判平20・6・4民集六二巻六号一三六七頁）。

(4) **非嫡出子相続分規定事件**　相続財産について非嫡出子に嫡出子の2分の1の法定相続分しか認めない民法900条4号ただし書きの規定が平等原則に違反しないかが争われた。最高裁は立法事実の変化などにより、平成25年、全員一致で違憲の決定を下した（最大決平25・9・4民集六七巻六号一三二〇頁）。

⑥ 思想および良心の自由

思想および良心の自由とは、内心の自由を保障するものである。本来それは、権力といえども立ち入ることのできない領域であるが、過去において、思想を理由に不利益を課し、また内心の信条告白を強制すること（踏絵など）が行われた。憲法19条は、このような人間の内心の自由を絶対的に保障するものである。思想の自由と良心の自由の区別は明確ではないが、前者は主として論理的・知的な判断作用をいい、後者は主として倫理的・主観的な判断作用をいうと解される。学問的な体系を思索する自由や、内面的な信仰の自由は、内心の自由として、絶対的保障をうけるものであり、学問の自由や信教の自由の基礎にあるものとして、本条の保障をうけると解してよいであろう。

1．沈黙の自由

思想・良心の自由の保障内容として、まず、個人の内心の告白を国家によって強制されない自由としての意味がある。したがって、国家が個人の思想を調査したり、内心の告白を強制したりすることは憲法19条に反し、許されない。このことから、「沈黙の自由」が保障されるものと解されている。江戸時代にキリスト教徒を弾圧するために行われた踏絵などの行為は、「絵を踏む」という外形的な行為を強制することによって、個人の内心を告白させる行為であり、こうした行為が内心の告白を強制するものとして禁止される。また、思想・良心の自由は、内面にとどまる限りにおいては絶対的な保護を受けるものであり、それは、たとえ民主主義などの憲法の基本理念を否定する思想であったとしても同様である。

2．思想・良心に基づく不利益な取り扱いの禁止

さらに、特定の思想を理由として不利益な取り扱いを行うことが禁止される。ただし、憲法19条は、およそ人間の心の作用であればすべてを保障すると解すべきではなく、その趣旨からみて、人間の人格形成に資する精神活動の自由を保障するものと解される。したがって、名誉毀損に対する救済方法として謝罪広告を命じることは、たとえ内心と異なる表示を強制することになっても、本条に違反しない（最大判昭31・7・4民集一〇巻七号七八五頁）。

また最高裁判所裁判官の国民審査の方法として、投票者が罷免を可とする裁判官に×印をつけさせる方法は、可否について分からないと考える審査員にその意思を表す投票を認めていないこと、実質上は分からないために何も記入しない投票に対し、罷免を可としないという法的効果が与えられても、違憲とはいえない（最大判昭27・2・20民集六巻二号一二二頁）。問題となるのは、憲法の根本理念を否定する思想や憲法体制を破壊する信条も保護されるかどうかであるが、なんらかの外部的なあらわれをとらえるのではなく、内心の思想そのものとしてはそのような思想信条も保護を受

けると考えられる。占領中に行われた、いわゆるレッド・パージは、占領軍の指令という超憲法的効力をもつものによって行われたという理由で是認するほかはないであろう。

3．良心的兵役拒否

立憲主義諸国は、従来一般に、いわゆる「良心的兵役拒否」の問題に真剣に対応してきた。その根本的理由は、兵役が戦争における殺人行為にかかわるという異常性にあった。しかも、これを認めるばあいでも、従来一般に宗教的信念によるものに限定し、非宗教的なものに拡大するときでも、宗教的信念と同程度の強さをもつ信念に限定しようとする傾向がみられる。

日本国憲法下にあっては、兵役義務は認められないと解されており、「良心的兵役拒否」の問題は生じない。そして、法義務に対する拒否を一般的には承認することはできない。

4．君が代・日の丸の強制

自己の「思想・良心」を理由として法律上の義務の拒否ができるか否かの問題として、君が代・日の丸の強制に関わる事件がある。その中の1つが、公立中学校の音楽専科の教諭が、入学式において「君が代」のピアノ伴奏を求める学校長の職務命令を拒否したため戒告処分を受け、憲法19条に違反するとして争われた日野市「君が代」ピアノ伴奏事件である。最高裁判所は、伴奏拒否は「君が代」がわが国の負の歴史にかかわるという教諭の「歴史観ないし世界観……及びそれに由来する社会生活上の信念」に基づくものであろうが、一般的には不可分に結びつくとはいえず、入学式等において「君が代」斉唱は広く行われ、伴奏も音楽専科の教諭として通常想定・期待されるところでもあるとして、特定の思想をもつことを強制したり禁止したり、特定思想の有無について告白することを強要するものでもなく、児童に対して一方的な思想や理念を教え込むことを強制するものとみることもできないと判示した（最判平19・2・27民集六一巻一号二九一頁）。

君が代・日の丸についてはさまざまな議論があるところであるが、世界諸国において国旗・国歌が定められ、わが国においても「国旗及び国歌に関する法律」（平成11年）が制定されていることを前提とするとき、本件拒否行為は公務員としての行為のあり方として疑問の余地があるかもしれない。しかし、子ども（その親）のばあいは別で、「思想・良心」に基づく拒否行為は憲法19条に照らし尊重されなければならない。そして、そのような子ども（親）が存在するばあいに、その子どもと特定具体的関係を有する教師がそれを配慮する行動をとることも容認されなければならない事案も想定される。

⑦ 信教の自由

16世紀の宗教改革により、伝統的権威（カトリック）からの人々の精神的解放が追求され、その結果個人の精神的自由の確立が実現された。このように信教の自由は、歴史的に重要な意味をもつ。

明治憲法も信教の自由を保障してはいたが、「法律の留保」さえなく、憲法自らがその限界を定めており、これが広範な制限を許す原因となった。神社は宗教にあらずとされ、神社神道は実質的に国教であった。このことと両立する限度で信教の自由が認められたに過ぎなかった。こうして国民は神社参拝を強制され、「聖戦」という名の侵略戦争に駆り立てられた。

日本国憲法が信教の自由に関して詳細な規定を定め、徹底した政教分離を採用したのは、過去への深い反省から、神権的天皇制の根幹である神社神道によって二度と同じ悲劇を繰り返すことがないようにするためである。

ここでそもそも「宗教」とは何かが問題となるが、ある判決で述べられた「超自然的、超人間的本質（すなわち絶対者、造物主、至高の存在等、なかんずく神、仏、霊等）の存在を確信し、畏敬崇拝する心情と行為」（「津地鎮祭事件」名古屋高判昭46・5・14行集二二巻五号六八〇頁）という定義が一般的に用いられている。

1．保障の内容

信教の自由には、①信仰の自由、②宗教的結社の自由、③宗教的行為の自由が含まれる。①の信仰の自由は、「思想・良心の自由」の特別法的位置づけが与えられ、a特定宗教の信仰・不信仰あるいは無信仰の強制、b特定宗教の信仰・不信仰あるいは無信仰を理由とする不利益処遇、c信仰の有無あるいは信仰内容の告白強制（「踏絵」など）をそれぞれ受けないことがその内容となる。

②の宗教的結社の自由は、憲法21条1項が一般法的に保障する「結社の自由」を結社目的の見地から特別法的に保障した自由である。結社とは、複数人が共通目的で継続的に団体を形成することをいうが、20条1項は宗教目的をもつ結社の自由を保障していることになる。具体的には、宗教団体の結成・不結成・解散の自由、宗教団体への加入・不加入・脱退の自由を保障するとともに、宗教団体加入を理由とする不利益処遇を禁止し、さらに宗教団体の内部的意思決定およびこれに基づく活動につき原則として政府の介入をうけない自由を意味する。

③の宗教的行為あるいは宗教的活動の自由は、宗教上の儀式、宗教の布教宣伝などの行為をなす、あるいはなさない自由であり、憲法20条2項はそれらを強要されない自由の観点からの規定である。

2．限　界

宗教上の行為の自由は、信仰の自由と異なり、国際人権規約

（自由権規約）18条の定めるように、「公共の安全、公の秩序、公衆の健康若しくは道徳又は他の者の基本的な権利及び自由を保護するために必要な」制約に服する。しかし、安全・秩序・道徳という一般原則から容易に規制が許されるわけではない。行動の自由の規制であるとはいえ、内面的な信仰の自由に深くかかわる問題であるから、慎重な対処が求められる。その点につき、次のような事件が注目される。

「牧会活動事件」（神戸簡判昭50・2・20判時七六八号三頁）

「剣道実技拒否事件」（最判平8・3・8民集五〇巻三号四六九頁）

「宗教法人オウム真理教解散事件」（最決平8・1・30民集五〇巻一号一九九頁）

3. 政教分離

憲法20条1項後段は、「いかなる宗教団体も、国から特権を受け、又は政治上の権力を行使してはならない」と定め、3項「国及びその機関は、宗教教育その他いかなる宗教的活動もしてはならない」と定めている。これは、国から特権を受ける宗教を禁止し、国家の宗教的中立性を明示した規定である。この政教分離を財政面から裏付けているのが、「宗教上の組織若しくは団体」に対する公金の支出を禁止する89条である。

政教分離に関する判例としては、次のようなものがある。

「津地鎮祭事件」　三重県津市が、市立体育館の建設にあたって、神式の地鎮祭を挙行し、それに公金を支出したことが憲法20条・89条に反するのではないかが争われた事件。二審判決（名古屋高判昭46・5・14行集二二巻五号六八〇頁）は、神式地鎮祭が単なる習俗的行事ではなく、宗教的行事であるとして、違憲判決を下した。最高裁（最大判昭52・7・13民集三一巻四号五三三頁）は、政教分離原則をゆるやかに解しつつ、目的・効果基準を用い、地鎮祭の目的は世俗的で、効果も神道を援助、助長したり、他の宗教に圧迫、干渉を加えるものでないから、宗教的行事とは言えず、政教分離原則に反しないとした。

「靖国神社公式参拝」（中曽根康弘総理大臣）（福岡高判平4・2・28判時一四二六号八五頁、大阪高判平4・7・30判時一四三四号三八頁）

「靖国神社参拝」（小泉純一郎総理大臣）（大阪高判平17・9・30訟月五二巻九号二八〇一頁、最判平18・6・23判時一九四〇号一二二頁）

「空知太神社事件」　北海道砂川市が市有地を連合町会に無償で神社施設の敷地として利用させていたのに対し、市の住民が政教分離原則違反を主張して地方自治法242条の2の定める住民訴訟で争った（最大判平22・1・20民集六四巻一号一頁、最判平24・2・16民集六六巻二号六七三頁）。

8 学問の自由

1. 学問の自由の意義

憲法23条は、「学問の自由は、これを保障する」と定める。学問の自由を保障する規定は、明治憲法にはなく、また、諸外国の憲法においても、学問の自由を独自の条項で保障する例は多くはない。しかし、明治憲法時代に、昭和8年の滝川事件（京大の滝川幸辰教授の刑法学説があまりにも自由主義的であるという理由で休職を命じられ、それに教授団が職を辞して抗議し抵抗した事件）や昭和10年の天皇機関説事件（それまで通説的な学説であった天皇機関説の代表的論者である美濃部達吉が著した『憲法撮要』などの著作が発禁処分となった事件）などのように、学問の自由ないしは学説の内容が、直接に国家権力によって侵害された歴史を踏まえて、とくに規定されたものである。

学問の自由の保障は、個人の人権としての学問の自由のみならず、とくに大学における学問の自由を保障することを趣旨としたものであり、それを担保するための「大学の自治」の保障をも含んでいる。

2. 学問の自由の内容

(1) 研究活動の自由

学問の自由も精神的自由権であり、内心にとどまる限りにおいて絶対的に保障されるものである。問題となるのは、外部に現れる研究遂行のための諸活動である。多くの研究は単なる内心の思索のみではなく、調査や実験などの活動を通じて行われる。このような活動は、学問の自由によって保障される。しかし、そこでも他の利益保護のために制約をうけることはありうる。統計調査のばあいに、対象となる人のプライバシーを侵害してはならないであろうし、実験でも他人に危害を与えるようなものは、学問研究の目的であっても許されない。

(2) 研究成果発表の自由

学問的な成果の発表は表現の自由にも含まれるが、とくに憲法23条の保護を受ける。その保護は通常の表現のばあいよりもいっそう強いと解される。なぜなら、学問の世界においては、その成果の発表のあることが必要であり、それによって学問が発展する。およそ学問的成果は相互批判によって真理に近づくのであって、その成果の公表が制約されるならば、学問本来の機能を果たしえないであろう。さらに、学問上の成果の公表の受け手は、一般に専門家ないしそれだけの能力をそなえた者であって、いわば限られた受け手に向けられているといえる。このような成熟した批判力をもつ受け手に対する表現については、それの内容が有害であるとか、誤っているとかで制約を加えるとしても、外部からの制約ではなくて、いわば学問そのものによってでなくてはならず、研究者内部での自律によることになるであろう。

(3) 講義の自由

大学および高等研究機関に属する研究者に

とって、学問研究の成果を、学生を中心とする社会の一定層に教えることがその果たすべき重要な役割となっている。大学における講義は、それをうける学生自身の人格形成に寄与するだけでなく、それにより高度の知識・教養を身につけた者が社会の発展に貢献すること、あるいは学問研究そのものの担い手の養成に仕えるといった意義をもつ。したがって、講義の自由（教授の自由ともいわれる）は、右にあげた研究発表の自由の要素ももつが、教育的要素が強く現われてくるといえる。自由な講義が行われないところでは、社会の発展が望めず、学問研究が停滞することは、歴史の示すとおりである。

(4) 大学の自治

大学の自治は中世以降のヨーロッパで展開してきた概念であり、大学における研究教育を保障するために、大学内部の行政を大学の自主的な判断に委ね、外部からの干渉を排除することを目的とする。大学の自治は、外部の勢力の干渉から研究活動を保護する役割を担い、学問研究と教育を行うという学問の自由の本質と密接不可分な制度的保障として解されている。

Column　ヒトに関するクローン技術等の規制に関する法律（平成12年12月6日公布）

最近の医学や生物界の研究分野はめざましい進歩を見せているが、その代表例として、遺伝子（DNA）の長い分子のくさりを切り離して別の遺伝子に結合させるDNA組み替え実験の成功例がある。その結果、自然界に存在しない新たな生物を作ることができ、有用な働きをするようになる。しかし、それが人体に入ることになると、人の生命を遺伝子がたやすく奪う結果をもたらし、悪用される危険も生れる。研究者の自主的なルール作りが必要だと考えられるが、人クローン個体及び交雑個体の生成の防止などに関する法律が成立している。

Column　ポポロ劇団事件

昭和27年に東京大学構内の教室で開催された同大学公認の学生団体「ポポロ劇団」による演劇発表会に、私服警察官４人が潜入していたことを学生が発見し、警察手帳を奪うなどの暴力を加える行為をしたため暴力行為等処罰法１条１項違反で起訴された事件である。最高裁は、学問の自由と大学の自治との意義を説いたが、教授その他の研究者が大学の自治の主体であり、学生の自由ないし自治については、それらの主体の享受する自由と自治の効果として与えられるものとし、とくに「学生の集会が真に学問的な研究又はその結果の発表のためのものでなく、実社会の政治的社会活動に当る行為をする場合には、大学の有する特別の学問の自由と自治は享有しない」との見解のもとに、当該演劇発表会は学問の自由と自治の対象とならないと判示した（最大判昭38・５・22刑集17巻４号370頁）。

⑨ 表現の自由

近代憲法は、民主主義を重要な原理の1つとして成立している。民主主義の政治は、国民の自由な意見の交換により国の意思が決定されていくことを建前としている。そこでは、表現の自由の保障が不可欠の条件となっている。憲法21条1項は、「集会、結社及び言論、出版その他一切の表現の自由は、これを保障する」と規定している。ここでの「言論」とは、口頭による表現行為、「出版」とは印刷物による表現行為を指している。さらに「その他一切の表現行為」も保障対象となるが、この文言は今後出現するであろう新しい情報伝達手段についても配慮した規定である。

現在考えられる情報伝達手段として以下のものがある。①視覚に訴える手段、たとえば出版物（書籍、新聞・雑誌などの定期刊行物）など文字・図柄や絵画・写真、彫刻など。②聴覚に訴える手段、たとえば直接的にメッセージを伝える演説・歌唱、あるいはそれらを間接的に伝えるラジオ・レコード（CD・MD・SD・テープ）など。③視聴覚に訴える手段、たとえば直接的にメッセージを伝える演劇・舞踊、あるいはそれらを間接的に伝えるテレビ・映画・ビデオ・LD・DVD・ブルーレイディスク・インターネットなど。さらに今後出現する可能性のあるものすべて21条が保障している。

1. 知る権利

表現の自由は、本来、自分の考えや知っていることなどを表明する自由、つまり、意見や情報の「送り手」の側に着目した自由であった。しかし、こんにちでは、「送り手」の側の自由を保障するだけでは、誰もがさまざまな意見や情報に自由に接しうるということには必ずしもならない、という状況が生じている。

第1にマス・メディアが発達し、巨大化して大きな力をもつようになったため、ふつうの人々は、もっぱらマス・メディアが流す意見・情報の「受け手」の立場にほとんど固定化されてしまったことである。最近のインターネットの普及で、ふつうの人々も情報発信が容易になったとはいえるが、それでも、マス・メディアの影響力には太刀打ちできないであろう。

第2は、国家の役割が増大してきたことによって、人々の日常生活に重要な意味をもつ情報が、国家の手に集中し、それに伴って、必要な情報が人々に伝えられないという状況が生まれたことである。

この2つの要因によって、「送り手」の側の自由だけでなく、意見や情報の「受け手」の側にとくに着目した権利が必要と考えられるようになった。それが、いわゆる「知る権利」であり、これは憲法21条により保障されるものと解される。

2. 取材の自由

「報道の自由」は、憲法21条によって保障されるが、その前提段階に位置づけられる情報収集活動、つまり「取材」は憲法上どのように位置づけられるのだろうか。最高裁は、「報道機関の報道が正しい内容をもつためには、報道の自由とともに、報道のための取材の自由も、憲法21条の精神に照らし、十分尊重に値いする」としている（「博多駅テレビフィルム事件」最大決昭44・11・26刑集二三巻一一号一四九〇頁）。この「精神に照らし」という微妙ないいまわしは、「取材の自由」が「報道の自由」に比してより低いレベルの保障を受けるに過ぎないことを示唆している。

3．表現の自由の限界

あらゆる言論が憲法21条の保障を必ずうけるというわけではない。言論のなかには、その内容との関係で刑罰が科せられたり損害賠償の対象となることがある。

(1) 名誉を毀損する表現　名誉はプライバシーと同様、元来私法上の法益と考えられてきたが、今日においては、憲法13条によって保護される権利とされている（「北方ジャーナル事件」最大判昭61・6・11民集四〇巻四号八七二頁）。名誉は刑法において戦前から保護法益と考えられていた。戦後現行憲法が表現の自由に手厚い保護を与えるようになったので名誉と表現の自由との調整をはかるために、刑法230条の2が追加的に規定され（昭和22年）、人の名誉を毀損するような表現行為であっても一定の要件をみたすときには違法性が阻却されることにされた。

(2) わいせつな表現　性表現行為の規制の合憲性は、刑法175条の規定する猥褻物頒布罪の合憲性およびそこでいう「猥褻」（現行刑法ではひらがなで「わいせつ」と規定）の意味について争われた。猥褻の定義は、チャタレイ事件で最高裁が示したa「徒らに性欲を興奮又は刺戟し」、b「普通人の正常な性的羞恥心を害し」、c「善良な性的道義観念に反する」という3要件となっている（最大判昭32・3・13刑集一一巻三号九九七頁）。その後の判例では、猥褻性は文書全体において判断されるとされ（「『悪徳の栄え』事件」最大判昭44・10・15刑集二三巻一〇号一二三九頁）、また3要件を判断する際の考慮要因も詳細化されている（「『四畳半襖の下張』事件」最判昭55・11・28刑集三四巻六号四三三頁）。

(3) 教科書検定　文科省の実施している教科書検定制度が、検閲に該当するかであるが、いわゆる家永訴訟に対する判決において、教科書検定が検閲にあたり違憲とする例はない。それが事前抑制の面をもつことは否定できないが、精神的に成熟していない生徒や児童が教科書として読まされるものであって、やり方により適用違憲の場合がありうるとしても、検定自体は違憲といえないであろう。

10 集会・結社の自由　通信の秘密

1．集会の自由

一般市民にとって、集会やデモ行進などの集団行動は、自らの意見を表明し、他者と意見交換する最も有効な手段である。集会やデモなどは、そのための場所を前提とした集団的行為である点で、場所の利用に関する他者の利益との調整が必要となってくる。しかし、その場合にも、集会やデモなどの自由が最大限保障される必要があり、単に場所の管理上の理由だけでこれらの自由を規制することは許されない。

集会・集団行動の自由に関しては、集会やデモなどについてあらかじめ公安委員会の許可を得なければならないとする「公安条例」による規制が問題となる。「公安条例」は、各都道府県など地方公共団体が制定しているもので、したがって、細部についてはそれぞれ異なる点もあるが、集会やデモ行進などに対する過剰な規制として、その合憲性は疑わしい。

2．結社の自由

結社とは、多数人が一定の共通の目的のために継続的に結合することである。結社の自由は、団体を結成し、参加する自由と、結社自体が存続する権利を含む（結社を結成しない自由、結社に加入しない自由、団体から脱退する自由も含まれる）。人間は団体を作ることによって、その意思や行動の効果を強めることができるから、結社の自由も、民主制における重要な意味をもつ。もとより、犯罪を行うためのような結社は保護を受けないが、このような結社も、事後に抑制できるのであり、結社の自由を事前に規制すること（たとえば許可制）は許されない。また、行政処分をもって結社を解散させること（たとえば破壊活動防止法7条）も違憲の疑いがある。なお、主として経済活動を目的とする団体の結成の自由は、憲法21条が保障するのではなく、経済的自由に属すると考えられる。

3．通信の秘密

憲法21条2項後段が保障する「通信の秘密」は、その条文上の位置づけから、まず特定人相互間の情報流通過程に政府が介入することを禁止する趣旨であることがわかる。介入行為を放置することにより表現行為への萎縮効果、つまり間接的に情報流通を妨害する効果が生じるおそれがあるのである。さらに伝達される情報内容を政府の探知から守ること、つまり私生活（私的領域）の保護という観点が根本にあり、古典的な意味でのプライバシーの権利がその背景に控えていると理解される。具体的には、第1に積極的知徳行為、つまり通信の内容および通信の存在自体を探知する行為が禁止され、また一般的に信書開封罪（刑法133条）が置かれている。第2に漏洩行為、つまり通信業務に従事する者が職務上知りえた通信に関する事項を他に漏らす行為が禁止されている（郵便法8条2項・民間事業者による信書の送達に関する法律5条2項）。

Column　インターネット上の通信傍受

インターネット上の通信も犯罪となりうるし、またそれが犯罪の手段となりうることも否定できない。すべての人にとってインターネットが便利なコミュニケーション手段であると同様、インターネットは罪を犯そうとする者にとっても便利な連絡手段だといえる。そこで、警察としては、場合によってはインターネット上のコミュニケーションを傍受し、犯罪の予防や犯罪者特定に役立てたいと考えるようになった。ところが日本では従来、インターネットはもちろん電話盗聴についての明確な法律の規定がなく、要件などについてはっきりしなかった。そこで政府は平成11年、通信傍受法（犯罪捜査のための通信傍受に関する法律）を制定し、電話と共にインターネット上の通信についても、通信傍受を認めた。

主な内容は、薬物・銃器・組織犯罪・集団密航に関わる一定の列挙された法律に違反する罪が犯されたと疑うに足りる十分な理由がある場合において、他の方法によっては犯人を特定し、又は犯行の状況もしくは内容を明らかにすることが著しく困難であるとき、裁判官の発する傍受令状により通信の傍受が認められる（傍受法３条）。その後、平成28年５月の法改正により、窃盗・詐欺・放火・傷害・殺人・逮捕および監禁・誘拐・児童買春および児童ポルノ・爆発物関連の罪が疑われる場合においても、通信傍受が可能となった。

Column　迷惑メールの規制

コンピューターを利用して、広告などのメールを不特定多数の人に送付する行為は一般にアメリカではスパムメールと呼ばれ、日本では「迷惑メール」と呼ばれている。このような迷惑メールは、受け取った人にとっては迷惑以外の何ものでもない。また、実際にアドレスがあるかどうかを問わずメールが発信されるため、大量の宛先不明のメールがでることになり、プロバイダーの処理能力を超えてメールが正常に送受信できなくなるなどの被害が生じる。

こうした事態をうけて、日本では特定商取引法を改正する法律が平成14年４月に成立し、販売業者などには電磁的方法による広告については、受取人が広告の提供を受けることを希望しない旨の意思を表示するための方法の表示が義務づけられ、そのような意思を表示した者への広告の提供が禁止された。さらに特定電子メール法（特定電子メールの送信の適正化等に関する法律）も同年4月に成立した。

しかし、迷惑メールに対する苦情は後を絶たず、平成20年に特定電子メール法は改正され、原則としてあらかじめ受け取ることを同意したものに対してのみ電子メールの送信が許されるオプトイン方式がとられることになった。こうした迷惑メールの送信を規制する法律は、表現の自由の侵害とならないのかという憲法問題を含んでいる。

⑪ 人身の自由

人身の自由とは、人の身体が肉体的だけではなく精神的にも拘束を受けないことをその内容とする。この自由権が生まれた理由は、明治憲法の時代に行われた、捜査官憲による人身の自由の過酷な制限を排除するためである。不当な逮捕や監禁、拷問あるいは、恣意的な刑罰権の行使によって、人身の自由が不当に侵害されていたことを反省し、詳細に規定が定められている。

1．奴隷的拘束からの自由（憲18条）

これは、人間の尊厳に反する非人道的な自由の拘束を廃絶することを目的としている。ここにいう「奴隷的拘束」とは、人間でありながら人格がみとめられない奴隷に加えられるような自由の束縛のことである。国家による奴隷的拘束が禁じられるだけでなく、私人間においてもその禁止が強く求められる。

「苦役」とは、苦痛を伴う肉体的行為であって、人格を否定する奴隷的拘束までいたらないものである。犯罪による処罰の場合には、苦役が正当化されるが、受刑者の人格を無視するような過酷な刑罰は、残虐な刑罰の禁止（憲36条）にふれるほか、本条に違反する疑いがある。「意に反する苦役」は強制労働のことであり、労働基準法はこの趣旨を私人間に適用し、「使用者は、暴行、脅迫、監禁その他精神又は身体の自由を不当に拘束する手段によって、労働者の意思に反して労働を強制してはならない」（5条）と規定する。

2．適正手続の保障（憲31条）

憲法31条は、「何人も、法律の定める手続によらなければ、その生命若しくは自由を奪はれ、又はその他の刑罰を科せられない」と定めている。この規定における適正手続の保障は、イギリスのマグナ・カルタやアメリカ合衆国憲法の「法の適正な手続」（due process of law）に由来する。31条が保障するのは次の事柄である。①刑事手続が法律で適正に定められていること。②実体法（刑法）も法律で定められなければならない（罪刑法定主義）。③法律で定めた実体規定（刑法の内容）も適正でなければならない。

3．被疑者・被告人の権利

⑴ **令状主義**　刑事裁判において、事実関係を明らかにして公正な判決を下すうえでも適正な捜査の必要性が求められる。しかし、捜査関係者が恣意的に拘束や住居への侵入・捜索・押収を行ったとしたら平穏な生活を送ることができない。そこで憲法は、33条、34条、35条で被疑者の人権を保護している。

憲法33条は、逮捕に関して、現行犯の場合を除き「権限を有する司法官憲が発し、且つ理由となってゐる犯罪を明示する令状によらなければ、逮捕されない」とする。ここでいう「司法官憲」とは、裁判官のことをいい検察官は該当しない（刑訴199条）。

憲法34条は、身体の拘束である抑留と拘禁が不法に行われないことを定めている。「抑留」は一時的な拘束をいい、「拘禁」は勾留や鑑定留置をいい、長期の身体の拘束をいう。被疑者は抑留・拘禁されるに際して、その理由の告知を受ける権利や弁護人を依頼する権利が保障される。

憲法は35条で、「何人も、その住居、書類及び所持品について、侵入、捜索及び押収を受けることのない権利」を定め、33条の逮捕の場合を除き、住居に侵入して捜索や押収をする場合には令状を必要とする。令状は、正当な理由にもとづき、捜索場所や押収物が具体的に明示され、裁判官が発する必要がある。

(2)　**拷問・残虐刑の禁止**　憲法36条は、「公務員による拷問及び残虐な刑罰は、絶対にこれを禁ずる」と定める。拷問は、自白を得るために加えられる有形無形の暴力である。憲法38条2項は、拷問による証拠能力を否定する。ここで死刑が残虐な刑罰にあたるかどうかが問題となるが、現状の死刑制度（絞首刑）は合憲と判示されている。

(3)　**被告人の権利**　憲法37条は、被告人の権利として、「公平な裁判所の迅速な公開裁判を受ける権利」を保障し（1項）、証人尋問権（2項）、国選弁護人の保障を含む弁護人依頼権（3項）を保障する。国選弁護人制度は、これまでは被告人についてのみのものであったが、最近の司法制度の改革の中で、ようやく、被告人だけでなく、被疑者についても国費による弁護制度が始まった。

憲法38条1項は、「何人も、自己に不利益な供述を強要されない」とする。自分が刑事責任を問われるおそれのある事項については、どんな場面でもいっさい供述を強要されない、ということである。これをうけて、刑事訴訟法は、被疑者・被告人について完全な黙秘権を保障している。また、38条2項は、強制・拷問・脅迫など違法な手続によって獲得された自白は証拠にできないとし、同条3項は、たとえ適法な手続によって得られた自白であっても自白だけで有罪とすることはできない、とする。これらは、自白強要による人権侵害を防止するための規定である。

憲法39条は、行為時には犯罪とされていなかった行為をあとから犯罪として処罰する「遡及処罰」を禁止するとともに、無罪が確定したあとになって再びその事件を蒸し返すような被告人に不利益な再審を禁止する。

さらに、憲法40条は、身体の拘束を受けた人が裁判で無罪になったときには、国に対して補償を求めることができるとし、刑事補償の請求権を保障するものである。

⑫ 経済的自由

我々の活動の多くは他者に関わりつつ行われている。そうした活動の中で、経済的活動とは、人が生活に必要な、あるいは有用な財やサービスを生産したり、交換したり、消費したりする行為をさす。こうした経済活動を自由に行うためには、財やサービスの帰属に関するルールの存在が必要となる。近代国家はこうしたルールを統一的に制定し、維持する責務を負っている。この際、国家が国民との関係で守るべき事項として保障されているのが、憲法上の権利としての経済的自由権である。

1．職業選択の自由

憲法22条は1項で、「何人も、公共の福祉に反しない限り、居住、移転及び職業選択の自由を有する」と規定し、2項で、「何人も、外国に移住し、又は国籍を離脱する自由を侵されない」と定める。22条1項にいう「職業」とは、判例によれば、「人が自己の生計を維持するためにする継続的活動」のことである。22条1項後段の保障内容としては、職業「選択」の自由だけでなく、職業遂行の自由も含まれるのか、そしてそれには「営業の自由」も含まれるのかが議論されてきた。

憲法22条1項には「職業選択の自由」と述べられている。しかし、「選択」は保障するが「遂行」は禁止する、ということでは無意味なので、一般には職業遂行の自由も22条1項で保障されたものと考えられている。選択と遂行とを合わせた意味で「職業の自由」と言われることも多い。

これに対して、営業＝営利事業活動の自由も、22条1項で保障されているのか、については、かつて経済史学者・岡田与好《ともよし》による問題提起（独占禁止法制で実現される社会的秩序が営業の自由であり、これは権利ではないという説）があったが、多くの憲法学者は営業の自由を憲法上の権利だと考えている。

2．財産権

憲法29条1項は、個人の所有している具体的な財産に関する権利を保障している（財産権の保障）。個人は自己の財産について、さまざまな処分権を有するのであって、これについては国家の不干渉が要請される。さらに29条1項は、個人の財産享有を制度としても保障すると考えられている（私有財産制の保障）。この私有財産制の保障は、財産権保障を確保するための制度的保障と理解され、制度的保障の理論から制度の核心は法律によって変更・制約ができないとされる。このとき問題となるのは、私有財産制の核心とは何か、という点であるが、さまざまな見解がある。

多数説では「生産手段の私有制」が制度の核心とされる。この結果、私有を否定する法制度、つまり国有制や共有制への移行は29条を改正しない限り実現できない。これに対して、制度の革新を「人間らしい生活を営むために必要な物的手段の享有」と解する説もあり、この説に立てば、社会主義への移行も29条の枠内で可能とされる。

3．財産権の制限

「財産権の内容は、公共の福祉に適合するやうに、法律でこれを定める」（憲29条2項）。財産権の内容を定めるということは、財産権の創設と変更を意味するが、実際には既存の権利に制約を加えることになる。したがって財産権の制限の問題である。法律による財産権の内容決定には、第一に、29条1項に基づく私有財産制および個別的財産権の本質的内容を侵してはならないという制約がある。第二に、「公共の福祉」に適合することが要求される。この公共の福祉は職業選択の自由の制限根拠としてのそれと同様、社会権を実現するための社会・経済政策的考慮に基づく、いわゆる社会国家的公共の福祉であって、制限の方法および程度は原則として立法府の合理的裁量に委ねられている。これに対し、保健衛生、災害防止などを目的として、あるいは相隣関係上の規制のように、財産権に内在する制限が立法化されることがある。この制限は憲法12条および13条の公共の福祉に基づくものであって、制限の手段と程度は必要最小限度にとどめられなければならない。

4．公用収用と損失補償

「私有財産は、正当な補償の下に、これを公共のために用ひることができる」（憲29条3項）。国が公共の利益のため必要あるときは私有財産を侵害することをみとめると共に、公平の観点から補償を義務づけるものである。私有財産を「公共のために用いる」というのは、直接公共の用に供される公共事業のために個人の財産権を強制的に剥奪し、移転させる場合に限られない。公共の福祉のために財産権を侵害し、制限する場合が広くこれに含まれると解される。また、公用収用には、「正当な補償」が支払われなければならないが、完全補償説と相当補償説が対立している。

Column　薬事法距離制限事件

薬局の開設に適正配置を要求する旧薬事法6条2項および広島県条例の規制の合憲性が争われた事件。最高裁は、次のような理由により、適正配置規制を違憲とした（最大判昭50・4・30民集29巻4号572頁）。

○消極目的の規制（許可制をとる警察的規制）については、規制の必要性・合憲性の審査と、よりゆるやかな規制手段で同じ目的が達成できるかどうかの検討が必要。

○薬局の距離制限は国民の生命・健康に対する危険の防止という消極目的のものである。

○「薬局の開設の自由⇒薬局の偏在⇒競争激化⇒一部薬局の経営の不安定⇒不良医薬品の供給の危険性」という因果関係は、立法事実によって合理的に裏付けることはできないから、規制の必要性と合理性の存在は認められない。

○立法目的はよりゆるやかな規制手段、すなわち行政上の取締りの強化によっても十分に達成できる。

⑬ 社会権

社会権は、社会的・経済的弱者の人間らしい生存を守るために国家に対し積極的な配慮・措置を求めることのできる権利である。日本国憲法では、生存権（25条）、教育を受ける権利（26条）、勤労の権利（27条）、労働基本権（28条）が、これにあたる。自由権が国家から干渉されない権利であるのに対し、社会権は、国家による保障を求める権利である点に、その特徴がある。

1．生存権

憲法25条1項は「すべて国民は、健康で文化的な最低限度の生活を営む権利を有する」と定め、「健康で文化的な最低限度の生活を営む権利」を保障している。さらに、同条2項で「国は、すべての生活部面について、社会福祉、社会保障及び公衆衛生の向上及び増進に努めなければならない」として、生存権に対応する国の責務を定めている。1項で定める生存権の権利内容としては、国家の干渉の排除を目的とする自由権的側面と国家の積極的行為を要求する社会権的な側面がある。そして、社会権としての生存権の法的性格については、下図のような学説が唱えられている。

2．教育を受ける権利

憲法26条1項は、教育の機会均等とともに、社会権として教育を受ける権利を保障する。これに基づき、国家は、国民が利用できるよう教育の施設その他を拡充させる政治的義務を負う。教育基本法、学校教育法、私立学校法、社会教育法、生涯学習振興法などはこの憲法の指針を具体化したものである。教育基本法は平成18年に改正され、教育目標として旧法にはなかった道徳教育（2条1号）や、愛国心教育（2条5号）を掲げた点などが注目される。

(1)　**学習権**　教育を受ける権利は、子どもが教育を受けて学習し、人間的に発達・成長していく権利としての学習権として理解されている。したがって、教育を受ける権利は、国民が国家に対して一定の教育制度と施設を整備するとともに、適切な教育を要求する権利といえる。

(2)　**義務教育の無償**　義務教育の無償の範囲については、教育の対価である授業料と解する説

図表3－2　生存権の法的性格

プログラム規定説	憲法25条は、国民の生存に配慮すべき国の政治的・道徳的義務を定めたにとどまり、個々の国民に対して具体的権利を保障したものではない。
抽象的権利説	生存権は生活保護法のようなそれを具体化する法律によってはじめて具体的権利となる抽象的権利であり、憲法25条はこの抽象的な権利を実現すべき国の法的義務を定めている。（通説）
具体的権利説	生存権を具体化する法律が制定されていない場合、生活困窮者は国が法律を制定しないことが憲法違反であることの確認の訴え（立法不作為の違憲確認訴訟）を裁判所に提起することができる。

（授業料無償説）、授業料のほか、教科書代、学用品、教材費など教育に必要な一切のものと解する説（修学費無償説）、および無償の範囲は法律の定めるところに委ねられているとする説（無償範囲法定説）があるが、授業料無償説が通説・判例である（最大判昭39・2・26民集一八巻二号三四三頁）。なお、昭和38年以降、法律により、教科書は無償で配布されている。

(3) **教育内容決定権の所在**　教育の内容は誰が具体的に決定し、実施することができるのか。これについては、教育権の主体は国家にあり、国家は公教育の内容・方法を決定することができ、また教師の教育の自由を制限することもできるとする「国家の教育権」説と、教育権の主体は親を中心とする国民全体にあり、国家は教育制度を側面から助成するための環境条件を整備するにかぎられ、教育内容および方法には、原則として介入できないとする「国民の教育権」説がある。この点につき旭川学力テスト事件判決では、折衷説を採用している（最大判昭51・5・21刑集三〇巻五号六一五頁）。

3．勤労の権利

憲法27条は、勤労の権利を保障する。労働者が生きていくためには、雇用の保障が必要である。そうした措置としては、国による職業紹介（職業安定法）や職業教育（職業能力開発促進法）などのほか、国自身が雇用を作り出す失業対策事業などがある。

27条2項は、「賃金、就業時間、休息その他の勤労条件に関する基準は、法律でこれを定める」としている。この規定を具体化するものとして、労働基準法が制定され、さらに最低賃金法、労働安全衛生法、労働者災害補償保険法などが制定されている。

4．労働基本権

使用者に対し労働者は、使用者と一対一で交渉したのでは、労働条件の改善などの要求を実現できないため、憲法28条は、労働者が団結して使用者と交渉するなどの権利を認め、実質的に使用者と対等の立場で契約を結ぶことができるようにした。

団結権とは、労働者が労働条件の維持・改善のために使用者と対等に交渉ができる団体を結成する権利であり、**団体交渉権**は、労働者が、労働条件の維持・改善のために団結して使用者と交渉し、その交渉に基づいて労働協約を締結する権利である。**団体行動権**とは、団体交渉における労使の対等の確保のため、労働者が団体として行動しうる権利であり、具体的にはストライキなどの争議を行う権利である。

14 参政権・国務請求権

1. 選挙権

国民は主権者であるが、直接に国民の意思で決定できる範囲は狭く、憲法は、国民が代表者を選定して間接に国政に関与するという間接民主制を原則としている。国民がこの選定に参与するための制度が選挙である。近代諸国家において、選挙こそは、主権者である国民の政治参加の最も普通の方法であり、それだけに選挙が公正に行われることは、国民主権の核心であるといえる。選挙において定められた代表が正しく国民の意思をあらわしていないときには、国民主権そのものが歪められていることになる。とくに「国権の最高機関」である国会の構成員を選ぶ選挙は、最も重要な意味をもつ。

2. 被選挙権

憲法15条は被選挙権を明示的に規定していないため、その法的性格が問題となる。権利能力説と呼ばれる立場は、被選挙権を、個人の主観的権利ではなく、選挙に参加する資格ないし権利能力と解する。これに対して、立候補説と呼ばれる立場は、被選挙権を「立候補の自由」と捉え、それを個人の主観的権利と解する。判例は当初、権利能力説の立場を採用していたが、その後、立候補説に近い立場を示し、被選挙権を15条1項によって保障されたものと解するようになった（最大判昭43・12・4刑集二二巻一三号一四二五頁）。これにともない、学説においても立候補説が有力となっている。

3. 基本原則

(1) **普通選挙**　かつて、選挙権・被選挙権は、一定額以上の税金を納めた人や一定以上の財産をもつ人などに限られていた（制限選挙）。普通選挙とは、こうした制限選挙制を否定するもので、選挙権・被選挙権の保障についての差別を禁止するものである。

(2) **平等選挙**　平等選挙とは、選挙権の内容（投票価値）についての差別を禁止するものである。日本国憲法には、平等選挙の原則を直接規定する条文はないが、14条の平等原則は、当然、選挙についての平等ということも要請するものであり、平等選挙の原則は14条から当然に導かれるものと解されている。この原則との関係において、議員定数の不均衡が問題となっている。

(3) **自由選挙**　自由選挙は投票についての個々人の自由を保障するものであり、立候補、投票、棄権などについて、その責任を問われないことをいう。

(4) **秘密選挙**　秘密選挙は、投票内容について秘密を保障する趣旨である。これにより、選挙人は投票内容の告白を強制されない。憲法15条4項がこれを定めている。

4. 請　願　権

何人も、損害の救済、公務員の罷免、法令の制定・廃止・改正その他一切の公務に関する事項について請願する権利をもつ（憲16条）。請願とは、公の機関に対する希望をのべる行為である。それは、請願した事項について審理したり、なんらかの判定を求めたりする権利を含まないから、法的効果はきわめて小さい。ただ、請願権の尊重の趣旨から、請願は「これを受理し誠実に処理しなければならない」（請願５条）という訓示規定がおかれている。もともと請願は絶対君主の時代には民意を知らせる重要な意味をもっていたが、参政権が認められ、言論の自由が確立されるとともに重要性を失った。もっとも現在でも、代議制が十分に働かないとき、国民の意思や要望を直接に伝達するという社会的効果は認められる。

5. 国家賠償請求権

何人も、公務員の不法行為によって損害を受けたときは、国または地方公共団体に、法律の定めるところによって、賠償を請求する権利をもつ（憲17条）。明治憲法のもとでも、国の非権力的作用については、国は賠償責任を負うと考えられていたが、権力的作用（たとえば警察作用）には賠償責任が否定されていた。本条は広く国と地方公共団体が賠償責任を負うことを明らかにした。具体的には国家賠償法が制定されており、公権力の行使にかかわる賠償責任（１条）、公の営造物の設置管理にかかわる賠償責任（２条）について定めている。

6. 裁判を受ける権利

「何人も、裁判所において裁判を受ける権利を奪はれない」（憲32条）。法的な権利義務の争いが生じた際、誰でも司法部の判断を受けることができ、裁判所は裁判の拒否ができない。もちろん、前審として裁判所以外の機関が司法的処分を行うことを妨げないが、当事者の欲するときは裁判所の裁判を受ける道を必ず開いておかねばならない。

7. 刑事補償請求権

「何人も、抑留又は拘禁された後、無罪の裁判を受けたときは、法律の定めるところにより、国にその補償を求めることができる」（憲40条）。刑罰権を独占する国家権力による自由の拘束から生じた精神的、物質的損失を、公平の見地から国民全体の負担で補塡することを目的とする制度である。刑事補償の要件は、「抑留又は拘禁」がなされたこと、および「無罪の裁判」を受けたことであるが、その具体的な内容およびその他の要件については、刑事補償法が定めている。

参考文献

芦部信喜『憲法〔第7版〕』岩波書店、二〇一九年
阿部照哉『憲法〔改訂〕』青林書院、一九九一年
網中政機編著『憲法要論』嵯峨野書院、二〇一三年
伊藤正己『憲法〔第3版〕』弘文堂、一九九五年
伊藤正己『憲法入門〔第4版補訂版〕』有斐閣、二〇〇六年
浦部法穂『憲法の本〔改訂版〕』共栄書房、二〇一二年
吉川仁・松倉耕作編著『法学入門』嵯峨野書院、二〇〇七年
佐藤幸治『日本国憲法論』成文堂、二〇一一年
澤野義一・小林直三編著『テキストブック憲法〔第2版〕』法律文化社、二〇一七年
渋谷秀樹・赤坂正浩『憲法1　人権〔第7版〕』有斐閣、二〇一九年
武居一正編著『基礎からわかる憲法〔第2版〕』嵯峨野書院、二〇一七年
松井茂記『インターネットの憲法学〔新版〕』岩波書店、二〇一四年
宮沢俊義『憲法Ⅱ〔新版〕』有斐閣、一九七一年
森口佳樹・畑雅弘・大西斎・生駒俊英・今井良幸『ワンステップ憲法』嵯峨野書院、二〇一五年

第4章

国家と法律の基礎知識 ③ ——平和主義

①平和思想の実定法化

第2次世界大戦における反ファシズムの闘いの体験を経て、戦後、世界の国々は平和の重要性を痛感し、平和維持のため、イタリア共和国憲法11条「イタリアは、他国の人民の自由に対する侵害の手段としての戦争及び国際紛争を解決する方法としての戦争を放棄する。国家間の平和と正義とを確保する体制に必要ならば、他の国々と同等の下で、主権の制限に同意し、この目的を追求する国際組織を推進し、助成する」、西ドイツ・ボン基本法（旧西ドイツで制定されたドイツ連邦共和国の憲法）26条1項「諸国民の平和的共同生活を妨げる効果があり、かつ、そのような意図をもってなされる行為、特に侵略戦争の遂行を準備する行為は違憲である。このような行為は処罰するものとする」、フランス第4共和制憲法前文14「フランス国民は、みずからの伝統に忠実であり、国際法の諸規定を遵守する。フランス国民は、征服の目的でいかなる戦争も放棄し、いずれの国民の自由に対しても決してその武力を使うことはない」を制定し、わが国日本国憲法も前文と本文9条を規定した。また、こうした国際情勢のなかで「国連憲章」が生まれてきた（一九四五年）。

国連憲章の前文では「国際の平和及び安全を維持するためにわれらの力を合わせ、共同の利益の場合を除く外は武力を用いないことを原則の受諾と方法の設定によつて確保」とし、2条では国際紛争の平和的解決の指針を定め、他国への侵略を否定している。しかし、51条では「安全保障理事会が国際の平和及び安全の維持に必要な措置をとるまでの間、個別的又は集団的自衛の固有の権利を害するものではない」として、個別的自衛権、集団的自衛権を認めている。

明治22年、大日本帝国憲法が制定された。民主的・自由主義的原理と君主的原理との妥協の産物であって、本質的には専制的性格の極めて強い憲法である。

昭和20年、日本は、ポツダム宣言を受諾し3年9ヵ月にわたった太平洋戦争は敗戦を迎えた。ポツダム宣言は第二次世界大戦がファシズムに対する民主主義の闘いであった性格を反映して、日本国民の自由を表明する意思に従い、平和的傾向を有し、かつ責任ある政府が樹立せられるべしと要求した。

昭和21年11月3日、日本国憲法が公布された。98条1項では、「この憲法は、国の最高法規であつて、その条規に反する法律、命令、詔勅及び国務に関するその他の行為の全部又は一部は、その効力を有しない」と規定し、また99条では、「天皇又は摂政及び国務大臣、国会議員、裁判官その他の公務員は、この憲法を尊重し擁護する義務を負う」と規定し、権力者の横暴を防ぐように権力を担当する者を義務づけるところに憲法の本質がある。

また、日本国憲法は、国民が権力を監視する不断の努力として、国民主権主義、基本的人権の尊重、平和主義の三大基本原則を採用している。

日本国憲法の平和主義は、基本的人権の尊重や国民主権主義とのかかわりで理解することが重要である。

国民主権は、憲法前文1項で、「日本国民は……ここに主権が国民に存することを宣言し、この憲法を確定する」といい、「そもそも国政は、国民の厳粛な信託によるものであつて、その権威は国民に由来し、その権力は国民の代表者がこれを行使し、その福利は国民がこれを享受する」という場合の主権はその例である。基本的人権の尊重は、個人の尊厳を基本とする。いわゆる個人主義原理に立脚して、自由権の保障、参政権の保障、社会権の保障の諸規定を設けている。

平和主義は、前文1項で「諸国民との協和による成果と、わが国全土にわたつて自由のもたらす恵沢を確保し、政府の行為によつて再び戦争の惨禍が起ることのないやうにすることを決意し」、また前文2項・3項で「日本国民は、恒久の平和を念願し、人間相互の関係を支配する崇高な理想を深く自覚するのであつて、平和を愛する諸国民の公正と信義に信頼して、われらの安全と生存を保持しようと決意した。われらは、平和を維持し、専制と隷従、圧迫と偏狭を地上から永遠に除去しようと努めてゐる国際社会において、名誉ある地位を占めたいと思ふ。われらは、全世界の国民が、ひとしく恐怖と欠乏から免かれ、平和のうちに生存する権利を有することを確認する。われらは、いづれの国家も、自国のことのみに専念して他国を無視してはならないのであつて、政治道徳の法則は、普遍的なものであり、この法則に従ふことは、自国の主権を維持し、他国と対等関係に立たうとする各国の責務であると信ずる」と決意したと定めている。これを受けて9条で戦争放棄を規定した。つまり、ポツダム宣言と新憲法により、日本の非軍事化と民主主義の伝統を取り戻そうというねらいであった。

1　吾等合衆国大統領、中華民国政府主席及グレート・ブリテン国総理大臣は、吾等の数億の国民を代表し協議の上、日本国に対し、今次の戦争を終結するの機会を与ふることに意見一致せり。

4　無分別なる打算に依り日本帝国を滅亡の淵に陥れたる我儘なる軍国主義的助言者に依り日本国が引続き統御せらるべきか又は理性の経路を日本国が履むべきかを日本国が決意すべき時期は、到来せり。

6　（略）日本国国民を欺瞞し之をして世界征服の挙に出ずるの過誤を犯さしめたる者の権力及勢力は、永久に除去せられざるべからず。

10　（略）日本国政府は、日本国国民の間に於ける民主主義的傾向の復活強化に対する一切の障礙を除去すべし。言論、宗教及思想の自由並に基本的人権の尊重は確立せらるべし。

12　前記諸目的が達成せられ且日本国国民の自由に表明せる意思に従ひ平和的傾向を有し且責任ある政府が樹立せらるるに於ては、聯合国の占領軍は、直に日本国より撤収せらるべし。

図表4－1　ポツダム宣言（抄）（1945.7.26）

② 日本国憲法の平和主義

1 前文の内容

① 第1項の内容　第1項前段は、「日本国民は、……ここに主権が国民に存することを宣言し、この憲法を確定する」として、国民主権の原理および国民が憲法制定者であることを明確にしている。

「日本国民は、……自由のもたらす恵沢を確保し、……再び戦争の惨禍が起ることのないやうにすることを決意し」として、自由と平和を規定し、憲法制定の目的があるとする。

第1項後段は、「国政は、国民の厳粛な信託によるものであつて、その権威は国民に由来し、その権力は国民の代表者がこれを行使し、その福利は国民がこれを享受する」として、主権在民主義とそれに基づく代表民主制の原理を宣言している。この原理は民主主義の精神が表現され、人類普遍の原則と位置づけている。

そしてこれら原理に反する「一切の憲法、法令及び詔勅を排除する」と明示した。

② 第2項の内容　第2項前段は、「日本国民は、恒久の平和を念願し、……平和を愛する諸国民の公正と信義に信頼して、われらの安全と生存を保持しようと決意した」として、永久平和主義の理想をかかげ、他方、日本国民の安全と生存は、平和を愛する諸国民の公正と信義に委ねるとした。

第2項第2文「われらは、平和を維持し、専制と隷従、圧迫と偏狭を地上から永遠に除去しようと努めてゐる国際社会において、名誉ある地位を占めたいと思ふ」として、日本国民は平和と自由平等を求める国際社会で、名誉ある地位となることを表明した。

第2項第3文「われらは、全世界の国民が、ひとしく恐怖と欠乏から免かれ、平和のうちに生存する権利を有することを確認する」として、平和的生存権を認め、人類共通の権利であるとする。

③ 第3項の内容　第1は、「われらは、いづれの国家も、自国のことのみに専念して他国を無視してはならないのであつて、」として、利己的な国家主義を排除することを確認している。

第2は、「政治道徳の法則は、普遍的なものであり、この法則に従ふことは、自国の主権を維持し、他国と対等関係に立たうとする各国の責務であると信ずる」として、政治道徳の法則は国際民主主義の原理を守ることこそ、各国の責任と義務であるとする。

④ 第4項の内容　「日本国民は、国家の名誉にかけ、全力をあげてこの崇高な理想と目的を達成することを誓ふ」として、以上にかかげた憲法の崇高な理想と目的を達成することを誓約している。

2 前文の法的性質

(1) **法規範性**　日本国憲法の前文は、103条の本文とともに憲法典の一部を構成し、本文と同じ法規範性（法的性格）を有すると解するのが通説である。したがって、前文を改正する場合には、96条の改正手続によらなければならない。

(2)　裁判規範性　裁判規範は、裁判所が訴訟事件において、前文を根拠に裁判を下すことができるか否かである。前文の裁判規範性が問題になるのが、平和的生存権（平和の中で生きる権利）である。

現在のところは、裁判規範として違憲審査の準則とはなりえないと解するのが通説的見解である。

「百里基地訴訟」では、国の行った自衛隊基地建設のための土地の売買契約の効力が争われ、平和的生存権としての平和とは、第一審（水戸地裁昭52年2月17日判決）について、前文二項の「平和的生存権」も抽象的で権利とはいえないとして、原告の主張を斥け、控訴審（東京高裁昭56年7月7日判決）について、9条についての理解が国民の間で分かれていることを理由に、売主と国との間の土地売買契約等は公序良俗違反と断定できないとし、9条問題については、直接判断を加えずに第一審の結論を支持した。最高裁判決（最判平元・6・20民集四三巻六号三八五頁）での平和的生存権としての平和とは、「理念ないし目的としての抽象的概念であつて、それ自体が独立して、具体的訴訟において私法上の行為の効力の判断基準になるものとはいえ」ないとして、消極的立場にたっていると思われる。

前　文

国民が憲法制定権力の保持者であること、また、近代憲法が内容とする原理（国民主権、基本的人権の尊重、平和主義）を確認

1項前段	国民主権および民定憲法性の表明
1項後段	代表民主制の宣言および諸原理の人類普遍性を説く
2　　項	平和的生存権は人類共通の権利である
3　　項	利己的国家の否定を政治道徳の法則として確認
4　　項	この憲法の崇高な理想と目的の達成を誓約

図表４－２　前文内容の価値原理

出典：上田正一「第２章憲法の前文」『アクセス憲法』（嵯峨野書院、2007年）４頁参照

3 9条をめぐる解釈

日本国憲法9条1項は「日本国民は、正義と秩序を基調とする国際平和を誠実に希求し、国権の発動たる戦争と、武力による威嚇又は武力の行使は、国際紛争を解決する手段としては、永久にこれを放棄する」と規定し、9条2項は「前項の目的を達するため、陸海空軍その他の戦力は、これを保持しない。国の交戦権は、これを認めない」と規定している。

日本国憲法は、平和主義の系統からみると、「永久平和」の理想をかかげ、その理想の達成のために、各戦争を放棄し、かつ戦力の保持、国の交戦権を否認した。

(1) **戦争の放棄**　憲法9条1項は、「日本国民は、正義と秩序を基調とする国際平和を誠実に希求し、国権の発動たる戦争と、武力による威嚇又は武力の行使は、国際紛争を解決する手段としては、永久にこれを放棄する」と規定し、国権の発動たる戦争、武力による威嚇、武力の行使の3つを永久に放棄している。しかし、これらは、「国際紛争を解決する手段として」放棄するという条件つきの定めであるため、この文言の解釈によって見解が分かれている。

A説は、「国際紛争を解決する手段」における国際法上の意味は、国家の政策手段としての侵害戦争であって、自衛戦争を放棄したものではない。

B説は、「国際紛争を解決する手段」としての条件がついても、すべての戦争を全面放棄した。

(2) **戦力の不保持**　憲法9条2項は「前項の目的を達するため、陸海空軍その他の戦力は、これを保持しない。国の交戦権は、これを認めない」と規定し、前項の目的が1項のどの部分を指すかにより、見解が分かれている。

a説は、「正義と秩序を基調とする国際平和を誠実に希求」を指し、これにより武力の所持、軍隊は不用とされる。

b説は、「1項全体」を指すが、これにより2つの見解があり、

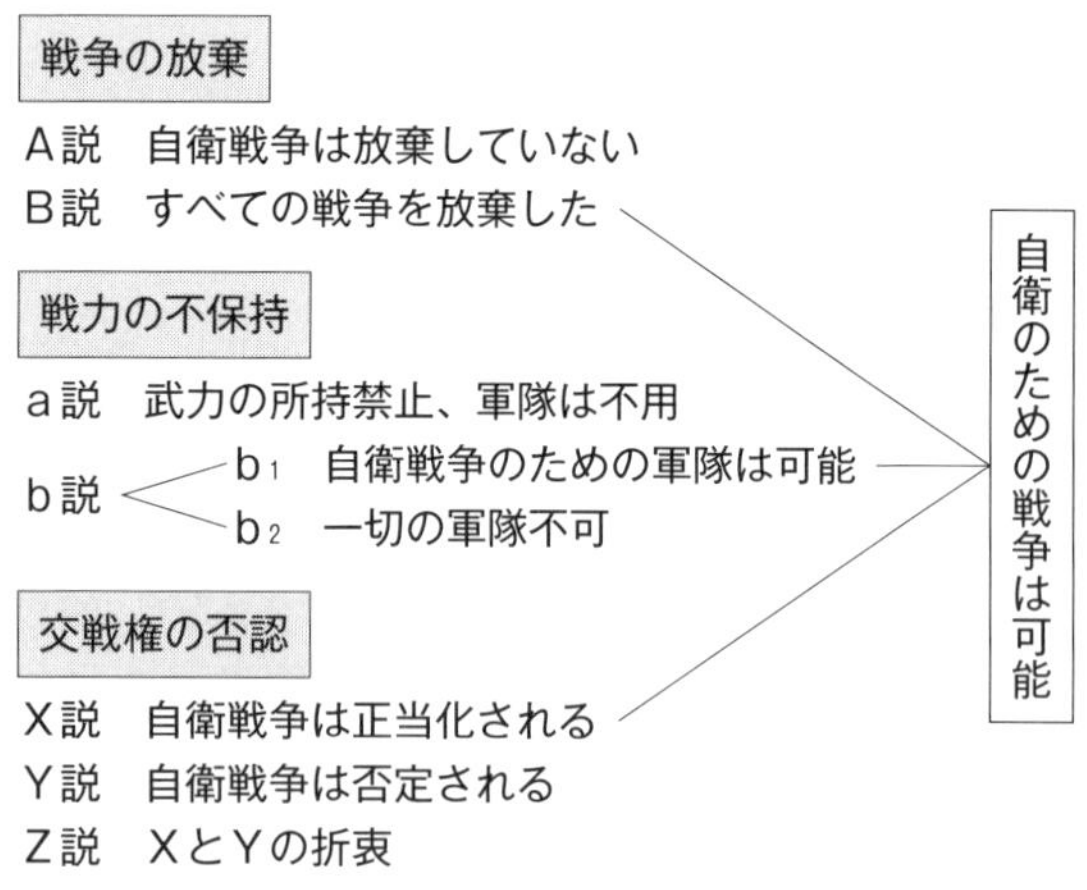

図表4－3　自衛戦争の可否と学説

出典：大西斎「第4章平和主義」（嵯峨野書院・2013年）43頁参照

①説は自衛戦争のための軍隊はOKとされる。②説は一切の軍隊が不用とされる。

(3)　交戦権の否認

憲法9条2項は、「国の交戦権は、これを認めない」と規定している。

X説は、国際法上、国家が交戦国として認められている権利、船舶の臨検・拿捕・貨物の没収等の権利、占領地行政に関する国際法上の権利とする考え方等で、自衛戦争は正当化される。

Y説は、交戦権は国が他国と戦争を行う権利であるとし、これには自衛戦争の否定説とX・Y説の折衷説（Z説）とに分かれる。

以上の学説において、憲法9条は、自衛権を有することを決して否定したものではないとする説が多数説である。また、自衛権は、個人・法人・国家には当然認められる自然法上の権利と認められているのが必然である。

他国の軍事侵攻が行われた場合、国民の安全と財産を保護するためには自衛権を行使することができるのである。

なお、憲法9条に関して、自民党は、平成30年3月25日に開催された同党大会において、自衛隊明記案を憲法改正案に提示した。しかし、自衛隊明記案は、日本国憲法の永久平和主義、基本的人権の尊重という基本原則および立憲主義の原則から問題があるといわれている。

「こんどの憲法では、日本の国が、けっして二度と戦争をしないように、二つのことをきめました。その一つは、兵隊も軍艦も飛行機も、およそ戦争をするためのものは、いっさいもたないということです。これからさき日本には、陸軍も海軍も空軍もないのです。これを戦力の放棄といいます。放棄とは、「すててしまう」ということです。しかしみなさんは、けっして心ぼそく思うことはありません。日本は正しいことを、ほかの国より先に行ったのです。世の中に、正しいことぐらい強いものはありません。

もう一つは、よその国と争いごとがおこったとき、けっして戦争によって、相手をまかして、じぶんのいいぶんをとおそうとしないということをきめたのです。おだやかにそうだんをして、きまりをつけようというのです。なぜならば、いくさをしかけることは、けっきょく、じぶんの国をほろぼすようなはめになるからです。また、戦争とまでゆかずとも、国の力で、相手をおどすようなことは、いっさいしないことにきめたのです。これを戦争の放棄というのです。そうしてよその国となかよくして、世界中の国が、よい友だちになってくれるようにすれば、日本の国は、さかえてゆけるのです。」

図表4－4　第9条のめざすもの―文部省「あたらしい憲法のはなし」(1947.8)

（文部省は、1947年8月中学校第1学年用社会科教科書で、戦争の放棄について、上のように書いていた。）

④ 集団的自衛権と日米安保条約——安倍内閣の憲法解釈

集団的自衛権とは、自国に密接に関係のある同盟国などが武力攻撃されたとき、自国への攻撃とみなして、反撃することができる権利である。国際法上、国連憲章51条では、「安全保障理事会が国際の平和及び安全の維持に必要な措置をとるまでの間、個別的又は集団的自衛権の固有の権利を害するものではない」として、個別的自衛権・集団的自衛権が認められている。しかし、日本の歴代の内閣は、「保有するが、憲法9条との関連で行使することができない」との解釈をしてきた。

わが国とアメリカ合衆国との間に発効した昭和35年6月23日の日米安保条約（日本国とアメリカ合衆国との間の相互協力及び安全保障条約）は、反対運動が激化する中で、当該条約を抜き打ち採択され、参議院の審議なく自然成立した。

日米安保条約と駐留米軍との合憲性が争われた「砂川事件」がある。最高裁は、憲法9条2項にいう「戦力」とは、「日本国が指揮、管理できる戦力のことであるから、外国の軍隊は戦力にあたらない」とした。また、日米安全保障条約の合憲性については、高度な政治性をもつ条約については、一見して極めて明白に違憲無効と認められない限り、その内容について違憲かどうかの法的判断を下すことはできない、とした（最大判昭34・12・16刑集一三巻一三号三二二五頁）。

当該条約のしくみ（日本の基地提供義務、米国の日本防衛の義務）に主たる条文規定は変更されず、次の内容である。

第3条——締約国は、個別的に及び相互に協力して、継続的かつ効果的な自助及び相互援助により、武力攻撃に抵抗するそれぞれの能力を、憲法上の規定に従うことを条件として、維持し発展させる。

第5条——各締約国は、日本国の施政の下にある領域における、いずれか一方に対する武力攻撃が、自国の平和及び安全を危うくするものであることを認め、自国の憲法上の規定及び手続きに従つて共通の危険に対処するように行動することを宣言する。……

第6条——日本国の安全に寄与し、並びに極東における国際の平和及び安全の維持に寄与するため、アメリカ合衆国は、その陸軍、空軍及び海軍が日本国において施設及び区域を使用することを許される。……

圧倒的な軍事力をもつアメリカ合衆国と締結する上記条文により、日本に攻撃が加えられた場合には、共通の危険に対処することが宣言され、安全保障上の抑止力はもっているであろうと考えられている。しかし、トランプ米大統領が日米安保条約については不公平な条約で、駐留米軍の経費負担の増額を迫っている。また、在日米軍が関係する事件や事故が起きるたびに問題となるのが、米軍に対する特権を認める日米地位協定（公務外での米兵犯罪は現行犯では逮捕できず、逮捕できなかった場合起訴されるまで米兵は引き渡されないなど）で、改定を求める声が広がっている。

第2次安倍内閣は、平成26年7月1日に閣議決定をもって、これまでの歴代内閣の集団自衛権行使の解釈を変更し集団的自衛権による武力行使を憲法上可能とした。

集団的自衛権については、歴代の内閣は憲法9条に違反であると解釈してきた。しかし、昭和47年の政府見解を根拠に、すなわち「自国の平和と安全を維持し、その存立を全うするために必要な自衛の措置を取ることは」禁じられていないとして、憲法前文と憲法13条を踏まえ解釈変更で集団的自衛権行使を平成26年7月、閣議決定した。それによると、安倍首相は憲法解釈論と自衛権の行使を記者会見で、次のとおり明言した（朝日新聞平成26年5月17日朝刊より）。

「憲法前文『全世界の国民が……（略）……平和のうちに生存する権利を有する』と憲法13条『生命、自由及び幸福追求に対する国民の権利については……（略）……国政の上で、最大の尊重を必要とする』の趣旨を踏まえれば自国の平和と安全を維持し、その存立を全うするために必要な自衛の措置をとることは禁じられていない。そのための必要最小限の武力の行使は許容される」

そして、平成26年の閣議決定により、武力攻撃事態法（安全保障法制の11の法律を一括改正、平成28年3月1日施行）に集団的自衛権行使の要件として「存立危機事態」という考えを定めた。日本が、直接、武力攻撃を受けていなくても、日本と密接な関係にある他国が敵国から武力攻撃され、日本や日本国民の存立が脅かされる明白な危険がある事態「（存立危機事態）」で、「外交努力など他に手段がない場合」に限り、「必要な最小限の実力行使にする」の3点の前提条件を満たせば集団的自衛権による武力行使を憲法上可能とした。

平成28年3月施行の安保法制により、自衛隊の海外での活動内容・範囲の拡大を一段と推進する定めが明確である。わが国の専守防衛の理念が変更され、政権の裁量次第では、今後、自衛隊による海外での武力行使の制約が取り払われる可能性があろう。

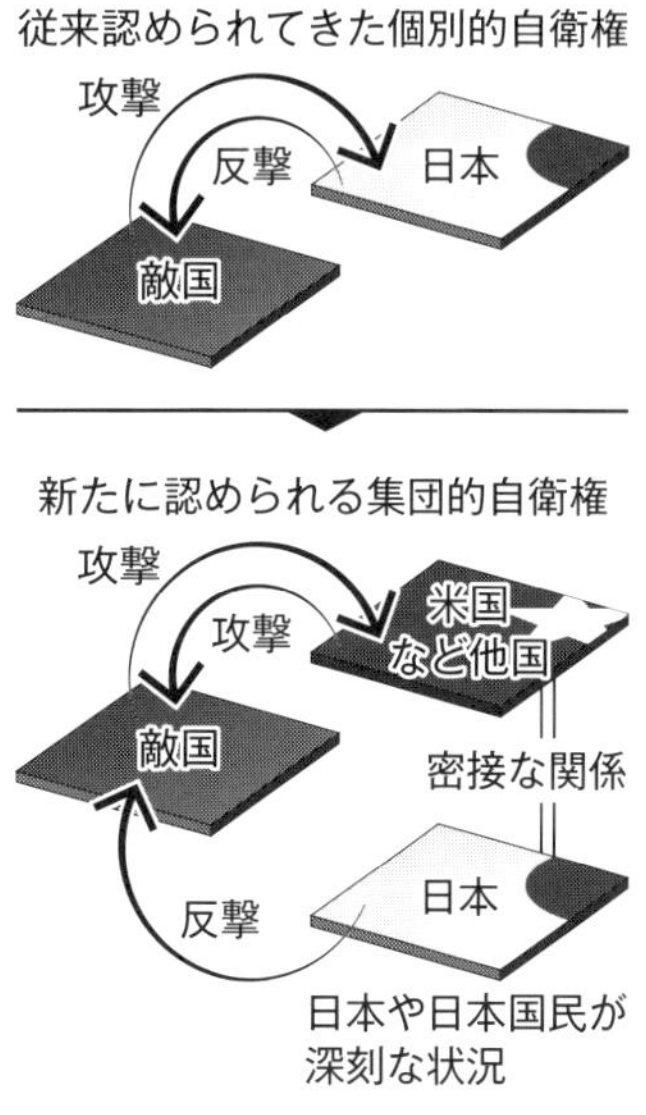

図表4－5　集団的自衛権　行使、政権の裁量次第

出典：朝日新聞（朝刊）平成27年5月12日10版より。（提供　朝日新聞社）

参考文献

大西斎「第4章　平和主義」（森口佳樹他共著『ワンステップ憲法』所収）嵯峨野書院、二〇一五年

上田正一「第1章　憲法の意味」（生駒正文他編著『アクセス憲法』所収）嵯峨野書院、二〇〇七年

播磨信義・木下智史編著『どうなっている!?日本国憲法』法律文化社、一九九七年

朝日新聞（朝刊）二〇一四年五月一七日・二〇一五年五月一二日・二〇一九年一月二四日

榎原猛『憲法　体系と争点』法律文化社、一九八六年

第5章

国家と法律の基礎知識 ④——犯罪と法

① 刑法の意義と機能

1. はじめに

犯罪と法について、つまり刑法を学ぶ上で、特に気をつけなければならないことがある。それは説く者により考え方や説明の仕方が大きく異なるということである。これは各論者の世界観・価値観の相違と刑法の学問的深遠性と歴史的発展の重畳性にあろう。よって、まずここでは全体的に理解してほしい。

2. 刑法の意義

刑法とは犯罪と刑罰に関する法である。そして、どのような行為が犯罪となり、どのような刑罰が科せられるかを定めたものすべての法規範を、広い意味の刑法・実質的意義の刑法という。これに対して、「刑法」という名前の付いた法典として明治40年に制定され、現在も施行されているものを、狭い意味の刑法・形式的意義の刑法という。この前者の刑法には、児童買春、児童ポルノに係る行為等の規制及び処罰並びに児童の保護等に関する法律（平成11年法律52号）など、非常に多くの法令がある。こうした広い意味の刑法にも、狭い意味の刑法の第一編総則の規定が適用される。よって刑法総則の規定の理解や解釈などが、犯罪と法についての最重要事項となるのである。

3. 刑法の機能

刑法は、社会を維持していくために一定の行為を犯罪と定め、それに刑罰を科すことをもってする社会統制手段である。そしてこの機能は、具体的には規制的機能・秩序維持機能・自由（人権）保障機能として現われる。

① 規制的機能とは、一定の行為を犯罪として規定しそれに対して一定の刑罰を科すことを宣言し、その行為が法的に許されないものであることを示し、我々にその行為を行わないようにと命令する機能をいう。こうして刑法は、犯罪とされる行為は違法であると評価する評価的機能を有し、故に評価規範であるとされる。また刑法は、犯罪を行わないように意思を決定させる意思決定的機能を有し、故に意思決定規範であるとされる。

② 秩序維持機能とは、刑法により法益を保護することに現れる。つまり、実際に犯罪を犯し、法益を侵害した者に対して刑法を適用し刑を科すことにより、その犯罪が繰り返されないようにして秩序維持に寄与するのである。このことにより刑法の機能の一つとして法益保護機能と表現する場合がある。また、この秩序維持機能は、刑法による威嚇と実際に科刑することにより、一般人をして犯罪から遠ざける、一般予防の機能として

図表5－1　広狭の刑法の意味

広い意味・実質的意義の刑法	犯罪と刑罰を規定している法規範のすべて
狭い意味・形式的意義の刑法	刑法という名の法典（明治40年法律45号）

あらわれる。また、実際のその犯罪者に対する刑罰の効果により、その犯罪者をして再び犯罪をしないようにする機能、すなわち特別予防の機能として現われる。

③　自由（人権）保障機能とは、法律により犯罪となる行為を事前に明示し、その行為に該当しない限り人は犯罪者とされることはない。つまり国家は、人が刑法に触れない限り、犯罪者として処遇することはできない。こうして刑法は国家権力の発動から人の自由（人権）を保障しているのである。こうして刑法は一般人に対するマグナ・カルタであるとされる。また刑法は、犯罪者となっても、その犯罪行為に対して規定された刑罰を超えて刑を科せられることがないよう保障している。こうして刑法は、犯罪者に対するマグナ・カルタでもある。

4. 刑法の特徴と性質

さて、「刑」とは、非常に強固な、直接的で厳しい制裁である。こうした「刑」を科すという手段を持つ法が刑法である。ここに他の法律にはない特徴がある。刑法の果たす機能としても、刑法以外の手段で果たすことができるのであればそれに任せるべきである。こうして、刑法は最終手段（ウルティマ・ラティオ）であるとされ、他の法的統制手段では間に合わないときに限るものとされ、これを刑法の補充性という。また、刑法は安易に用いられるべきではないとされ、これを刑法の謙抑性という。

また、こうした刑法の補充性・謙抑性から、刑法ではすべての反社会的行為あるいは違法行為を犯罪としているのではない。たとえば民事的な対応としての損害賠償請求や、行政処分としての対応もある。そうして反社会的行為あるいは違法行為としても、刑法によらなければならないさとれるものだけを刑法の対象とする。これを刑法の断片性という。

このように刑法は、他の法規とはことなる独特の機能・特徴・性質があり、その様々な面に着目し強調され議論される。ここに議論の取り付きにくさを醸し出す。しかし、この基本に立ち返り考察することにより、理解はより容易となろう。

Column　狭義の刑法の意義

狭い意味・形式的意義の刑法を見てみると、大きく第一編・総則と第二編・罪とに分かれ、第一編・総則は犯罪の成立やその犯罪への関与などについて規定し、第二編は具体的な犯罪を規定する。そして、第一編総則の第８条には「この編の規定は、他の法令の罪についても、適用する。ただし、その法令に特別の規定があるときは、この限りでない。」とあり、広い意味・実質的意義の刑法にもこの部分の適用があることが解る。

そして刑法の専門の体系書では、総則の部分については刑法総論と、刑法第二編の部分については刑法各則とか刑法各論という名称を付ける。さて、私法である会社法の中にも、取締役に関する犯罪等を規定しているので、そこにも刑法の部分があるのである。

2 罪刑法定主義

1. 罪刑法定主義の意義

罪刑法定主義は「法律なければ犯罪なし、法律なければ刑罰なし」という標語により表される。これは、近代自由主義思想とともに成立した刑法の、不可欠な基本的原理である。つまり、恣意的な刑罰権の発動から国民の人権が侵害されないように、あらかじめどのような行為が犯罪となり、どのような刑罰が科せられるかを、明文の法律で規定し、国民に明らかにしておかねばならないことをいう。今、罪刑法定主義の論拠を自由主義と民主主義にあるとし、それを並列的理解で説明する向きも見受けられるが、本質としては自由主義の理念を、より重視すべきであろう。こうして、罪刑法定主義から導かれる原則の、類推解釈の禁止を考えるとき、被告人の人権を侵害せず、実質的に法益侵害もなく法の精神に反しない場合は、この類推解釈は許されるという趣旨の判例（本節コラム参照）があるが、これを妥当と理解することができる。

2. 罪刑法定主義と刑法の法源

罪刑法定主義は、あらかじめ発布された法律がなければならない、それは成文法でなければならない、また明文の規定でなければならないという理解につながる。そして刑法の法源として、ここにいう法律とは何かが問題となる。原則としてこれは国会制定法であるが、憲法73条6号ただし書により、法律の委任のあることを条件として、政令に罰則を設けることができるとした。また、省令にも国家行政組織法により、法律の委任があった場合に罰則を設けることを認める。では、地方公共団体の議会の制定する法形式である条例はどうか。従来、条例については、地方自治法14条3項で、条例違反に対しては、刑罰を設けることができるとされてあり、法律の委任があるので認められると説明する。しかし、この委任の範囲が広く、包括的委任ではないかとの疑問がある。そこで、条例はこうした法律の委任のあることに加えて、国会制定法と同じく議会の制定する法形式として、法律に準じて刑法の法源として認めても罪刑法定主義に反しないと理解していた。

これに対して最近は、民主主義を強調し、条例につき、地方議会の議決の存在により、直接これを法源と認めるとする理解もある。

3. 罪刑法定主義と派生的原則

(1) **刑罰法規不遡及の原則**　刑法は施行前の行為に遡って適用してはならない。憲法39条前段にも明記されている。また、刑法6条には「犯罪後の法律によって刑の変更があったときは、その軽いものによる。」とあるが、これは人権を侵害しないので罪刑法定主義に反しない。

図表5－2　罪刑法定主義に対するもの

対立する概念	罪刑専断《せんだん》主義※1
陥ってはならない考え方	刑法典無《む》謬《びゅう》主義※2

※1　どのような行為を犯罪とするか、またどのような刑罰を科すかを、その都度公権力の任意に委ねるもの。

※2　処罰すべき場合を刑法は規定しており、例外を認めず処罰すべきであるとする考え方。

(2)　慣習刑法排除の原則　刑法の法源で説明したごとく、慣習を刑法の法源としてはならないことをいう。しかし、たとえば刑法１２３条の水利妨害罪にいう水利権は、その地域の慣習によるのが一般で、このように、刑法の解釈の場においては、慣習が考慮されることがある。

(3)　類推解釈禁止の原則　類推解釈とは、法律の規定が本来予定していないことにも類似していることを理由として、適用することである。つまり、法律の規定が存在しないのに処罰することになるので禁止とされる。しかし、拡張解釈は、法律の予定する範囲内で、その規定された用語を広く解することをいうとされ、これは許されるという。たしかに、刑法１３４条１項の秘密漏示罪にいう主体のなかの医師に、看護師も該当するとするのは許されない類推解釈だとされるが、現実的には判例の帰結をみるしかない。刑法１２９条の過失往来危険罪のなかの客体の汽車に、ガソリンカー（ガソリン機関車）も含まれるとする判例（大判昭15・8・22刑集一九巻五四〇頁）がある。このほか多くが、処罰の必要上許された拡張解釈としているように思われる。

(4)　絶対的不定期刑の禁止　これは懲役・禁錮等の自由刑につきまったく刑期を定めないものをいい、刑罰の程度を定めないもので罪刑法定主義に反するとされる。しかし、上限と下限を定めて言い渡す相対的不定期刑は少年法でも取り入れられ、罪刑法定主義に反しないとされる。

(5)　刑罰法規の明確性の原則　これは法律の規定が明確であり、法律の名宛て人である一般人において、禁止されていることと禁止されていないことが読み取れなければならないことをいう。

(6)　刑罰法規の適正の原則　これは犯罪とされることとそれに対する刑罰とが、社会倫理観念などに適合して合理的でなければならないとするものである。これらは刑法の内容の適正性として、罪刑法定主義の実質的意義から要請されるものである。

Column　被告人に有利な類推解釈は許されるとされた例

「薬剤師法違反被告事件」（大判昭６・12・21刑集10巻803頁）。

薬剤師は医師による処方箋により薬剤を調剤し、その処方箋を保存しなければならないところ、被告人は、自宅にて薬剤師として薬品の調剤に従事する者であったが、隣に住む重篤な病状に陥り苦悶する子の親から頼まれ、医師との仲介をしていたが、緊急の事態になり、医師より処方箋によらず電話にて調剤し、患者に薬剤を二回にわたり交付した。このとき医師による指示については誤りの無いように書き取り復唱し、処方箋を送ってもらうこととしていた。

このことについて薬剤師法違反に問われたが、大審院は、本件のような事情の存在するときは、電話による調剤も医師の処方箋による調剤と同一視することは社会通念上及び人情道義上妥当であるとして「叙上の如き条件下に於て此の類推解釈を為すも毫も叙上立法の精神に抵触する虞あることなきが故に徒に文句の末に拘泥して此の解釈を排斥するは正当に非ず」とした。

③ 犯罪の成立要件と構成要件

1. 実質的犯罪概念と形式的犯罪概念

犯罪とは何か。これに対する答え方として、反社会的行為であるとか、人の権利・利益を侵害するものであるなどと、本質・実質について考察するものがある。こうした刑罰に値する行為の実態で答えようとするのが、実質的犯罪概念ということができる。

しかし、たとえば「不倫」や「姦通」を反社会的行為であり、ある人の権利・利益を侵害するものとしても、これは現在わが国では犯罪ではない。そこで、個々の行為が犯罪となるか否かを判断するために、刑罰法規に触れる行為として規定された、犯罪の類型に該当するか否かを考察することになる。そうして、この類型に該当し、違法でかつ有責な行為が犯罪であると定義する。これが形式的犯罪概念である。こうして、実際に発生した事実としての個別的・具体的な行為が、刑罰法規に該当し犯罪となるか否かを検討する第一段階目の要件を犯罪構成要件という。

かくして「犯罪とは、構成要件に該当し違法・有責な行為である」と定義し、思惟経済性を図り体系的に、犯罪の成否を、構成要件の該当性・違法性・有責性の順で検討するのである。

2. 構成要件とは

この構成要件については様々な理解があるが、犯罪の行為類型として、たとえば殺人罪の「人を殺した者は」（刑１９９条）とか、窃盗罪の「他人の財物を窃取した者は」（刑２３５条）が、構成要件である。

この構成要件の果たす機能については、構成要件該当性は、違法性を推定し、かつ有責性も推定するとする論者が多い。犯罪の成立は、構成要件に該当することは違法性が推定され、その違法性の推定を打ち崩す違法性阻却事由がなければ違法性が確定し、そして有責性の推定を打ち崩す有責性阻却事由がなければ有責性が確定し、犯罪が成立するとするのである。

3. 構成要件該当性の判断

構成要件は通常、５つの要素で判断される。すなわち、①主体、②客体、③行為、④結果、⑤行為と結果の因果関係の５つである。しかし、最近は構成要件的故意とか、構成要件的過失などもここに含める向きも多いが、まずは客観的なものから判断するのが原則であり、ここでは①から⑤について説明する。

①主体――これは犯罪の行為者を意味し、特に限定されなく通常「……した者は」と規定され、自然人であればこれに該当する。しかし、特定の犯罪においては行為者に一定の身分があることを求める場合がある。職務に関して賄賂を受け取っても、公務員という身分がなければ収賄罪（刑１９７条）の構成要件に該当しない。

②客体――これは行為の客体である。保護の客体である保護法益

三分説……犯罪の成否を合理的に思惟経済性をもって考察

構成要件該当性 → 無＝犯罪不成立
　　　　　　　 → 有＝犯罪の可能性あり（違法性・有責性を推定）

違法性論　違法性阻却事由の有無を検討 → 違法性阻却事由あり＝犯罪不成立
　　　　　　　　　　　　　　　　　　 → 違法性阻却事由なし＝違法性確定

責任論　責任阻却事由の有無の検討 → 責任阻却事由あり＝犯罪不成立
　　　　　　　　　　　　　　　　 → 責任阻却事由なし＝犯罪成立

図表５－３　犯罪論の体系的考察

とは必ずしも一致しない。殺人罪において殺害行為の客体は「人」であり、保護法益は「人の生命」である。また、公務執行妨害罪（刑95条1項）は、行為客体は公務員であるが、保護の客体は公務の円滑である。③行為——思想のみでは犯罪とはならない。行為といえないものは犯罪とすることはできないのである。そうして刑法において人の行為とはどういうものかの議論において各種の行為論が展開された。しかし、構成要件の判断の前に、構成要件該当性の判断とは別に行為を議論することは「裸の行為論」であるとの批判もあり、今では構成要件該当性としては、刑罰条文に規定されている実行行為として理解される。またここでは構成要件的行為ともいう。④結果——犯罪の中には、行為者の一定の身体的動静のみを問題とする挙動犯もあるが、多くは一定の結果の発生を必要としている。このような犯罪を結果犯といい、この成立のために必要とされるものを構成要件的結果ともいう。たとえば殺人罪でいうと、人を殺したといえる結果、つまり人の死亡という結果のことである。⑤行為と結果の因果関係——構成要件的結果をその実行行為により実現した場合を既遂犯といい、犯罪の実行に着手してこれを遂げなかった場合を未遂犯（刑43条）という。この既遂・未遂の区別の意味でも、当該構成要件的結果は、当該構成要件的行為によるものといえなければ、犯罪の基本的形態として結果犯・既遂犯としての構成要件に該当したとはいえないのである。この行為と結果の関係を因果関係という。

その他、目的犯における目的などを構成要件該当性で議論する場合がある。

Column　**因果関係**

当該行為（条件）がなければ当該結果の発生はないといえる関係を条件関係といい、これは自然科学でも妥当するものであるが、この条件関係をもって刑法の因果関係とするものを条件説という。

この条件説では、結果的加重犯などにおいて、因果関係が認められる範囲が広くなりすぎる。

たとえば、Aは誤って人に怪我を負わせた。よってその負傷した人は病院に搬送されるため救急車に乗った。その救急車が交通事故に巻き込まれた。そして、その乗っていた人がその事故で死亡した。このとき怪我を負わせる行為がなければ、その人は死亡しなかったといえる。よって、Aは過失傷害罪（刑209条）ではなく過失致死罪（刑210条）となってよいのか？

この疑問にこたえるため、条件関係が認められる中で、相当とされる範囲のみを刑法上の因果関係とする相当因果関係説が主張される。この相当因果関係説は、主観的相当因果関係説・客観的相当因果関係説・折衷的相当因果関係説の三種が主張されるが、最高裁の判例においても、いわゆる米兵ひき逃げ事件（最決昭42・10・24刑集21巻８号1116頁）の一つのみ、いずれかは断定できないが、相当因果関係説により因果関係を否定したとされる判例がある。しかし、そのほかの最高裁判例は、各論者は、客観的相当因果関係説・折衷的相当因果関係説からでも説明できるとはするが、全て条件説と同じ帰結である。また、客観的帰属論などとして、結果発生の危険の創出と危険の実現による考察と称して、危険が結果に実現していると分析をする向きもあるが、これとて、条件関係にいう因果関係の断絶（実行行為が作り出した条件が効果をあげないうちに、それとは無関係な条件で結果が発生する場合）の有無の考察と同じではなかろうか。

4 違法性

1. 違法性の意義

構成要件に該当する行為は、違法性を推定され、違法性阻却事由に該当しない限り、違法性が確定される。しかし、犯罪成立要件としての違法性は、単に形式的にではなく、実質的に違法でなければならない。この実質的違法性は法秩序全体からの違法でなければならず、刑法典に規定された違法性阻却事由に該当するか否かの判断にも、実質的違法性の判断が影響を与える。

2. 法令による行為

刑法35条は、「法令又は正当な業務による行為は、罰しない」と規定し、この「罰しない」とは犯罪の不成立を意味し、これが違法性阻却事由であることを示す。法令自体により根拠付けられた行為が、形式的に犯罪構成要件に該当したとしても、その違法性は阻却されるのが当然である。しかし、形式的には法令によって認められているとはいっても、親権者の未成年の子に対する懲戒権（民822条）や争議行為（労組1条）などで、権利・権限の濫用・逸脱のある場合には、必ずしも違法性は阻却されない。また、正当な業務による行為が違法性阻却されるのは、もともと人が生活していく上で必要な生業であるからとされたが、プロ・アマを問わず適切なルールに基づくボクシングやレスリング・相撲などの格闘技のスポーツも、これに含まれよう。

3. 正当防衛

これも違法性阻却事由の一つであり、刑法36条1項により、「急迫不正の侵害に対して、自己又は他人の権利を防衛するため、やむを得ずにした行為は、罰しない」と規定されている。これは、目前に迫っている違法な侵害行為により、自己又は他人の法益が侵害されそうになっている場合は、その違法な侵害行為に対して反撃できることを意味する。本来は公的機関により法益保護を図るべきとする法治国家ではあっても、私人による法益侵害の予防・回復は、法秩序維持・社会的相当性の観点からも許されるべきであるからである。そして、違法な侵害に対する反撃であるから、防衛しようとした法益と、そのために発生させた結果との均衡は厳格には求められない。また、防衛行為をする側には、原則として落度はないのであり、条文中に「やむを得ずにした行為は」と規定されているが、他に取るべき方法がないことも、必ずしも必要ない。

しかし、あまりに程度をこえるものは過剰防衛となり、違法性は阻却されず犯罪が成立するが、情状により、その刑が減軽または免除されることがある。

図表5－4　正当防衛と緊急避難の異なり

正当防衛（刑法36条1項）	急迫不正の侵害に対する反撃行為。不正対正の関係
緊急避難（刑法37条1項）	現在の危難から第三者に対してする転嫁行為。正対正の関係

４．緊急避難

刑法37条1項にて規定されるもので、これは自己又は他人の生命、身体、自由又は財産に対する現在の危難を避けるため、やむを得ずにするもので、これも緊急行為の一つである。しかしこれは、危難状態から、避難という転嫁行為により第三者の法益を犠牲にするものである。そうではあるが、その条文中「やむを得ずにした行為は、これによって生じた害が避けようとした害の程度を超えなかった場合に限り」と条件を付けていることなどにより、違法性阻却事由と考えられる。つまり、法益の侵害にさらされている状況からの脱出を、原則として、法は禁止することはできないと説明できるのではなかろうか。また、本条ただし書には、情状により刑の減軽又は免除ができるとする過剰避難についての規定がある。

５．可罰的違法性など

前述したもの以外にも違法性を阻却するものとして次のものが存在する。

①　可罰的違法性　　犯罪行為の結果として、その法益侵害性が極めて軽微である場合、可罰的違法性がないとして、犯罪の成立を否定する考え方がある。これには、この理由により犯罪構成要件そのものに該当しないというものと、構成要件には該当するが違法性が阻却されるとするものがある。過去にはそれぞれを意味するような判例もあるが、現在では、構成要件該当性がありとして起訴されれば、その被害の僅少を理由に違法性の阻却を認めることは難しいであろう。実務としては起訴しない方向であろうか。

②　被害者の同意　　個人的法益に対する犯罪であれば、被害者が同意をしている場合、違法性が阻却されるというものである。また、構成要件該当性が阻却されるという理解もある。いずれにしてもその承諾は、原則として、事前の、承諾能力を備えたものの真意によるもでなければならない。そして、承諾があったとしてもその行為が社会倫理規範に照らし相当であるものでなければ、違法性は阻却されないとされる。また、殺人罪（刑１９９条）と承諾殺人罪（刑２０２条）の関係の様に、同意により問われる犯罪構成要件が移動し、犯罪の成立を認めるものもある。

その他、社会的相当性や許された危険等の理論で違法性阻却を議論する場合がある。

Column　**正当防衛の例**

女性が駅のホームで泥酔した男性にからまれたため、これから逃れるため女性は男性を突き飛ばした。男性は線路上に転落し、その場にいた他のものが助けようとしたが、入ってきた列車に轢かれ死亡した。人の死亡という結果に着目し検察側は傷害致死事件として起訴したが、防衛行為そのものが相当な行為であれば、たまたま発生した結果が重大であっても、正当防衛が認められるとした。これは昭和62年９月17日の千葉地裁の判決であるが、正当防衛の本質をよく表しているものであろう。

⑤ 責任論（有責性）

1. 責任の意義

責任とは、犯罪行為のその行為者に対して、刑罰というものを科して非難することができるか否かを問う、非難可能性のことである。また、現在は違法論あるいは構成要件該当性で議論される故意や錯誤についても、便宜的にここで触れたい。

2. 故意と過失

刑法38条では「罪を犯す意思がない行為は、罰しない。ただし、法律に特別の規定がある場合は、この限りでない」と規定され、この罪を犯す意思を故意という。後段の法律に特別の規定がある場合とは、過失犯処罰規定のことである。この故意の内容は、学説的には様々なものがあるが、通説的には犯罪事実の認識・結果発生の認容と違法性の意識の可能性をいう。また、後段の部分は、故意の部分とは別の責任要素であるとし、前段の部分が故意であるとして、構成要件の中で議論するという向きもある。

過失とは、本質としては注意義務違反である。従来はこれを責任形式で議論した。つまり注意義務に違反し、事故などの発生することを予見すべきなのに不注意で予見せず、予見できたのであれば回避行動をとり、結果回避ができたであろうにもかかわらず、結果を発生させたことをいう。しかし、事故が発生した後から検証すれば、人間の行為には何らかの不注意が存在し、悪しき結果が発生すれば全て犯罪となってしまう。そこで、一般人の能力を基準とする客観的注意義務と結果予見可能性を検討し、この法の求める一般人の注意義務を果たしていても、予見ができず、また予見ができたとしても回避可能性がないときには、違法性が阻却され、犯罪性を否定する。これを新過失論といい、今の通説・判例といいえる。

3. 錯誤論

行為者の認識したことと発生したことが食い違っていた場合を錯誤という。この錯誤は、事実の認識に関するものを事実の錯誤といい、刑罰法規の勝手な解釈により、禁止されていることを許されると取り違えることを禁止の錯誤という。たとえば、クマだと思い発砲したところ人間でありその人に銃弾が当たり人間が死亡した場合、人に対する殺意・殺人罪の故意はない。このように事実の錯誤は故意を阻却する。また、自動車による進入禁止の標識を、認識はしたが、バックにより入ることは許されると解釈して進入した場合、事実の認識については存在しているため、故意は阻却されないとする。

故意とは

犯罪事実の認識・結果の認容＋違法性の意識 ⟶ 厳格故意説

犯罪事実の認識・結果の認容＋違法性の意識の可能性 ⟶ 制限故意説

犯罪事実の認識・結果の認容（違法性の意識の面は不要）⟶ 判例の立場

責任説

違法性の意識ないしその可能性は故意とは別の責任要素

図表５－５　故意説と責任説

また、方法の錯誤といわれるものもあり、これはたとえば甲を狙い発砲したが外れて乙に命中した場合のことである。これに関して、次の議論がある。たとえば、目前を歩く甲を狙い銃で発砲したが、弾はそれ、甲のそばにいた乙に当たり、乙が死亡した。これにたいしては、具体的符合説と法定的符合説が主張されている。具体的符合説は、故意犯は認識した事実と発生した事実とが具体的に符合しなければならないとし、甲に対して殺人未遂、乙に対しては過失致死もしくは重過失致死という。これに対して、法定的符合説は、構成要件としての法律の評価での符合があればよいとし、人を殺害しようとして人を死亡させたのであるから、乙に対して殺人罪の成立を認める。また、判例は法定的符合説をとり、加えて一つの故意行為からでも複数の故意犯の成立を認める。よって甲に対する殺人未遂も認めることとなる。

4. 責任能力

責任能力とは、有責に犯罪行為をする能力のことをいい、行為の是非を弁別し、**かつ**、その弁別に従って行為する能力をいう。刑法39条1項は、「心神喪失者の行為は、罰しない。」としているが、精神の障害などにより、是非を弁別し、**または**、その弁別に従って行為する能力に欠けるものをいう。また、同条2項にいう心神耗弱《こうじゃく》者とは、その能力が著しく低い者をいい、限定責任能力者ともいわれ、その刑は減軽される。

刑事責任年齢とは、刑法41条で14歳以上としている。本来ならば、各個人別に責任能力を判定すべきであるが、14歳未満の者は一律に刑事責任能力はないとしたのである。

この他責任論の部分では、期待可能性というものが議論される。これは、適法行為にでることが期待される（可能な）のに、あえて違法行為を選択したことに責任があるのであり、もし、適法行為にでることの期待可能性がないとき、責任は問えないとする理論であるが、わが国にはこれにより犯罪を否定した判例はない。

Column　**認識ある過失と未必《みひつ》の故意**

犯罪事実の認識・結果（の発生）の認容に関しての議論の一つ。

大型バイクで暴走運転をしていたところ、前方に警察官が立ちふさがり停車せよとの合図をしている。こうしたとき、これを認めたその運転手は、減速することなく下を向いたまま進行を続け、警察官をはね、その警察官を死亡させた。

このとき、運転手が、①「このままでは警察官をはねる可能性は認めるが、警察官のほうから避けてくれると思った。」②「このままでは警察官をはねる可能性は認める。またそれにより警察官が死んでもいいと思った。」と自供した。

上記①ならば、認識ある過失といい、まだ故意犯としての犯罪は成立しない。しかし、②であれば、結果の発生を認容しているのであるから故意犯となる。こうした故意を、未だ必ずしも確定な故意ではないという意味で、未必の故意という。

⑥ 刑罰――その種類と内容

1. 刑罰の本質とその人間像

刑罰は古くから応報であるとされた。そしてカントのように同害報復の主張もあったが、刑罰も社会的統制手段としてあるならば、次のように考えられる。つまり、人間は自由意思をもつ合理的・理性的な存在である。犯罪行為も自由意思に基づき選択して行う。そこで犯罪によって得られる快楽よりも若干苦痛となる応報としての刑罰を法律で規定し、威嚇を与えておく。そうして実際に犯罪行為にでた者には応報として刑罰を科し、その法的な威嚇は真実であったことを一般に示す。すると犯罪は減少すると考える。こうして刑罰の本質は、あえて犯罪行為を選択した者に科す報復・応報であり、一般予防の効果であるとする。これがいわゆる旧派の考え方である。これに対して、人間には自由意思があるというのは間違いで、犯罪を犯すのは、その者の持って生まれた性格からであるとする。いわゆる新派である。この考えかたからは、刑罰とは、その犯罪者の性格を教育により改善するものである。これが教育刑の主張であり、その犯罪者を教育・改善して犯罪から遠ざける、特別予防の効果であるという。

現在わが国では、これらを止揚する方向で応用され、自由刑の執行は応報的原理の現われでもあるが、職業教育等による特別予防的機能も併せ用いられている。

2. 現行刑法上の刑罰の種類

刑法9条において、「死刑、懲役、禁錮、罰金、拘留及び科料を主刑とし、没収を付加刑とする」と規定される。そして主刑はこの順に重い刑とされ、無期の禁錮と有期の懲役とでは禁錮を重い刑とし、有期の禁錮の長期が有期の懲役の長期の二倍を超えるときも、禁錮を重い刑とされる。

①死刑は、絞首して執行する（刑11条）。この刑については憲法上も議論のあるところだが、判例としては生命刑を憲法は予定しており（憲31条）、また現行の死刑は残虐な刑罰（憲36条）に該当しないとされている。②懲役と禁錮は、無期と有期があり、有期はいずれも原則として1月以上20年以下であり、またいずれも刑事施設にて拘置される自由刑である。懲役には所定の作業を行わせるが、禁錮にはこれが課されない。このように禁錮は非破廉恥罪に科す名誉拘禁的な面もあるとされるが、この区別は労働蔑視の思想があるとの批判もある。③拘留も自由刑であり、1日以上30日未満とし、刑事施設に拘置される。④罰金と科料は、いずれも一定の金額のはく奪をする財産刑である。罰金は1万円以上とし、これを軽減する場合は1万円以下にすることができる。科料《かりょう》は、1000円以上1万円未満とされる。さて過料《かりょう》という同じ発音がされる金銭的制裁が条例等に規定されている場合があるが、これは刑罰ではない。さて、罰金・

図表5－6　刑罰の本質

応報として犯人に害悪を加えるもの	応報刑	一般予防
犯人の危険な性格に対する教育・改善	教育刑	特別予防

科料を完納することができない者は、労役場に留置され、1日いくらかの割合として、労務に服する。罰金では1日以上2年以下、科料では1日以上30日以下の期間とされる。⑤没収とは、主刑に付加されるもので、物についてその所有権を剥奪するものである。犯罪行為の用に供し、又は供しようとした物・犯罪行為によって生じ、もしくはこれによって得た物などが対象となる。

3．刑の執行猶予

短期であっても懲役刑や禁錮刑に処せられるということは、その身柄を現在の生活の場から刑事施設へと移され、現在の生業もまた時として家庭も失うことになりやすい。また短期自由刑であるからこそ職業教育によるあらたな職能も身に付かず、出所後はいわゆる反社会的組織の一員になる場合も多いといわれる。こうした短期自由刑の弊害が指摘されたため、3年以下の懲役もしくは禁錮刑を言い渡す時、一定の条件を満たす場合は、その刑の執行を、裁判が確定した日から1年以上5年以下の期間、猶予する制度を現行刑法は第4章に規定している。そして、この執行猶予が取り消されることなく猶予期間が経過した場合、「刑の言渡しは、効力を失う」（刑27条）と規定され、これは、将来に向かって、不利益な法的効果が消滅することを意味する。現在は50万円以下の罰金も執行猶予の対象とできる。そしてさらに、仮釈放制度がうまく機能していない現状や薬物事犯者の更生のために、刑の一部執行猶予の制度が導入された。これは3年以下の懲役または禁錮に処すとき、一定の条件を満たせば、自由刑の執行を受ける期間と、残りの期間として1年以上5年以内、執行猶予を言い渡すものである。こうして、一定期間施設内処遇をし、残りの期間を執行猶予として保護観察に付すなどして社会内処遇をし、無事猶予期間を過ごせば、猶予の無かった刑の期間の刑に減軽され、刑の執行を受け終わったものとされ、再犯を防ごうというものである。

Column　刑事訴訟法等の一部を改正する法律（平成28年法律第54号）

検察と警察の取調べの録音・録画（可視化）の義務付けや「司法取引」の導入を盛り込んだ刑事司法改革関連法案が、平成28年5月「刑事訴訟法等の一部を改正する法律」として成立し、同年6月3日、公布された。

これによると、可視化の対象は、殺人などの裁判員裁判対象事件と検察の独自捜査事件。全事件の約3％にあたり、原則として容疑者の取調べの全過程が録音・録画される。

司法取引は、容疑者や被告が共犯者の犯罪を解明するために供述したり証拠を提出したりすれば、検察官は起訴の見送りや取消しなどの合意ができる。対象は、経済事件や薬物事件などに限定。この合意には弁護人の同意が必要。

また、電話やメールを傍受できる通信傍受の対象犯罪はこれまでの「犯罪捜査のための通信傍受に関する法律」では薬物や銃器など4類型だが、新法では組織性が疑われる詐欺などを追加した。

7 犯罪認定手続――捜査等

1．手続法としての刑事訴訟法

広い意味の刑法・実質的意義の刑法を、犯罪の実体法といい、この法律にいう法律関係を具体的に実現する法を刑事手続法という。そして刑事の裁判での起訴前手続きとして捜査・被疑者の逮捕などから裁判等について規定してあり、「刑事事件につき、公共の福祉の維持と個人の基本的人権の保障とを全うしつつ、事案の真相を明らかにし、刑罰法令を適正且つ迅速に適用実現することを目的とする。」（刑訴1条）、刑事手続法の基本の法典が刑事訴訟法である。そしてこれに関連する法律は裁判所法等多数に上る。

2．捜査の法律と捜査機関と全体像

刑事手続は捜査から始まる。この捜査を規律する法律としては刑事訴訟法のほか、警察責務や警察活動の不偏不党・公正中立を定める組織法としての警察法や、警察の権限を定める警察官職務執行法や、警察官が犯罪捜査を行うにあたっての心構えや捜査方法などを規定した国家公安委員会規則としての犯罪捜査規範などがある。捜査をする機関としては、司法警察職員、検察官、検察事務官の3つがある。そして司法警察職員とは捜査を行う資格であり、一般司法警察職員と特別司法警察職員とに分かれ、前者の一般司法警察職員とは国家機関の警察庁および都道府県の警察官の総称であり、警察法に従って一般的な警察活動を行う者である。この（一般）司法警察職員は、司法警察員（国家公安委員会又は都道府県公安委員会が指定する警部以上の者・場合によっては巡査部長以上の者）と司法巡査である。後者の特別司法警察職員とは、特別の事項についての捜査を行う権限を付与された者の総称であり、刑務職員・海上保安官・自衛隊の警務官・麻薬取締官や労働基準監督官などである。捜査手続を概略的に眺めれば、以下のようになる。「司法警察職員は、犯罪があると思料するときは、犯人及び証拠を捜査するものとする」（刑訴189条2項）により捜査を開始し、目撃者や被害者などから事情の聴取をし、また犯行現場などから証拠品を押収し、犯罪を立証する証拠を収集・保全をする。そうして被疑者を割り出し、取調べをし、その供述などから新たな証拠を発見したりして、一定の事由があれば被疑者を逮捕・勾留をし、そして検察官が起訴するか否かを決めることになる。こうした捜査の端緒を得ることには、職務質問が大きな役割を果たすが、これは特定の犯罪の嫌疑がなくても許され、捜査としての限界が問題となることが多い。

現行犯	死体の検視	告訴・告発	親告罪	請求	自首

図表5－7　刑事訴訟法にいう捜査の端緒の例

3．捜索・差押・検証

捜査機関が証拠物や被疑者を発見するため、人の身体、物、または住居その他の場所について調べることを捜索という。そして、捜索した際、証拠物等を発見した場合それを所有者等から強制的に占有を取得することを差押という。また、捜査担当者などの五官の作用により、場所、物、人など対象の存在、内容、状態、性質などを感知することをいう。こうしたことの強制処分は、裁判官の発布する令状が必要となる。そして人の身体を対象とする検証としての身体検査は身体検査令状が必要であり、尿等の強制採取には、鑑定処分許可状という令状が必要であり、医師等の専門家の手により実施する必要がある。

4. 逮　捕

逮捕には①通常逮捕と②現行犯逮捕と③緊急逮捕がある。

①通常逮捕とは、被疑者が罪を犯したことを疑うに足りる相当な理由があるとき、裁判官のあらかじめ発する逮捕状により、検察官、検察事務官又は司法警察職員が、逮捕するものである。逮捕状を請求できるのは、検察官と司法警察員である。この逮捕状の執行については、通常執行と緊急執行があり、前者は被疑者に逮捕状を示して行う逮捕であり、後者は、急速を要する場合で、単に被疑事実の要旨及び令状が発布されている旨を告げて行う逮捕である。

②現行犯逮捕とは、現行犯人と現行犯人とみなされる者につき、誰でもが令状なく逮捕できるのである。現行犯人とは、現に罪を行い、又は現に罪を行い終わった者をいい、現行犯人とみなされる者とは、犯人として追呼されている、贓物又は明らかに犯罪の用に供したと思われる兇器その他の物を所持している、身体又は被服に犯罪の顕著な証跡がある、誰何されて逃走しようとするという要件の一つに当たる者で、罪を行い終つてから間がないと明らかに認められるとき、現行犯人とみなされるのである。私人が現行犯人を逮捕したときには、直ちに検察官または司法警察職員に引き渡さなければならず、司法巡査が現行犯人を受け取ったときは、速やかにこれを司法警察員に引致しなければならない。

③緊急逮捕とは、検察官、検察事務官又は司法警察職員が、「死刑又は無期若しくは長期3年以上の懲役若しくは禁錮にあたる罪を犯したことを疑うに足りる充分な理由がある場合で、急速を要し、裁判官の逮捕状を求めることができないとき」（刑訴210条）には、その理由を告げて被疑者を逮捕するものである。この場合には、直ちに裁判官の逮捕状を求める手続をしなければならないとされ、もし逮捕状が発せられないときは、直ちに被疑者を釈放しなければならない。

Column　**捜査の端緒の内容**

①死体の検視　　検察官が行う。検察官は検察事務官または司法警察員に検視の処分をさせることができる。警察官が検視の処分を行う場合は、医師の立会を求め、検視の結果を速やかに検察官に報告する。

②告訴　　被害者、その法定代理人等の一定の告訴権者が、捜査機関に対して犯罪事実を告げて犯人の処罰を求める意思表示。

③告発　　告訴権者および犯人以外の第三者が、捜査機関に対して犯罪事実を告げて犯人の処罰を求める意思表示。

④請求　　ここにいう請求とは、外国国章損壊罪（刑92条）にいう外国政府のように、一定の機関が捜査機関に対して犯罪事実を告げて犯人の処罰を求める意思表示。

8 犯罪認定手続――逮捕の後と公判

1. 逮捕後の手続

司法巡査、検察事務官が被疑者を逮捕した時は、また私人により逮捕された被疑者を司法巡査が受け取った時は、司法巡査は司法警察員に、検察事務官は検察官に、直ちに引致しなければならない。逮捕された被疑者を受け取った、又は自分の手で被疑者を逮捕した司法警察員は、直ちに、逮捕された被疑者に対して犯罪事実の要旨、弁護人を選任できる旨を告げ、弁解の機会を与えなければならない。この弁解を聴取し、留置の必要があると判断した場合、被疑者が身柄を拘束されたときから48時間以内に、書類及び証拠物とともに検察官に送致する手続をとらねばならない。留置の必要がないと判断した場合は、直ちに釈放しなければならない。

身柄送致を受けた検察官は、被疑者に弁解の機会を与えて弁解録取書を作成し、留置の必要がなければ釈放し、必要があると判断した場合、被疑者を受け取った時から24時間以内に、かつ最初に被疑者が身体拘束を受けたときから72時間以内に、裁判官に被疑者の勾留の請求をしなければならない。

検察事務官が被疑者を逮捕して検察官に引致した場合、検察官が自ら逮捕した場合も、検察官により犯罪事実の要旨を告げることなど、同じ手続がなされる。しかし、裁判官への勾留請求は、被疑者の身柄拘束から48時間以内である。

2. 勾　留

勾留とは、逮捕された被疑者に対するものと起訴された後のものがあるが、ここでは被疑者に対する勾留を説明する。被疑者に罪を犯したことを疑うに足りる相当な理由がある場合で、定まった住居を有しないとき、罪証を隠滅すると疑うに足りる相当な理由があるとき、逃亡し又は逃亡すると疑うに足りる相当な理由があるとき、のいずれかに該当することを理由に、捜査を進める上で身柄の拘束が必要な場合に、対象者を拘禁するものである。検察官の請求に基づいて裁判官が発布する勾留状にて行われる。勾留期間は10日間であり、検察官の請求により裁判官がさらに10日間以内の延長を認めることもある。また、内乱罪や外患誘致罪、国交に関する罪、騒乱罪に当たる罪等では、さらに5日間以内の延長が認められる。

3. 公訴の提起（起訴）

捜査を終了すると検察官はその事件につき、終局処分として起訴処分とするか不起訴処分をする。起訴処分とは、裁判所に公訴を提起する処分であり、国民としては告訴・告発はできるが、わが国はこの権限を検察官が独占している。また、どの処分をするかは検察官の裁量であり、これを起訴便宜主義という。不起訴処分は、起訴すべき条件に欠けるとき、法律上犯罪が成立しないとき、証拠上犯罪事実を認定できないとき等に選択されるが、また起訴を猶予すべきときと判処分断された場合、不起訴処分とする。この不起訴処分に対して、被害者や告訴人等は不服があれば検察審査会に審査請求をすることができる。

4．被疑者の防御権

被疑者を司法警察員が受けとった時は、直ちに犯罪事実の要旨及び弁護人を選任することができる旨を告げ上、弁解の機会を与えなければならない。また、被告人又は被疑者は何時でも弁護人を選任することができる（刑訴30条1項）。しかし、これは依頼できるのみで、弁護人が実際に依頼に応じるかは別となる。そこで、弁護士会の努力で当番弁護士制度を設けて、弁護士と被疑者との接見を実現した。しかし、貧困等の理由で弁護人を選任できないときは弁護士会の法律扶助制度もあるが、十分ではなかった。国選弁護人として弁護人が付くことを保障されていたのは起訴され、被告人となってからであった（憲37条3項）。そこで、平成16年の刑訴法の改正により、必要的弁護事件の場合、被疑者国選弁護制度が実現している。ただし、一定以上の資力があるものは、まず私選弁護人の選任の申し出をする必要がある。

5．時代に即した新たな刑事司法制度の構築

司法制度改革として特に、捜査・公判においては取調べや供述調書について過度に依存したものになっているのではないかを問題として、法務大臣は、捜査・公判のあり方の見直しや被疑者の取調べ状況の録音・録画の方法による制度の導入など、こうした方法の整備につき、法制審議会に審議を求めた。こうして、関係法令の改正が準備され、本章⑥のコラムにいう法改正となった。そして、日本版司法取引ともいわれる「証拠収集等への協力及び訴追に関する合意制度の導入」や、裁判所の決定により、免責の条件下に不利益な証言の義務付けの「刑事免責制度の導入」や、「通信傍受の合理化・効率化」も、現在の犯罪に対応するため、実現した。

必要的弁護事件……死刑又は無期若しくは長期3年を超える懲役若しくは禁錮にあたる事件。弁護人がなければ開廷することはできない。

※この場合で、弁護人が出頭しないときや又は弁護人がないときは、裁判長は、職権で弁護人を付さなければならない。また、弁護人がなければ開廷することができない場合において、弁護人が出頭しないおそれがあるときは、裁判所は、職権で弁護人を付することができる。

図表5－8　必要的弁護事件

Column　その他のこと

よく裁判は三審制が保障されているというが、現実は、最高裁は上告理由を限定している。刑訴法405条にいう憲法違反と憲法解釈の誤りを理由とすること。最高裁・大審院等の判例違反の場合と同法406条には「法令の解釈に関する重要な事項を含むものと認められる事件については、その判決確定前に限り、裁判所の規則の定めるところにより、自ら上告審としてその事件を受理することができる。」とあり、現実には上告理由に当たらないことは分かっていても、これらを期待して、理由をつけ上告していることが多い。

裁判員裁判の制度の改正　　現在も対象事件からの除外として、事件の性質上、裁判員やその親族に危害がおよぶ恐れがある場合、その対象外とすること認めているが、法改正で審理期間が「著しく長期」である場合等も対象から外せるとする。裁判員となる者の負担軽減であるとする。

Column　平成29年の刑法改正　強姦罪を強制性交等罪へ

刑法の一部を改正する法律（平成29年法律第72号）。

刑法の第２編 罪（各則）の第22章は、これまで「わいせつ、姦淫《かんいん》及び重婚の罪」と記載されていたのであるが、これが「わいせつ、強制性交等及び重婚の罪」と変わった。このときの改正は、性犯罪に関連する条文において、この章を超え刑法241条の強盗・強制性交等及び同致死にも及んでいる。改正は多岐に渡るが、今までの条文上の法定刑の軽重などの問題点（より精神的肉体的被害を与える強姦罪（３年以上の懲役）が、強盗罪（５年以上の懲役）より刑が軽かったことなどと、旧241条前段（強盗強姦）では、強盗が強姦した場合の規定であり、強姦した犯人がその機会に強盗した場合は、強姦罪と強盗罪の併合罪となり、旧241条前段の法定刑の、無期または７年以上の懲役より軽くなっていたことなどについてのものなど）が大きい。しかし、今回の中心的改正は姦淫から強制性交等への規定の変化である。

さて、姦淫とは男性生殖器と女性生殖器を結合させせることを意味する。すると原則的に男性と女性間の犯罪であり、男性間の場合は、刑法176条の強制わいせつ罪とはなってもこの犯罪では無く、また異性間の犯罪でも男性が被害者であれば、同じく強制わいせつ罪でしかなかった。しかし今回の改正では刑法177条を強制性交等とし、「13歳以上の者に対し、暴行又は脅迫を用いて性交、肛《こう》門性交又は口腔《くう》性交（以下「性交等」という。）をした者は、強制性交等の罪とし、５年以上の有期懲役に処する。13歳未満の者に対し、性交等をした者も、同様とする。」とする。これは従来の男性生殖器と膣性交のみならず、男性生殖器との男女をとわず肛門性交、男性生殖器と男女をとわず口腔性交を犯罪とするものである。また解釈によれば、整形手術による人工陰茎・膣も、男性生殖器・女性生殖器に同視できるというものもある。またこれは、約110年前に制定された現行刑法の性犯罪の考え方の大きな変化であり、旧条文は女性の「貞操」という道徳的なものを背景としていて、法的な説明としては時代遅れであったのが、解消されたとも評価されている。

また、今回の改正では、その附則９条で、３年後を目途として必要があると認めるときは見直しを検討し、所要の措置を講ずるものとするとある。これを受けて、現在の条文にいう暴行・脅迫とは、判例通説によると被害者の反抗を著しく困難ならしめる程度のものをいうが、ここまでに至らない強要的な強制性交等の犯罪の新設を主張する向きもある。しかし、性交等の交渉は非常にデリケートな問題を含むものであり、現在の暴行・脅迫より低い程度の手段が、刑法223条の強要罪を超えて性的犯罪を構成するとすれば、より混乱するのではなかろうか。皆さんはどのように思われるか。

参考文献

大塚仁『刑法概説（総論）〔第４版〕』有斐閣、二〇〇八年
伊東研祐『刑法講義　総論』日本評論社、二〇一〇年
山口厚『刑法総論〔第３版〕』有斐閣、二〇一六年
光藤景皎『刑事訴訟法Ⅰ』成文堂、二〇〇七年
光藤景皎『刑事訴訟法Ⅱ』成文堂、二〇一三年
田口守一『刑事訴訟法（法律学講義シリーズ）〔第６版〕』弘文堂、二〇一二年

第6章

民法学の基礎知識①——総則

1 民法の意義

1. 私法の一般法・実体法

民法は、ドイツ語で bürgerliches Recht、英語で civil law といずれも市民の法と表現されているように、我々の生活関係における市民相互間に生ずる財産的・家族的な法律関係（売買・貸借・親子・夫婦・相続など）を規律する基礎的な私法（一般法）である。このような関係を規律する民法は、所得税法など税務署と納税者との財政的法律関係を規律する公法と異なるとともに、商法のように商人間の商事的な法律関係のみを規律する私法（特別法で、特別法は一般法に優先して適用される）とも区別される。

以上のことから民法は、市民相互間の生活関係に適用される私法で、市民相互間の権利義務関係の内容を広く規定する一般法で、実体法である。

2. 民法の指導原理

では市民相互間に生ずる財産的・家族的な法律関係を定める民法はどのような原則のもと成り立っているのだろうか。

中世の封建的な身分制社会とは異なり、近代の市民社会は、身分から開放された個人主義と自由主義の社会からなる観念とする。この観念に導かれた市民社会の民法は、権利（国家がその実現を保護する生活上の利益）を中心に制定化されており、権利の行使・不行使については他人の干渉を排除し、各々の自由意思に基づくという財産的・家族的な法律関係の考え方が承認されている。国家はこれに介入しないとするのが、私的自治の原則という。

この私的自治の原則が正しく実行されるためには、個人がすべて法律上平等に権利を有し義務を負うとされ（人格平等の原則――民2条）、個人による自己の所有物を保護・尊重し、この財産権をどのように行使するかは個人の自由とし（所有権絶対の原則――民206条）、すべて個人の自由な意思活動に基づいて契約を締結する取引関係を認め（契約自由の原則）、その取引関係において発生した損害については個人に過失があれば損害賠償責任を負わされる原則（過失責任の原則――故意・過失があった場合のみ責任を負う）が導かれた。

つまり、民法上、人は自由に財産的・家族的な法律関係を結び、その財産を自由に使用・収益・処分でき、その行為に故意・過失がある場合のみ損害賠償責任を負うということである。その際の具体的な内容を定めたのが民法である。一方で個人主義・自由主義を過度に放任すれば、さまざまな問題が生じることから民法上の権利も社会的な共同生活との関係で考えなければならなくなって、民法は以下のような原則を設けている。

(1) **公共の福祉（民1条1項）**　我々はみな平等に権利を有するが、その権利（私権）は公共の福祉に適合しなければならない。これは全体主義的に公共の利益が優先されるという意味ではなく、私権といえども無制限に認められるわけではないという観念的な規定である。

(2) 信義誠実の原則（同条2項）　権利の行使、義務の履行は信義に従い誠実に行わなければならないとする規定である。これは、権利者と義務者の双方が互いの信頼を裏切るような行動をしてはならないと解されており、信義則ともいう。我々の社会活動は関係者相互の暗黙の信頼に基づいて成立している。これを裏切る行為はそれを根底から揺るがすものであることからこの規定が盛り込まれている。

信義誠実の原則から生まれた派生的原理、①禁反言の原則（自己の行動に矛盾した行動をとることを禁止）、クリーンハンズの原則（法を尊重する者が、自ら法の尊重を要求できる）、③事情変更の原則（契約締結後、著しい社会変動が生じ、契約を実行することが信義公平に反する場合は、契約破棄や変更を要求できる）が生み出されている。

(3) 権利濫用禁止の原則（同条3項）　権利があるからといってその範囲を無限に認めれば様々な問題が生ずることから、民法はその濫用を禁止している。ある権利の行使が濫用と認められた場合、その行使は無効とされる。

以上の種々の原則のもとに民法は我々の社会生活を規定している。

なお、民法は、明治31年から施行された簡潔な条文であるから、解釈が重要で、判例を読まなければ理解できないものであったので、今回、わかりやすい民法という観点から、大幅な修正が加えられた（令和2年4月1日施行の民法改正）。また、社会の変化（経済的な強者と弱者との格差）に対応して、法律が市民相互間の生活関係に不都合なものであれば、法律の規定を修正するだけではなく、法律の規定を補充した別個の特別法を制定しなくてはならない。たとえば、借地人・借家人を保護するための借地借家法や建物保護法、金銭貸借の借主を保護するための利息制限法、不法行為中の自動車事故の加害者を保護するための自動車損害賠償保障法などのように民法の特別法が多く制定されている。

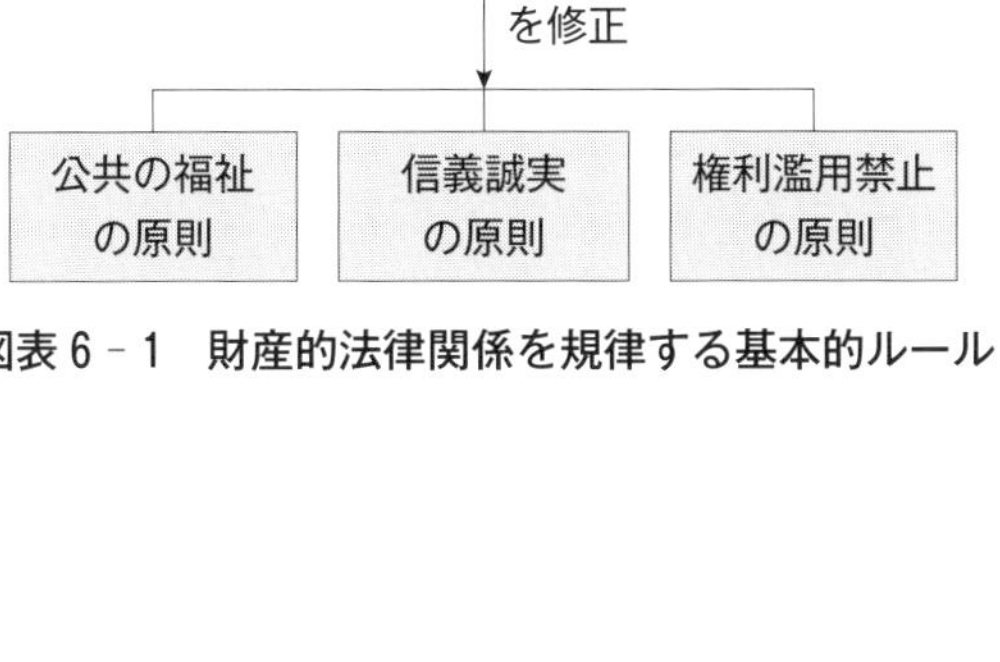

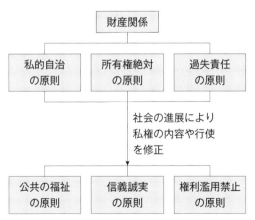

図表6－1　財産的法律関係を規律する基本的ルール

② 権利・義務関係の基本となる能力

1. 権利能力とは

(1) **権利能力の意義**　権利能力とは、人間はだれでも出生にして私法関係での権利（〜してもいいですよ）をもち、義務（〜しなくてはいけない）を負うという帰属主体としての能力を法律によって与えられる地位または資格をいう。民法では、権利・義務の主体を「人」（自然人と法人）と規定し、民法3条から同37条まででこれを明らかにしている。

(2) **権利能力の始期・終期**　(ア)　原則　権利能力は、自然人が生命力をもち母体から全部露出した時に取得する（民法3条1項）。したがって、生まれたばかりの赤ん坊でも、土地所有権や建物所有権を取得するために、この権利の主体となる契約をすることができるということである。なお、出生届けは生後14日以内に届けなければならないが、この届出の有無は、権利能力の取得そのものと関係はない。

(イ)　例外——胎児の利益の保護　民法3条1項の規定からすると、胎児は権利能力を有しないことになる。しかし、将来生命をもって生まれる可能性があるにもかかわらず、権利取得できないことは、すでに生まれた子とくらべて不公平が生じる。そこで、胎児の利益を保護する必要から、不法行為に基づく損害賠償請求権（民721条）や相続（民886条）、遺贈（民965条）については、例外的に「既に生まれたものとみなす」ことによって、権利・義務の主体となりうることにしている。

そこで、胎児である間のその法的地位が問題となり、解釈は2つに分かれている。判例・通説は、胎児であるときは権利能力がなく、後に生きて生まれた場合に胎児の時期に遡って権利能力の取得効果が生じる（停止条件説）。これに対し学説には、胎児自身が制限的な権利能力を取得し、死産の場合は胎児の時期に遡って権利能力を失うという見解（解除条件説）がある。

(ウ)　終期　権利能力は自然人の死亡によってのみ消滅する。死亡によって相続が開始し、相続によってその人に属したすべての権利義務は相続人に移転する。

なお、数人が同じ危難で死亡した場合、その死亡時の前後が明らかでないときは、同時に死亡したものと推定される（民法32条の2）。したがって、これら同時死亡者間では相続関係が生じないことになる。

(3) **失踪宣告**　人の所在および生死が不明なことを失踪というが、この状態が一定期間継続した場合に、死亡したものとみなすことによって、その法律関係を確定することを認めた制度が失踪宣告制度（民30条）である。

失踪期間は普通失踪7年、従軍・船舶の沈没など特別失踪の場合は1年である。この期間経過後、利害関係人の請求により、宣告が行われる。

失踪者が生存することまたは死亡擬制時と異なる時に死亡したことの証明があったとき、家庭裁判所は、本人または利害関係人の請求により失踪宣告の取消しをすることができる（民32条1項前段）。失踪宣告の取消しがなされると、失踪者の死亡にともなう効果ははじめから生じなかったことになる。しかしそれでは、失踪宣告を前提に利害関係人となった者が不測の損害を生ずることになるので、失踪の宣告後その取消し前に善意でした行為（判例は、その行為が契約であるときは当事者双方が善意であることが必要）の効力には影響しないとされている（民32条1項後段）。

図表6－2　普通失踪と特別失踪

	普通失踪	特別失踪
失踪期間	生死不明7年間継続	危難が去った後生死不明1年
死亡擬制時	失踪期間満了時	危難が去った時点

2. 意思能力とは

意思能力とは、自分の行為の社会的意味とその結果を予測判断するに足る精神能力のことをいうが、判例や実務では民法の私的自治の原則から、意思能力のない者の法律行為は無効とされていた。

幼児や精神異常者、泥酔中の者などは意思能力のない者である。

国民にわかりやすい民法を実現するため令和2年4月1日から施行される改正民法により、「法律行為の当事者が意思表示をした時に意思能力を有しなかったときは、その法律行為は、無効とする。」（改正民3条の2）と規定されている。

3. 行為能力とは

行為能力とは、単独で完全に有効な法律行為をすることのできる能力をいう。民法は、意思能力が不十分なため単独で完全に有効な法律行為をすることができない者を制限行為能力者として類型化した。

制限行為能力者には、未成年者・被補助人・被保佐人・成年被後見人がある。制限行為能力者のした法律行為は取り消すことができるとして保護しているが、その範囲はそれぞれにより異なる。

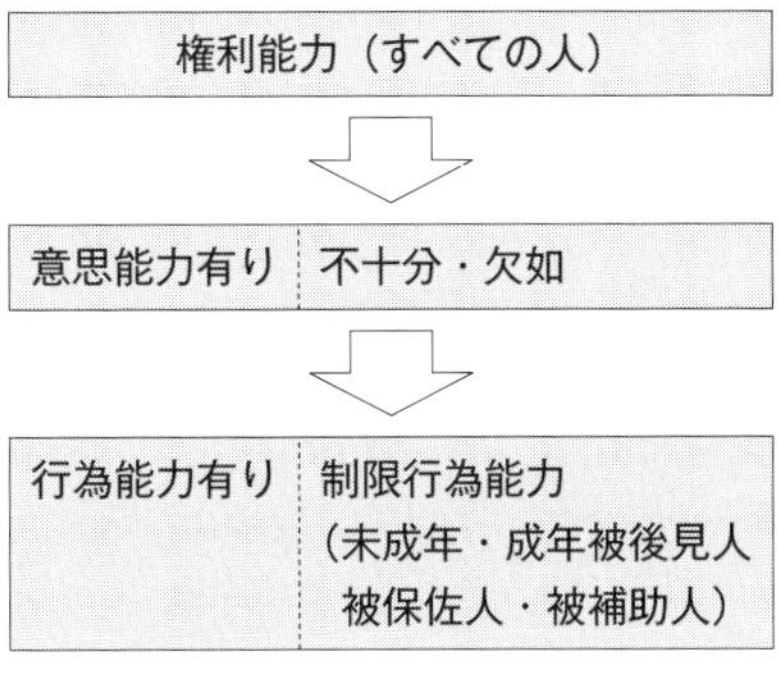

図表6－3　行為能力

出典：國府剛他編『アクセス民法』嵯峨野書院、2007年、4頁

③ 制限行為能力者

1. 未成年者

年齢満20年未満の者を未成年者という（民4条）。未成年者が法律行為をするには、その保護者としての法定代理人の同意を得なければならない。同意のない法律行為は取り消しうるとし、取消しの意思表示をすると、その行為は最初から無効だったことになる。しかし、成人年齢を18歳に引き下げる改正民法が令和4年4月1日から施行されることが国会で可決された。これにより18歳の若者が親の同意なくローンやクレジットカードなどの契約を単独で結べるようになる。

2. 成年被後見人

成年被後見人とは、精神上の障害により判断能力を欠く常況に在る者で、本人や配偶者など一定の者の請求により、家庭裁判所から後見開始の審判を受けた者である（民7条）。成年被後見人は、自己決定の尊重の観点から日用品の購入その他日常生活に関する行為のみを自らの判断にゆだねられ取消権の対象から除外されている。従って、成年被後見人の日常生活に関する行為以外の行為は、同意の有無にかかわらず、すべて取り消すことができる。

3. 被保佐人

被保佐人とは、精神上の障害により判断能力が著しく不十分な者で、本人や配偶者等など一定の者の請求を受けた者である（民11条）。被保佐人は、不動産の処分などの重要な法律行為をするには（民13条1項各号所定の行為）、その保護者である保佐人の同意を得ることが必要である（民13条1項）。これに対して、保佐人の同意なきとき家庭裁判所は被保佐人の請求により保佐人の同意に代わる許可を与えることができる（民13条2項）。

4. 被補助人

被補助人とは、精神上の障害（認知、知的障害、精神障害）により判断能力が不十分な者のうち、前記2. または3. の程度に至らない軽度の状態にある者（最近少しぼけたのかと思うときがあるため、自分の代わりにしてくれ、間違った時には助言をしてくれる人がほしいと思う者）で、本人や配偶者など一定の者の請求により（本人以外の請求の場合は本人の同意が必要）、家庭裁判所から補助開始の審判を受けた者である（民15条）。民15条1項の審判を受けた被補助人は家庭裁判所の「補助開始の審判」とともに、被補助人・補助人などが申立てにより選択した特定の法律行為（民13条1項各号行為の一部）について、審判により補助人に代理権または同意権・取消権の一方または双方を付与する（民17条1項。同意権付与のみの審判を受けた被補助人、同意権付与および代理権付与の審判を受けた被補助人）。

なお、平成11年制定の「任意後見契約に関する法律」で、新任意後見契約制度が導入されている（第8章⑩参照）。

5．制限行為能力者の相手方の保護

(1) 催告権（民20条）

制限行為能力者の相手方は、制限行為能力者の行為を取り消すか否かが取消権者の意思によるため、取消しされるまでは一応行為は有効であるから、すこぶる不安定なものとなる。そこで、相手方救済のため、民法は催告権を与え、その保護をはかっている。

催告権とは、相手方が単独で追認できる者に法律行為を取り消すか、追認するかを確答すべき旨を催告し、返答しないときは追認とみなすことによって、法律関係を確定させる制度である。

制限行為能力者の相手方は、催告の相手方（本人、補助人、保佐人、法定代理人）に対して、1ヵ月以上の期間を定めて、取り消すべき法律行為を追認するか取り消すかを確答すべき旨を催告することができる（民20条）。

指定期間内に制限行為能力者側からの返答があった場合は、法律関係はそのとおりとなる。逆に、返答なき場合は、民法20条に規定する基準により追認、取消しがなされたものとみなされる。

(2) 制限行為能力者の詐術（民21条）

制限行為能力者が相手方に対して、詐術を用いて自己を能力者と信じさせて取引行為をした場合には、制限行為能力者を保護する必要はなく、相手方の保護、取引の保護からその行為を取り消すことはできない。法定代理人や保佐人の同意があったかのようにみせかけた場合も、取消権を失うとされる。

図表６－４　制限行為能力者制度

	未成年者	成年被後見人	被保佐人	被補助人
要件	満20歳に満たない者 (20歳を18歳に改める。) (令和４年４月１日施行)	事理を弁識する能力を欠く常況にあり、家庭裁判所で後見開始の審判を受けた者	事理を弁識する能力を著しく欠き、家庭裁判所で補佐開始の審判を受けた者	事理を弁識する能力が不十分で、家庭裁判所で補助開始の審判を受けた者
保護者	親権者または未成年後見人	成年後見人	保佐人	補助人
保護者の権限	代理権・同意権	代理権	同意権（家庭裁判所の判断で代理権を付与することもある）	同意権（家庭裁判所の判断で代理権を付与することもある）
単独でできない行為	原則としてすべての財産行為 ただし、次のものは単独でできる。 ①権利を得るだけの行為、義務を免れるだけの行為。 ②処分を許された財産の処分 ③許可された営業	すべての財産行為 ただし、日常生活に関する行為は単独でできる。	13条に掲げられた重要な財産行為	13条に掲げられた重要な財産行為の一部

④ 法　人

1. 法人とは

法人とは、自然人以外のもので法律その他の法律の規定によって権利義務の主体となるもので、その内部組織によって人の集合体である社団法人、財産の集合体である財団法人とがある（法人法定主義）。民法33条1項は、「法人は、この法律その他の法律の規定によらなければ、成立しない」、民法33条2項が「学術、技芸、慈善、祭祀、宗教その他の公益を目的とする法人、営利事業を営むことを目的とする法人その他の法人の設立、組織、運営及び管理については、この法律その他の法律の定めるところによる」と定められている。

法人には、一般社団法人・一般財団法人（一般社団法人及び一般財団法人に関する法律）、NPO法人（特定非営利活動促進法）、会社（会社法）などいろいろである。

2. 法人の種類

平成18年、公益法人制度の問題を処理し、民間非営利部門の活動を推進するために、公益法人制度の見直しが行われた。そこで、民法は、私法で、実体法にふさわしく、法人に関する一般通則のみ規定し、他は「一般社団法人及び一般財団法人に関する法律」（以下、「一般法人法」という）、「公益社団法人及び公益財団法人の認定等の関する法律」（以下、「公益法人法」という）などで規定されるようになった。

そこで、法人を分類する「営利法人」と「その他法人（一般社団法人及び一般財団法人——法人法の要件を充足すれば登記のみで設立可）」の2つに分けることができる。さらに一般社団法人及び一般財団法人のうち、特に学術、技芸、慈善その他の公益事業を行うことを主たる目的としている法人は「公益を目的とする法人（公益社団法人及び公益財団法人）」の認定を行政庁に受けることができる（税優遇のメリットがあるが、公益事業比率が50％以上であって、行政庁の監督を受ける）。

3. 法人の登記

法人および外国法人は、民法その他の法令の定めるところにより、登記をするものとされるが（民36条）、平成18年法律第50号による民法の改正では、法人の設立、管理、解散に関する規定について「一般社団法人及び一般財団法人に関する法律」（一般法人法）によることとされた。

一般社団法人・一般財団法人については、一般法人法の要件を充たせば登記のみで設立可能である。一般社団法人・一般財団法人は、簡単に設立できるようになった。

一般社団法人・一般財団法人のうち、公益法人法に定められた基準を満たしていると認められる法人は、公益の認定を受けて公益社団法人・公益財団法人となる。基準が認められるかどうかの判断は、民間有識者から構成される委員会の意見に基づき内閣総理大臣・都道府県知事が公益性を判断し、公益社団法人・公益財団法人と認定される。

4．法人の代表機関

一般社団法人・一般財団法人の代表機関（法人に代わって行為する人間）は、理事と呼ばれ（一般法人法77条1項）、その理事の代表権は、法人の事務一切に及ぶ包括的なものであるが、定款、その他の基本約款及び社員総会によって理事の代表権に制限を加えることもできる。しかし、善意の第三者に対しては理事の代表権に制限を加えたことを対抗することはできない（一般法人法77条5項）。

5．法人の権利能力

法人も社会の構成員として独自の社会的作用がある以上、それ自体に権利能力が認められなくてはならないため、民法34条は、「法人は、法令の規定に従い、定款その他の基本約款で定められた目的の範囲内において、権利を有し、義務を負う」と規定している。この規定は、団体としての性質上、自然人と違って法人の権利能力の範囲を制限し、それと同時に法人の行為能力の範囲を定めた規定である（判例・通説）。しかし、この説によっても、法人が社会に実在して社会活動するものであることと考えると、この目的の範囲は定款又は寄附行為に定められた目的自体に限られるのではなく、その目的を達成するために必要な一切の事項に及ぼして広く解釈することを認めている（最大判昭45・6・24民集二四巻六号六二五頁）。

6．法人の行為能力

法人の代表機関の理事は、「職務を行うについて」他人に損害を与えた場合には、法人の不法行為として、法人自体が賠償責任を負う（一般法人法78条）。民法715条の「事業の執行について」と同様に相手方保護の観点から客観的に行為の外形から判断される外形理論をとっている。

7．会社法上の会社の種類

会社法は、株式会社、合名会社、合資会社、合同会社の4種類を会社という（会2条1号）。会社法では、会社への出資者は、会社の構成員すなわち社員となる。社員には、会社の債務に対して、社員個人が連帯して出資額を超えて上限なく無限に責任を負う無限責任社員と、自己の出資額を上限として責任を負う有限責任社員の2種類がある。合名会社は無限責任社員のみ、合資会社は無限責任社員と有限責任社員、合同会社と株式会社は有限責任社員のみで構成されている。合名会社・合資会社・合同会社は社員の地位を持分と呼ぶ持分会社で、株式会社は、社員の地位を株主と呼ぶ。

5 物とは

権利の主体となるのは誰かを見てきた。では権利の客体とはなんだろうか。物とは何かを考える上で以下のようなものがある。

1. 物の分類

(1) 有体物と無体物　有体物とは空間の一部を占めて有形的存在を有するものをいい、液体、固体、気体などをいう。「姿、形のあるもの」と考えればよい。これに対し、無体物とは、姿、形のない観念的なものをいい、著作権等の権利、名誉、信用などがある。民法で物といえば有体物を指し無体物は含まれない（民85条）。これは民法制定時に無体物はそのための特別法（著作権法など）で対処すればよいと考えられていたためである。しかし、民法上は物とはいわなくても無体物は重要な概念である。

(2) 不動産と動産　土地およびその定着物をいう（民86条）。土地とは、土地登記簿に一筆の土地として記載された一定範囲の地表と、その利用に必要な範囲での地上および地下を含むものをいう（民207条）。したがって、土地の中の岩石・土砂は土地の構成部分をなすものであるから、土地の所有権に含まれる。その定着物とは土地に固着して継続的に使用することがその物の取引上の性質として認められるものをいう。建物、樹木、石垣、排水溝、庭石などで、そのうち、建物（民法および不動産登記法上の取扱い）と立木法によって登記された樹木、工場抵当法よって登記された工場およびその設備、その他、木などに明認方法が施された土地の定着物などは土地所有権とは別個独立の不動産になる。

なお、樹木も仮植中のものは定着物ではなく、動産である（大判大10・8・10民録二七輯一四八〇頁）。取り外しが容易な仮小屋、公衆電話ボックスも同様である。

(ア) 不動産登記制度　我々が物を取引するのにその物の所有者が明白でなければ安心して取引できない。盗品を買うわけにはいかないからである。そのためには、ある物について誰が権利者で、どのような権利が付着しているのかを広く示す必要がある。これを公示といい、不動産の公示のために不動産登記制度がある。不動産はその所有者、抵当権などの付着している権利関係が登記簿に記録され（だから土地は1筆、2筆と数える）、各地の法務局に行けば誰もがそれを閲覧できる。これにより取引の安全を図っている。

(イ) 登記の効果　登記の効果には次の効果の発生がある。

① 権利の推定　登記によりその記載されたとおりの権利の実体があると推定されることである。権利の推定であって、権利があるとみなされるわけでないことに注意する必要がある。登記の内容に偽りがあることもありうるからである。

② 対抗力の発生　対抗力とは、当事者間で有効に成立した権利を第三者にも主張できることをいう。たとえば、ある不動産

が複数人に譲渡された場合では各譲受人がお互いにその譲渡契約に基づき土地の所有権を主張できる。では、誰が真の権利者になれるかというと、この場合では、先に譲渡契約を結んだ者でなく、先に譲渡に伴う名義人変更の登記を済ませた者が権利を取得できる（民１７７条）。なお、動産が二重譲渡された場合には先にその物を引き渡された者が権利を取得できる（民１７８条）。このように、不動産では登記、動産では物の引渡しである。

不動産に対して、動産とは、不動産以外のすべての物をいう（民86条2項）。しかし動産とみられる船舶（商６８６条・６８７条・８４８条）、自動車（自動車抵当法３条・５条）などは特別法により不動産に準じて取り扱っている。

なお、成熟期に近いみかんの実、りんごの木のりんごなどは立札などの明認方法を施す場合に限り独立した動産となる。

公示を信頼して取引をした者は、たとえその公示が実態と合致していなかったとしても、保護されることになる、これを「公信の原則」という。民法では動産についてのみ公信の原則を適用している（民１９２条——即時取得）。即時取得ないし善意取得とは、所有権その他の処分権限を有しない単なる動産の占有者を正当な権利者として、その外観を信頼して取引した者がその動産について完全な権利を取得することである

(3)　主物と従物　従物とは、独立の物でありながら客観的、経済的に他の物（主物）に従属してその効用を助けるものをいい、従物は主物の処分に従う（民87条）。たとえば、家屋にすえつけられている畳や障子などの建具は家屋とは別の独立した物であるが、客観的には家屋の効用を助けるものであるから主物である家屋の従物に当たる。

(4)　元物《がんぶつ》と果実　民法でいう果実とは物より生じる経済的収益たる物をいい天然果実と法定果実がある。元物とは果実を産出するものをいう（民88条）。

①　天然果実（同条1項）　天然果実とは物の経済的使命により取り出される産出物をいい、果物、羊毛などがある。この場合、親木と羊が元物である。

②　法定果実（同2項）　物の使用の対価として受けるべき金銭その他の物を法定果実という。不動産を貸した場合のその賃料、お金を貸した場合の利子などが該当する。この場合不動産とお金が元物である。

2．権利の種類

民法が規定する権利を私権というが、私権には財産権と非財産権とがある。財産権とはその内容が経済的利益を有するものをいい、物権、債権、著作権等の無体財産権などがある。財産権以外の権利を非財産権といい、身分権と人格権がある。

6 法律行為

1. 法律行為の意義

民法は市民間の権利、義務関係を定める法である。たとえば、建物の売買の結果、売り手Aには代金の支払いを請求する権利と建物を引き渡す義務が生じ、買手Bには建物の引渡しを請求する権利と代金の支払いの義務が発生する。両者に権利、義務関係が生じる行為を法律行為という。

2. 法律行為の種類

法律行為は当事者の意思表示の合致により次の3つに分けられる。

(1) **契約**　契約とは2者以上の当事者の意思の合致により成立する法律行為をいう。先の例は売買契約の典型で、Aの車を売る意思とBの買う意思が一致し売買契約が成立し、両者は債権―債務という権利、義務の関係にある。

(2) **単独行為**　単独行為とは1者の意思により成立する法律行為をいい、遺言《いごん》、寄附などがある。

(3) **合同行為**　共通の目的を持つ複数の意思表示の合致により成立するものをいい、社団の設立などがある。

3つのうち、最も重要なのは契約なので、民法を学ぶ際には契約による権利、義務関係の変動を重点的に意識するとよい。

3. 法律行為の解釈

当事者の意思が一致したとしても、当事者の一方または双方がその内容を誤認している可能性がある。また両者の解釈が第三者から見ると明白でない可能性がある。このため、法律行為の内容の解釈を確定させることは重要である。

(1) **当事者の真意の尊重**　契約書などにこめられた当事者の真意をその文言などから解釈する方法である。

(2) **客観的解釈**　契約の内容だけではその内容が明らかといえない場合には、そのときの社会状況、業界の慣習などを考慮したうえで判断する。

4. 法律行為の内容の有効性

当事者の意思が合致したとしても、必ずしもその法律行為が有効であるとは限らない。そのためには以下の要件を満たす必要がある。

(1) **確定可能性があること**　内容の不確定な法律行為は、その効果を当事者に帰属させるのが困難であるから無効とされる。たとえば、AがBにあるものを売るという契約をした場合、その対象が不明確であるため履行が困難であることから無効とされる。もっとも、当事者間でその内容を確定させることができるなら無効とする必要はない。

(2) **実現可能性があること**　地球外知的生命体の標本を売るというような契約はその実現可能性に乏しいため無効とされる。このように法律行為が成立した時点でその実現可能性がない場合を「原始的不能」という。

(3) **強行規定に反してないこと**　強行規定とは法令中の公の秩序に関する規定で、当事者の意思によっても影響を受けない規定をいう。法は、たとえば、お金を貸す契約をした際に借主との間で、利子はトイチ（10日で1割）という契約を結んだとしても利息制限法に反するため無効である（この法律は借り手を守るための強行規定である）。私的自治の原則に基づき人は他人と自由に法律関係を結ぶことができ、強行規定に反しない限り当事者の合意が尊重される（民91条）。民法ではどれが強行規定であるかは問題となる規定の趣旨により判断される。

(4) **社会的に妥当な内容であること**　愛人契約のように公の秩序、善良の風俗に反するようなものは許されない（公序良俗の原則）。また違法行為や違法とはいえないまでも法の趣旨に反する脱法行為が許されないのはいうまでもない。

5. 意思表示の効力発生時期

(1) **到達主義**　民法は、インターネットなど通信が発達した現状では、隔地者でなくとも意思表示は相手方に到達したときからその効力を生じるとしている（改正民97条1項）。ここで到達とは、相手方の支配圏に入ることである。ところで、相手方が正当な理由なく手紙の受領を拒むときは、その通知は、通常到達すべきであった時に到達したものとみなす（改正民97条2項）。

(2) **契約における意思表示の効力発生時期**　法律行為の中でも契約は、本人の契約の申込みと相手方の承諾の意思表示が有効に行われ、かつその内容が合致することで成立する。改正民法97条1項により、契約の成立については、承諾が申込者に到達した時に成立することとなる。しかし、承諾の意思表示が到達する前に申込みの撤回の意思表示が到達した場合には契約は成立しないことになる。なお、承諾の通知を必要としない場合における契約の成立時期は、承諾の意思表示と認めるべき事実があった時に契約が成立する（改正民５２７条）。

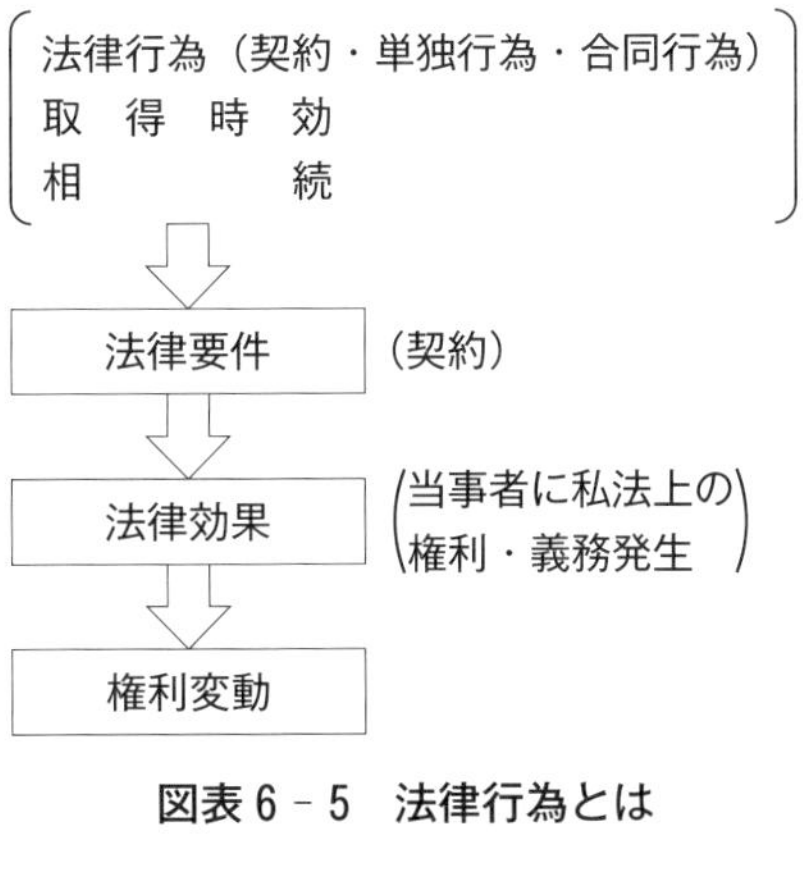

図表6－5　法律行為とは

7 不完全な意思表示

これまで当事者の意思の合致により法律行為は成立することを述べてきた。では、その意思表示自体に問題、つまり不完全な意思表示があったらどうなるのだろうか。ここで意思表示について考える。

1．効果意思と表示行為

意思表示は法律効果を発生させることを欲する効果意思（土地を購入しようと心の中で決める）とそれを外部に表示する表示行為（土地分譲業者に申込み）に分けられる。そこで、意思と表示の不一致や意思の形成過程において、効果意思が欠ける場合（心裡留保、通謀虚偽表示）と、瑕疵ある意思表示の場合（錯誤、詐欺、強迫）が問題となる。

2．効果意思が欠けている意思表示

表示行為に対応する内心の効果意思が存在しない場合として、心裡留保、通謀虚偽表示がある。

(1) 心裡留保（一人でうそをつく）

表意者が自分の真の意思を心に秘め、外部にはそれと違う意思を表示することをいう（表意者がその不一致を知っている）。たとえば、Aがその気もないのに高価な時計を安値でBに売る契約をすることがあげられる。この場合、表示された意思を信じた相手方Bを保護すべきであるから原則として契約は有効である。この場合、Bが本当は売る気がないAの真意を知っていた、あるいは知りえた場合には契約は無効である。ただし、意思表示の無効は、そのような意思表示を信頼した第三者に対抗することができないとした（改正民93条1項・2項）。

(2) 通謀虚偽表示（二人で示しあわせてうそをつくこと）

表意者が相手方と通じて行った虚偽の意思表示をいう。たとえば、Aが債権者からの差し押さえを免れるためBと共謀してその土地の形式的な売買契約をして名義をBに移した場合などがある。この場合、両者とも形式的な不動産の売買が真意でないことを知っているので相手方を保護する必要はなく、この売買契約は無効である（民94条1項）。

この意思表示に対しては、法律効果を認めるべき何らの理由がないからである。しかし、そのような意思表示を信頼した第三者に対しては、虚偽表示の無効を対抗できないとした（同条2項）。

3．意思形成の過程に瑕疵ある意思表示

表示行為に対応する内心の効果意思が一応存在するものの、意思の形成過程に問題がある場合として、錯誤、詐欺、強迫がある。

(1) 錯誤（考え違い）

表意者が勘違いによりその真意と異なる意思表示をした場合を錯誤という。たとえば100円で買うというべきところを実際には1000万円で買うと意思表示してしまった場合（表示上の錯誤）、A土地の近くに駅が開設する計画を耳にしてA土地は値上がりすると思って購入した場合（動機の錯

誤）である。この場合、意思と表示が違っていることを表意者自身が気づいていないわけであるから表意者を保護する必要がある。そこで、これらの錯誤が「法律行為の目的及び取引上の社会通念に照らして重要なものであるとき」に（意思表示のうち重要な部分に錯誤がある場合＝要素の錯誤）、その意思表示を取消しすることができる（改正民95条1項）。ただし、上の例の動機の錯誤の場合に取り消すことができるのは、その事情を相手方に話してＡ土地を購入されているときに限られている（同条2項）。

とはいえ、錯誤の要因が表意者の重大な過失を原因とする場合には、①相手方が表意者に錯誤があることを知っていたか、または重大な過失によって知らなかったとき、②相手方が表意者と同じ錯誤に陥っていたときを除き、表意者は、意思表示の取消しすることはできない（同条3項1号・2号）。また、錯誤による意思表示の取消しは、善意かつ過失がない第三者に対抗することができない（同条4項）。

(2)　詐欺による（だまされての）意思表示

他人にだまされて意思表示をすることを詐欺による意思表示という（改正民96条）。結果的にだまされたと思ったとしてもそれらのすべてが詐欺にあたるとは限らない。詐欺とは社会通念上求められる信義に反するものが該当する。詐欺による意思表示は取り消すことができる。取り消されるまでは有効で、取消しされて初めから無効であったとみなされる（改正民１２１条）。

詐欺による意思表示は取り消すことができるが、その取消しは善意かつ過失がない第三者には対抗することができない（改正民96条3項）。たとえば、ＡがＢの詐欺によりＢにその土地を売却し、その後ＢはＣに転売したとする。この場合ＡはＢへの売却を取り消すことができるが、Ｃが善意かつ過失がない第三者（Ｃがこの土地が詐欺によって入手されたものであることを知らず、そのことに落度がなかった場合）にはＣに土地を返せとはいえないことになる。

(3)　強迫による（おどされての）意思表示

他人に害意を示し、恐怖を感じさせる行為を強迫という。強迫による意思表示は取り消すことができ、その取消しは悪意のみならず善意かつ過失がない第三者に対しても主張できる（改正民96条）。

４．無効と取消し

無効と取消しの両者はどのように違うのだろうか。

(1)　無効

法律行為の無効とは、その行為によって当事者の意図した法律効果が初めから、当然に生じないことをいう。無効となる法律行為を追認したとしても有効となることはない（民１19条）。ただし、当事者が無効であると知って追認をしたときは新たな行為をしたとみなす（同条ただし書）。

(2)　取消し

取消しは錯誤、詐欺、強迫によりなされた法律行為などに適用される。取消しによりその法律行為は初めから無効とみなされる（改正民１２１条）。

8 代　理

今までは本人が法律行為をすることを前提に話を進めてきた。しかし、世の中には自分の代わりに他人に法律行為をしてもらう場合も存在する。このように、本人と一定の関係にある他人（代理人）が、本人（依頼人）のためにする意思を表示し、その法律行為の効果が本人に帰属することを代理という。

1．代理とは

代理制度には以下のようなものがある。

(1)　**法定代理**　法によって当然に代理人を必要とする場合で、未成年者のための法定代理人などがある。

(2)　**委任による代理**　本人から任命されて代理人になる場合をいい、任意代理ともいう。

(3)　**復代理**　復代理とは代理人がさらに自己の名義で代理人を立てることをいう。何らかの事情で代理人が代理行為をできない場合に復代理人を立てることがある。この場合であっても復代理人は本人を代理するものでなくてはならない。

2．代理の要件

代理が有効であるためには以下の要件が求められる。

①　本人が代理人に代理権を与えていること（代理権の存在）

②　代理人が本人のためにすることを示すこと（顕名）　本人のためにするとは、相手方に「私は○○の代理人です」というように、自分が本人の代理人であることを告げることをいい（民99条）。これを顕名という。顕名をしなかった場合その行為は代理人自らのためにした行為とみなされる（民100条）。

③　代理権の範囲で有効な法律行為が行われること

3．代理権の範囲

法定代理権の範囲は、それに関する各種の規定により定められる。任意代理権の範囲は基本的には本人の意思により定まる。もっとも、実際には代理人に付与された権限（授権という）の範囲が不明確なこともある。この場合は委任状の文言、そのときの状況などから判断される。

4．代理行為の効果

代理行為の効果はすべて本人に帰属する。

5．自己契約、双方代理など（改正民108条）

自己契約とは、たとえば、土地の売却について代理権を付与されていた代理人が自分でその土地を買うことをいい、双方代理とは、先の例では売却の相手方の代理人をも兼ねることをいう。こうした行為は代理権を有しない者がした行為とみなす。ただし、債務の履行および本人があらかじめ許諾した行為については、この限りではない。

6．無権代理と表見代理

代理行為が適正になされ意図した法律効果を得られればよいが、

思わぬ問題が生じることもある。以下それを検討する。

⑴　**無権代理**　無権代理とは、代理権のない者が代理人と称して代理行為を行うことをいう。これに対し、代理権を持つものが代理行為を行う通常の場合を有権代理という。無権代理では代理人に代理権がないのだからその法律効果は本人に帰属しない。ただし、本人が追認すればさかのぼって効果が生ずる（民１１３条1項）。

⑵　**表見代理**　表見代理とは、無権代理の中でも本人と代理権を持たない自称代理人との間に密接な関係性が見られる場合をいう。密接な関係性とは、自称代理人に適法な代理権があるかのごとく見えることをいう。適法な代理権がないにもかかわらずまるで適法な代理行為であるかのごとく行動し、その結果相手方に損害を負わせた場合には、自称代理人の代理行為を阻止できなかったことについて本人にそれなりに落ち度があったことになる。にもかかわらず、無権代理だから本人には関係がない（法律効果は帰属しない）では相手方に酷なので法律効果を本人に帰属させ、相手方の救済を図ることにしている。これが表見代理である。表見代理と無権代理の違いは法律効果が本人に帰属するかどうかである。表見代理には以下の場合がある。なお、表見代理以外の無権代理を狭義の無権代理という。

(ア)　代理権付与の表示による表見代理（改正民１０９条）　代理権が付与されていないにもかかわらずある旨の表示をした場合である。

(イ)　権限踰越《ゆえつ》による表見代理（改正民１１０条）　何らかの代理権はあるが、その与えられた権限の範囲を超えて代理行為をした場合である。表見代理のうちもっともよく用いられる。

(ウ)　代理権消滅後の表見代理（改正民１１２条）　かつては代理権を与えられていたがその消滅後も代理行為をした場合である。

なお、代理とよく似た行為として、使者の行為が存在する。使者とは本人の意思を単に相手方に伝達したり（たとえば、書面を届ける）、伝える（口頭で示す）などの行為をすることでその意思表示を完成させる者をいう。代理との違いは、代理では本人が意思決定をするが、使者は単に本人の意思を伝達するに過ぎないことである。仮に使者が代理と紛らわしい行為をした場合には表見代理の規定が適用されることがある。

無権代理
- 狭義の無権代理（本人に効果が帰属しない）
- 表見代理（本人に効果が帰属する）
  - 代理権付与表示の表見代理
  - 権限踰越の表見代理
  - 代理権消滅後の表見代理
  - 複合型の表見代理

図表６－６　無権代理の類型

⑨ 時　効

時効とは、一定の事実状態が一定期間続いた場合に権利の取得や消滅をもたらす制度のことである。

1．時効制度の意義

(1) 法的安定性の重視　ある事実状態が長く続くと、それを基礎として様々な社会状態が生じる。それを突然ひっくり返すと様々なところに影響が及ぶことから、社会的安定性、特に法律関係の安定性（法的安定性）を守るために時効制度が必要とされる考え方である。

(2) 権利の上に眠る者は保護に値しないとする思想　権利は行使されて始めて意味を持つのであるから、それを怠っている者は保護すべきではないとする考え方である。

2．期間の計算

一定期間というが、民法上期間は以下のようにして計算する。

① 時、分、秒を単位とする期間の場合はその時点を起算点とする（民139条）。

② 日、週、月、年を単位とする期間の場合は、当該期間が零時に始まる場合を除いて、初日を含めず翌日から起算（初日不参入の原則）し（民140条）、期間の末日を持って満了とする（民141条）。たとえば10月3日から10日間の期間の場合、初日である3日を含めず4日から10日間なので13日が期限となる。週、月、年を期間とした場合は暦に従う。ただし、他人の物を進んで持ち主に返還するように、占有者が任意に占有をやめると、所有権の取得時効は中断する。

3．取得時効

取得時効とは、一定期間他人の物を占有（物を自分が支配する状態に置くこと）した場合にその所有権や他の財産権を取得することをいう。取得時効には要件の違いにより期間20年の長期取得時効と、期間10年の短期取得時効がある。

(1) 長期取得時効　他人の物を20年間（他人の物と知っていても――悪意）、所有の意思を持って、平穏に、かつ公然と占有した者は、その所有権を取得する（民162条1項）。「平穏に、かつ公然と」とは、占有者が暴行、強迫などの違法、凶暴行為をしていないことをいう。

(2) 短期取得時効　他人の物を10年間、所有の意思を持って、平穏に、かつ公然と占有した者は、その占有の開始時に善意かつ無過失であった場合にはその所有権を取得する（民162条2項）。長期時効取得と違うのは占有開始時に善意、無過失であることが必要であることである。ここでいう善意とは、それが他人の所有物であることを知らないことをさし、無過失とは、それを知らなかったことについて過失がないことを意味する。

4．消滅時効

消滅時効とは、ある権利を一定期間行使しなかった場合にその権利が消滅することをいう。友人にお金を貸していたが、そのことをすっかり忘れ催促しなかったら返済を求める権利（貸金債権）は消滅し相手は返す義務がなくなることがある。消滅するために必要な期間は権利（債権）の種類により異なる。

5．消滅時効の進行を止める制度（時効の完成猶予と更新）

改正前は「時効の中断と停止」であったが、改正法では「時効の完成猶予と更新」に改められた。先の例である金銭貸借について「お金を貸したことを思い出し友人にお金を支払うよう請求（催告）したが相手から何の反応もないままに時効期間満了の10年がたとうとしている。」場合、消滅時効が完成するのを止める手段は以下の図のとおりで、単に催告をしただけではなく、その後6ヵ月内に訴訟を提起したことにより、時効の完成猶予の対象となる。

6．協議による時効完成の猶予のしくみ

改正民法により導入された完成猶予する制度に、「協議を行う旨の合意による時効の完成猶予」がある。当事者が裁判を介さずに紛争の解決に向けて協議をし、解決策を模索している場合にも、時効完成の間際になれば、消滅時効が完成しないようにするために訴えを提起せざるを得なくなる。そこ

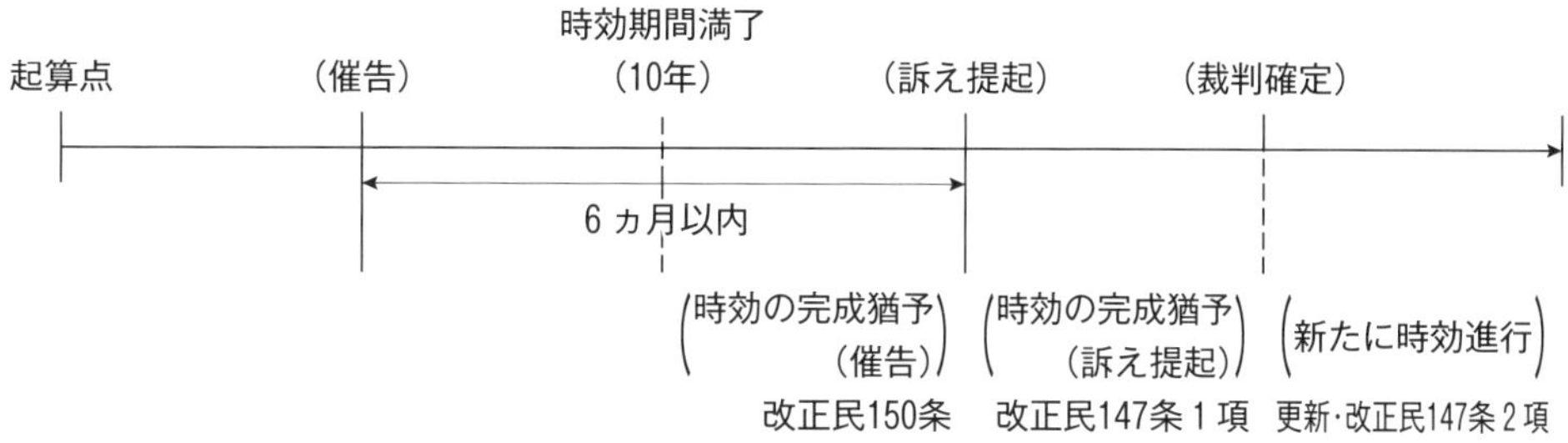

図表6－7　催告――金銭貸借

図表6－8　時効の起算点と期間

債権の種類	消滅時効の起算点	期　間
一般民事債権（一般人の貸金債権など） 一般商事債権（企業の貸金債権など） 医師・工事の設計などの短期債権 小売・卸売業の売却代金などの短期債権 宿泊費・飲食代金などの短期債権	・権利を行使できる時から ・権利を行使できることを知った時から （いずれか早いほうで消滅時効が完成）	10年間 消費者金融に対する過払い金返還請求権など 5年間 契約に基づく債権など （改正民166条1項）
不法行為の損害賠償請求権	・損害および加害者を知った時から ・不法行為の時から	3年間 20年間 （改正民724条）
人の生命又は身体を害する不法行為の損害賠償請求権	・損害および加害者を知った時から ・不法行為の時から	5年間 20年間 （改正民724条の2）

で、改正民法では、双方で協議中の間は時効の完成を猶予できる制度を導入した。ただし、時効の完成猶予をするためには、「当事者間で権利についての協議を行う旨の合意が書面又は電磁的記録によってされた場合」が必要となる（改正民151条）。

7．時効の援用

時効は期間が経過すれば自動的に発生するわけではなく、時効により利益を得る者が時効が成立したことを主張することが必要である。これを援用といい、裁判においては当事者（消滅時効にあっては、保証人、物上保証人、第三取得者その他権利の消滅について正当な利益を有する者を含む。）による援用がなければ、裁判所は時効を認めることができない（改正民145条）。たとえば、時効の完成猶予・更新事由がなく既に時効期間が経過し債権が消滅した後に起こされた民事裁判ではたとえ裁判官が時効の経過を認識していたとしても、債務者から時効の成立による債務の消滅の主張がなければ債権者が勝利することになる。

参考文献

川井健『民法概論1〔第4版〕』有斐閣、二〇〇八年
中井美雄『通説民法総則〔第2版〕』三省堂、二〇〇一年
平井一雄編『民法Ⅰ【総則】』青林書院、二〇〇二年
滝沢昌彦『民法がわかる民法総則〔第4版〕』弘文堂、二〇一八年
田山輝明『民法総則〔第4版〕』成文堂、二〇一〇年
國府剛他編著『アクセス民法』嵯峨野書院、二〇〇七年
永田眞三郎他『民法入門・総則〔第5版〕』有斐閣、二〇一八年
藤井俊二『クルツ・レーアブーフ民法総則〔第2版〕』成文堂、二〇二〇年

第7章

民法学の基礎知識②——財産法

① 物権とは

物権は、物を直接支配することができる権利である。債権が人に対する権利であるのに対して、物権は物に対する権利である。例えば、AがBに自転車でぶつかってケガをさせた場合に、BはAに対して損害賠償請求権（治療費などを払えという権利）という債権を取得する。このように、債権は人（B）が人（A）に対して持つ権利である。これに対して、Aがある物を所有している場合（所有権を有している場合）、Aはこの物を、他の人とは関係なしに（他の人の了解を得るとか、他の人にある行為を要求することなく）、自由に利用・処分などができる。このように、物権は人（A）が物に対して持つ権利である。この場合、すべての人は他人の物権を侵害してはならない。したがって、他人の物を持ち去ったら返還しなければならず、他人の物を壊したら修理代を弁償しなければならない。

1. 物権の性質

物権の性質として、絶対性・直接性・排他性・優先性をあげることができる。

物権の絶対性とは、全ての人に対して主張できるということである。たとえば、所有権は物を全面的に支配することができる（法令の許す範囲内で、自由に、使用したり、売却したり、捨てたりすることができる）物権であるが、ある物の所有権者は世の中のすべての人に対して、自分の所有権を主張することができる。

物権の直接性とは、物権は他人を介さずに直接目的物を支配できるということである。たとえば、ある土地の所有権者は、他人の行為を介在させることなく、自己の所有する土地を、直接、利用することができる。これに対して、債権関係にある土地の借主（債権者）は、その土地を利用するために、土地の引渡しを貸主（債務者）に請求し、貸主がその土地を引き渡さなければ土地を利用できない。このように、債権の場合、債権を実現するためには、貸主の行為が必要になり、直接性はない。

物権は一つの物に対して同一内容の物権が複数成立することはないということを物権の排他性という。たとえば、所有権は、先に述べたように、物を自由に使用したり、売却したり、捨てたりすることができる権利であるが、このような所有権は一つの物に複数存在しえない。したがって、ある土地が二重に売却された場合、買主のどちらかは所有権を取得できないことになる。この場合、その所有権を取得できなかった買主に対して、売主は債務不履行（「⑧契約の効力」参照）になり、所有権を取得できなかったことで受けた損害の賠償を当該買主に賠償しなければならない。この物権の排他性のことを一物一権主義（一つの物について、同一内容の物権は一つしか成立しない）という。なお、一物一権主義は、一つの物権の客体は、一つの独立した物であるという意味でも用いられる。

同じ内容の物権と債権が同じ物のうえに成立するときには、物権が優先する。これを物権の優先性という。たとえば、ＡがＢにある物を賃貸していたとする。このとき、Ｂはその物を利用できるという債権を有している。ＡがＣにその物を売却した場合、Ｃはその物に対して所有権（物権）を取得する。この場合、その物を利用することを内容とするＢの債権とＣの所有権が成立しているが、物権が優先するため、Ｃはその物を自分に引き渡すようＢに対して請求できる。その結果、Ｂはその物を利用できなくなる。このような物権の優先性のことは「売買は賃貸借を破る」と表現されている。

以上のような物権と債権との区別はあくまで典型的な物権と債権の区別であり、現実には、両方の性質をあわせ持つものも存在する。例えば、不動産賃借権は債権であるが、借地借家法や判例により、物権の性質に近くなっている。このような境界線上の権利も存在することは理解しておかなければならない。

２．物権法定主義

民法１７５条は、「物権は、この法律その他の法律に定めるもののほか、創設することができない」と規定している。このことを物権法定主義という。これには二つの意味がある。①当事者の合意によって、民法その他の法律が定めていない新しい物権を作り出すことはできないということ、②法律が定める物権についての法律の規定と異なる内容を与えてはならないということである。

物権法定主義が採用されているのは、①（封建時代の）土地についての複雑な利用関係を整理して、所有権を中心とする物権関係を確立し、複雑な権利関係にならないようにする必要があるからであり、②土地に関する物権が移った場合などには、登記簿によって、それを公示しなければならないが、技術的な理由で、そのためには、種類や内容を限定しておく必要があるからである。

これに対して、債権は、原則として、当事者の合意によって自由に創設することができる（契約自由の原則）。債権の主な発生原因である契約に関して、民法の契約の章には、13種類の契約が定められているが（民５４９条以下）、この13種類の契約のどれにも当たらないような特別な契約をすることもまったく当事者の自由である。

Column　慣習法上の物権

民法175条には、「この法律その他の法律」で認められた物権以外は創設できないとされている。そこで、その他の法律の中に慣習法が含まれるのかが問題となる。慣習法とは、社会の中で自然に発生し繰り返し行われている規範（慣習）が国民の間で法的拘束力のあるものとして認められているものである。判例は、この慣習法上の物権として、水利権（最判昭25・12・１民集４巻12号625頁）、温泉権（大判昭15・９・18民集19巻1611頁）、譲渡担保権（大判大３・11・２民録20巻865頁）などを認めている。

2 物権の種類

民法では10種類の物権が規定されている。これらの物権は、所有権、占有権、用益物権（地上権・永小作権・地役権・入会権）、担保物権（留置権・先取特権・質権・抵当権）の4種類に分類することができる。占有権を別として、所有権と用益物権・担保物権とは質的な差異がある。所有権は物を全面的に支配することができる権利であるのに対して、用益物権・担保物権は物を部分的に支配するだけの権利である。たとえば、地上権（用益物権）は、建物などを所有するために土地を利用できる権利であるが、利用という面をだけを支配している。つまり、支配は一部に限定されているのである。したがって、所有権に対してその支配は制限されたものであるという意味で、用益物権・担保物権は制限物権と呼ばれている。

また、地上権は、一般的に地上権設定契約によって発生する。つまり、ある土地の所有者Aとその土地を利用したいBとの間の契約によってその土地に地上権は発生する。このようにその土地に地上権が設定されると、その土地を利用できるのは地上権を有するBであり、所有権を有するAはその土地を利用できなくなる。つまり、所有権はもともとその土地を全面的に支配していたが、地上権が設定されることによって、その支配の一部が地上権に移されることになる。このように、用益物権・担保物権は、もともと全面的支配を有していた所有権の支配を制限する物権という意味でも制限物権と呼ばれている。

さらに、制限物権は、他人の所有物の上に存する権利である。つまり、先の例でいうと、ある土地の所有者はAであり、Aの土地にBが地上権を有しているのである。この意味で、制限物権は他物権と呼ばれている。担保物権については、次節で説明することとし、本節では、所有権、占有権、用益物権について説明する。

1. 所有権

所有権は、法令の制限内において、自由にその所有物の使用、収益、処分をすることができる権利である（民206条）。先に述べたように、所有権は物に対する全面的な支配権である。ただし、多数の法令によってその支配が制限されている。たとえば、農地法によって、農地を売却する場合には、農業委員会の許可が必要とされている（農地法3条）。また、航空法では、空港周辺の建物の高さが制限されている（航空法49条）。

所有権は、売買契約などの契約、相続によって取得されるのが圧倒的多数である。民法において所有権の取得として規定されている各制度（無主物先占、遺失物拾得、埋蔵物発見など）は一部を除いて（漁業者が魚の所有権を取得するのは、民法239条の無主物先占による）例外的なものである。

2. 占有権

占有権という制度は、ある人がある物を支配下に置いている場合に、その物を支配下に置く権利（所有権など）がその人にあるかどうかにかかわらず、事実上の支配状態（占有）そのものを権利として認め、法的に保護する制度である。たとえば、ある物を事実上支配（占有）している場合に、その事実上の支配が侵害された時（占有している物が奪われた、占有している土地に他人が物を置いているなど）には、占有していた者（占有権者）は侵害した者に対して、侵害をやめるよう請求することができる（民１９７条、これを占有訴権という）。

3. 用益物権

一定の目的のために、他人の土地を利用することができる物権を用益物権という。用益物権には、地上権、永小作権、地役権、入会権がある。

地上権は、他人の土地において工作物又は竹木を所有するため土地を使用することができる権利である（民２６５条）。工作物とは、建物・橋・鉄塔・地下鉄・トンネル等、地上・地下のすべての建造物が含まれている。なお、建物の所有を目的とした地上権については、借地借家法が適用される。

永小作権は、小作料を払って他人の土地で耕作・牧畜をなす権利である（民２７０条）。林業はここでいう耕作にあたらないので、林業を営む場合には、地上権を設定することになる。なお、現在では永小作権が設定される例は非常に少ない。

地役権とは、自己の土地の便益を図るために、他人の土地を利用することができる権利である（民２８０条）。たとえば、ある者がある土地を所有して、隣地を通行すると駅・商店街への近道になり便利であるという場合に、隣地を通行するという内容の地役権を隣地に設定することができる（通行地役権）。地役権にはいくつか種類があり、通行地役権のほかに、引水・排水のために送水管を隣地に敷設するための用水地役権、日照を維持するために隣地に一定の高さ以上の建物等をさせないことを目的とする日照地役権などがある。

入会権とは、村落などの共同体（入会集団）の構成員が集団的に山林原野等の他人の土地を管理支配する権利である（民２９４条）。

Column　占有権の特殊性

所有権や他の物権は、「……することができる権利」と定義できる。つまり、たとえば所有権は「物を全面的に支配することができる権利」であり、地上権は「工作物または竹木を所有するために土地を利用することができる権利」である。これに対して、占有権は「占有することができる権利」ではない。占有することが法律上認められていなくても、占有しているという事実状態を保護するという制度である。「占有することができる権利」は本権と呼ばれ、所有権、地上権、賃借権などがこれにあてはまる。

③ 担保物権の種類

債権は、後に述べるように、特定の人に特定の行為を請求できる権利である。たとえば、AがBに1000万円を貸したとき、AはBに対して1000万円を返還するように請求できる債権を取得する。この場合、Aを債権者、Bを債務者という。Bが自発的に1000万円を返還してくれればAは1000万円を手にすることができる（債権の実現）。これによって、債権は消滅する。しかし、Bが自発的に返還しない場合には、Aは国の力を借りて強制的にBから1000万円を回収することができる。これを強制執行という。ただし、Bに1000万円を回収するだけの財産（この財産を責任財産という）がなければ回収できない。また、たとえばBが2000万円の財産を有していたとしても、さらにBがCから3000万円を借りている場合には、AはBが有している2000万円の財産をCとの間で債権額に応じて平等に分けることになる（債権者平等の原則）。したがって、Aは500万円（Cは1500万円）を回収できるだけである。

そこで、債権の履行（債権の実現）を確実なものにするために、債権の内容の実現を確保できるような制度が必要になってくる。このような制度の一つが担保物権である。民法には、担保物権として、当事者の契約は必要なしに法律の規定により当然に発生する留置権と先取特権（法定担保物権）、当事者の契約により発生する質権と抵当権（約定担保物権）の4種類が規定されている。

1．留 置 権

他人の物の占有者は、その物に関して生じた債権を有するときは、その弁済を受けるまでその物を留置しておくことができる（民法295条）。たとえば、時計の修理を依頼され、この時計を預かっている時計店は、修理代金（債権）が支払われるまで、時計を引き渡すことを拒否できる。このような権利を留置権という。

留置権は、このように目的物を留置して、返還しないことによって債権の履行（先の例でいえば、代金の支払）を促すものである。このような効力を留置的効力という。

2．先 取 特 権

ある債務者に債権者が多数存在し、債権の総額がその債務者の責任財産の額を超えている場合、債権者平等の原則にしたがって平等に分けることになる（先に示したAが500万円、Cが1500万円に分ける例を参照）。

しかし、たとえばA会社が倒産した場合、A会社に雇用されているBの給料債権をこの原則で処理をすると、Bの配分額が結果としてわずかなものになり、Bの生活に支障をきたすことになる。そこで、このような不都合を回避するため、このような債権者は、他の債権者に先だって優先的に弁済を受けることができるという制度がつくられた。これを先取特権という（民303条）。先ほどの例は「雇用関係の先取特権」（民308条）であり、Bは A会社の責任財産から他の債権者に優先して給料の支払いをうけることができる。先取特権のこのような効力を優先弁済的効力という。

3．質　権

質権とは、ある債権の担保として目的物を受け取って占有し、債権が弁済されない場合には、他の債権者に先だって、この目的物から優先弁済を受けることができる権利である（民342条）。

留置権・先取特権とは異なり、質権は当事者の契約によって設定される（この契約を質権設定契約という）。

質権は留置権と同様に、留置的効力を有している。つまり、質権者は、目的物を受け取って、債権の弁済がなされるまで留置することができる。また、債権が弁済されない場合には、目的物から他の債権者に先だって優先的に弁済を受けることができるという優先弁済的効力を有している。

たとえば、Aは、Bから50万円を借り受け（消費貸借契約の締結）、その担保として、高級時計について質権を設定し（質権設定契約）、その高級時計をBに引き渡す。BはAが債権を弁済（50万円の弁済）するまでは高級時計の返還を拒絶できる。さらに、弁済期にAが弁済しない場合には、Bは一定の手続きをとって目的物を売却し（任意競売）、その代金から他の債権者に先だって50万円の支払いをうけることができる。この例で、Aを質権設定者、Bを質権者、担保されている50万円の債権を被担保債権という。

4．抵当権

抵当権は、債務者または第三者（物上保証人）が目的物を債権者に引き渡さないで担保に供し、弁済されないときはその物から優先弁済を受けることができる権利である（民369条）。

抵当権は質権と同じように、優先弁済的効力を有している。しかし、抵当権は質権と異なり、目的物は抵当権設定者（債務者または第三者）の手もとにある。したがって、目的物は抵当権設定者がそのまま使うことができる（質権の場合に、質権を設定すると質権設定者は目的物を使用できない）ので、広く利用されている。また、借主が手元に残したまま抵当権を設定するので、次節で述べる公示との関係で、抵当権は民法上不動産（土地・建物）に限定されている（民369条）。

Column　抵当権・質権の役割

抵当権、質権が設定された場合、目的物の評価（いくらで売却できるか）さえ間違わなければ、最終的に、貸金が返還される確率はかなり高くなる。したがって、借主の収入など関係なく、貸付できることになるし、貸付の利息も低く抑えることができる。その点で、特に抵当権は広く利用されている。また、抵当権は借主が目的物を手元において利用できるという利点があり、また、質権は抵当権が担保にできない動産も担保にできるという利点がある。

④ 物権の効力と物権変動

1．物権の効力

ここでいう物権の効力とは、それぞれの物権に共通する効力のことである。物権の効力には、優先的効力と物権的請求権があるが、優先的効力についてはすでに述べたので、物権的請求権について説明する。

物権は物を直接支配することができる権利であり、この支配はすべての人に主張することができる権利である。第三者はこの支配を侵害してはならず、尊重しなければならない。

このような支配が実際に侵害された場合には、物権を持つ者（たとえば所有権者）にはこの侵害を排除する権利が発生する。この権利を物権的請求権という。物権的請求権を直接定めた規定は民法にはないが、当然に認められている。

物権的請求権には、物権的返還請求権、物権的妨害排除請求権、物権的妨害予防請求権の三つの種類がある。

物権的返還請求権とは、物権者が占有侵奪により物の占有を全面的に排除された場合に、物の引渡し、不動産では明渡しを求めることができる権利である。

物権的妨害排除請求権とは、占有侵奪以外の方法で物権侵害が行われている場合に、その侵害の排除を請求できる権利である。たとえば、Aの土地にBが廃材を置いている場合に、土地所有権の侵害であるから、AはBに対して、廃材を排除するよう請求できる。

物権的返還請求権と物権的妨害排除請求権は、共に物権が侵害された場合に発生する権利である。これに対して、物権的妨害予防請求権は、まだ侵害はされていないが、侵害される可能性が高い場合に、侵害を未然に防止することを目的とする権利である。たとえば、隣地に作られた小屋が自分の土地に倒れてきそうで危険な状態の場合には、小屋が倒れてこないように予防工事をするなどの請求をすることができる。

2．物権変動

物権変動とは、物権の発生・変更・消滅（物権の移転もこれに含まれる）のことである。物権変動の原因には、売買契約などの契約、相続のほか、漁師が海で魚を釣り所有権を取得する無主物先占（民239条）、取得時効による所有権の取得（民162条）など様々なものがある。

先に述べたように、物権には排他性があるため、物権変動があったことを外部から認識できるようにしなければならない。たとえば、Aが土地をBに売却した後、Bに売却したことを黙ってその土地をCに売却する契約を締結した場合、一つの土地の所有権は一個しかなく（一物一権主義）、すでにBに所有権は移っているので、Cは所有権を取得できない。そこで、AからBへの所有権の移転（物権変動）を外部から認識できるような制度が必要である。そのような制度があれば、Cは、Aに騙されて、土地を購入することはない。このように外部から認識できるようにすることを公示という。具体的には、不動産の場合は登記（国が管理する登記簿に物権変動の内容等を記載すること）、動産の場合には引渡し（たとえば、売主が目的物を買主に引き渡すこと）によって公示がなされることになる。動産の場合、帳簿のようなもので管理することは、数が多く、形状が変化しやすいなどの理由で困難であるため、引渡しで公示がなされる。

このように、公示がなされれば第三者が保護されるが、当事者が自分で公示をしない場合にどうするかが問題となる。民法は公示の原則を採用し、この問題に対処している。公示の原則とは、物権変動には公示（登記・引渡し）が必要であり、公示をしなければ第三者に物権変動を対抗（主張）できないというものである（民177条・178条）。たとえば、Aが土地をBに売却したが、登記名義を移転しておらず、その後、CがAからさらにその土地を購入し、登記名義を移した場合、Bは自分が所有権を取得したということ（物権変動）を第三者（C）に対抗できないので、土地の所有権はCのものとなる。

公示の原則は、物権変動があった場合には、公示をしなければ第三者に対抗できないというものである。これに対して、物権変動がなかったのに、公示がなされた場合、真実の権利者でない者が公示によって権利者ということが示されることがある。たとえば、Aの所有する土地について、Bが偽造の書類でAの知らない間に登記名義を自分に移したような場合である。この場合、Bをこの土地の所有者と信じて購入したCが保護されるかということが問題となる。このように、物権変動の公示を信じて取引した者は、たとえ公示が真実の権利関係を反映していなくても、公示された権利を取得するという原則を、公信の原則という。民法は、不動産についてこの公信の原則を採用していないが、動産については採用している（民192条）。したがって、先ほどの例で、Bに登記名義がある土地をCが購入した場合、真実の権利者はAであり、Bはこの土地の所有権を有していないので、Cに売却することはできない。したがって、Cは土地所有権を取得することはできない。

Column　**動産における公信の原則**

動産における公信の原則のことを、「善意取得」あるいは「即時取得」という（民192条）。たとえば、Aから自転車（動産）を預かっているBが、その自転車を自分のものとしてCに売却しCに自転車をさらに引き渡した場合（AからBへの引渡しがすんでおり、Bが所有者だと公示されている）、Cが善意・無過失であれば、Cは、所有者でないBから購入したとしても保護され、自転車の所有権を取得する。その結果、Aは自転車の所有権を失う。

⑤ 知的財産権

知的財産権（図表7－1参照）とは、産業領域や文化領域をはじめとした人間の知的な創作活動（工夫・アイデア・表現）に与えられる権利の総称をいい、主に「産業財産権」と「著作権」に大別される。「産業財産権」は、「特許権」（発明）、「実用新案権」（小発明の考案）、「意匠権」（物品のデザイン）、「商標権」（商品・サービスにつけるマーク）、不正競争防止（競業秩序の維持）などといった権利の総称である。「著作権」は、文芸、学術、芸術、音楽の範囲で人間の思想、感情を創作的に表現した著作物に発生する権利である。

「産業財産権」は、出願、登録などの手続きをしなければ権利が発生しない。これに対して、「著作権」は、こうした手続きを必要とせず、著作物を創作した時点で権利が発生する。

知的財産権制度は、世界の大部分の国で確立しているが、各国の産業・文化政策によって、その内容に関しては必ずしも同一ではない。近年、知的財産権にまつわる動きが活発化している。

1．特 許 権

特許権は、発明を保護対象とする。発明とは、物理法則・化学法則・電気法則などの自然法則を利用した技術的思想の創作のうち、高度のものをいう。世間になかった新技術や世間にある既存技術を改良した技術が発明である（機械や薬品といった物の発明、食料品の加工方法や医薬品の製造方法といった物の生産方法の発明、測定方法や分析方法といった物の生産を伴わない方法の発明など）。

コンピューターやソフトウェア、インターネットなどの情報システムとの関連で特許になりうるビジネスモデル特許（ビジネスの方法、商売の方法など）が話題となったことがある、また、コンピューター・プログラムの発明（媒体に記録されていない状態のコンピュータ・プログラム）、生物関連発明（微生物、植物、動物、増殖可能な動植物の細胞など）も、特許法上の発明とされている。

2．実用新案権

実用新案権は、自然法則を利用した物品の形状・構造、または組合せに係る考案を保護対象とする。したがって、方法の考案、物品とよべない道路や競

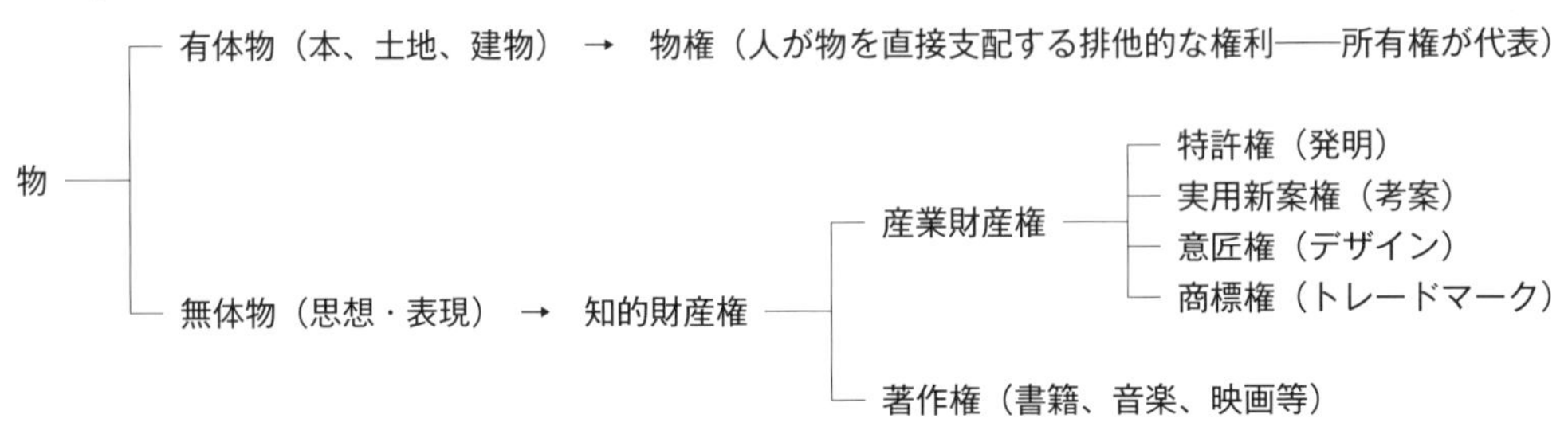

図表7－1　知的財産権とは

技場のような不動産などは考案の対象とはならない。

考案は、発明に比べて高度性を要求されず、小発明とよばれることがある。たとえば、「細長い木質の中心に芯を入れた鉛筆」をはじめて創作した場合は特許となり、断面を転がらないように多角形に工夫した鉛筆の形状は、考案の対象となる。

3．意　匠　権

意匠権は、物品（液体、粉粒状の物体などは含まれない——ただ部分意匠制度を含む）の形状、模様もしくは色彩またはこれらの結合のデザイン、物品に記録・表示されていない画像のデザイン（道路・壁などに投影される画像、ネットワークを通じて利用の都度提供される画像）、建築物の形状デザイン（店舗・ホテルの外観）、複数の物品、壁や床などの装飾により構成される内装のデザインであって、視覚を通じて美感を起こさせる意匠を保護対象とする。

意匠法上の意匠は具体的な物品のデザインのみならず、無体物である「画像」、不動産である「建築物」、「内装」まで保護対象するものである（令和２年４月１日施行）。

4．商　標　権

商標とは、文字・図形・記号・立体的形状・色彩を利用して作成する商品名・サービスやマーク（標識）のことである。改正商標法では、色彩（輪郭のない色彩）と音が追加され、動き、ホログラム、位置などの商標についても、概念上、文字・図形・記号・立体的形状・色彩に含まれる。商標権は、商標に化体した業務上の信用（グッドウィル）を保護する。したがって、商品名やマークの創作自体を保護することは商標法の目的ではない。

なお、銀行やホテル、飲食店などが使用する店名・愛称・マークも、サービスマークとして商標権により保護される。

5．不正競争行為に対する保護権

不正競争防止法には、事業者間の公正な競争の的確な実施を確保するため、不正競争防止行為が規定されている。ノウハウや顧客リストなどの営業秘密を漏洩する行為も不正競争となる。特許権等の産業財産権は審査を受けて登録するまで相当な期間を要するため、不正競争防止法は、産業財産権法や著作権法を補完する役割がある。

6．著　作　権

著作権とは、著作物から生じる権利で、著作（財産）権の他に著作者人格権も保護の対象となっている。この点で、産業財産権とは異なる。著作物とは、思想または感情を創作的に表現したもので、小説や論文・絵画・写真・音楽・映画などが該当する。なお、コンピューター・プログラム、データ・ベースも著作物に含まれる。近年、応用美術である椅子デザインも、知財高裁により著作物性が認められている（知財高裁平27・4・14判決「ノルウェー社の子供用椅子事件」）。

⑥ 債権とは

債権は、ある人（債権者）が他の人（債務者）に対して、ある行為（たとえば、物の引渡し、金銭の支払い、労務の提供など）を請求することができる権利である。債権の主な発生原因として、民法は、契約、事務管理、不当利得、不法行為を規定している。

物を直接支配している物権と異なり、債権の場合には、債権者は債務者の行為（履行）がなされて初めて価値を把握することができる。たとえば、A（債務者）に対して100万円の債権を有しているB（債権者）は、Aが100万円を給付してくれなければ手に入れることはできない。したがって、債務者が自発的に（任意に）債務を履行しない場合、債権者を救済する手段が必要となる。民法は、その手段として、強制履行、債務不履行という制度を準備している。

1．強制履行

債務者が任意に履行しない場合、債権者は国家機関（裁判所）の助力を得て、強制的に債権の内容を実現することができる。これを強制履行という。強制履行の方法には、直接強制、代替執行、間接強制の三種類がある（改正民414条1項）。

直接強制とは、債務者の意思にかかわらず、裁判所が債権の内容を強制的に実現するというものである。たとえば、100万円の債務を負担する債務者が履行しない場合に、裁判所は、債権者からの申立てにより、債務者の財産（不動産、預貯金など）から100万円を強制的に取り立て債権者に引き渡す。ただ、この方法は金銭や物の引渡しを目的とする債務（与える債務）についてだけ認められている。

代替執行とは、第三者に債権の内容を実現させて、裁判所がその費用を債務者から取り立てるというものである。たとえば、ある業者（債務者）が工事を行うという債務の履行をしない場合、その業者を強制的に連れてきて工事させるということは適切でないので、他の業者に工事をさせて、その費用を債務者である業者から徴収するのである。

間接強制とは、債務者が履行をするまでの間、裁判所が債務者に対して一定の金銭を支払うことを義務づけ（債務を履行するまで一日〇〇円支払え）、債務者を心理的に圧迫して、債務を履行させようというものである。ただ、画家が肖像画を描く債務を負担しているような場合、間接強制によって履行を強制することが考えられるが、債務者の自由意思が重要であるので、間接強制もできないと解される。したがって、このような債務については、履行の強制はできない。

2．債務不履行に基づく損害賠償

先に述べたように強制履行できない債務がある。また、強制履行したとしても、債権者に損害が残る場合がある。このような場合の債権者の救済方法として、民法は債務不履行に基づく損害賠償という制度を準備している（改正民415条）。

債務不履行とは、「債務の本旨に従った履行」がないことであり、履行遅滞、履行不能、不完全履行に分けられている。履行遅滞とは、履行できるのに期限に債務を履行しないで、遅れていることである。履行不能とは、履行することが不可能になることである。たとえば、中古住宅の売買契約で、契約締結後に住宅が火事によって全焼したような場合である。不完全履行とは、債務が一応履行されたが、完全ではなかったということである。たとえば、新車を購入したが、3日でエンジンが始動しなくなったような場合である。

債務不履行という事実が発生しても、その債務の不履行が、契約その他の債務の発生原因及び取引上の社会通念に照らして債務者の責めに帰することができない事由によるものであるときは、債務者は損害賠償責任を負わない（改正民415条ただし書）。このような免責事由には、戦争・内乱・大災害のような不可抗力の場合などが該当する。たとえば、大災害によって道路が寸断されて債権者に送った荷物の到着が1週間遅れても、債務者は損害賠償責任を負わない。また、建物の売買契約で、建物を買主に引き渡す前日に、何者かが建物に放火したため、建物が全焼した場合も、売主は損害賠償を負う必要がない。

損害がなければ損害賠償請求はできない。損害については積極的損害（財産が実際に減少すること）でも、消極的損害（増えるはずだった財産が増えなかったこと）でも構わない。また、精神的苦痛も損害と認められる（非財産的損害）。

さらに、損害は債務不履行を原因として発生したものでなければならない（事実的因果関係）。ただ、事実的因果関係にある損害をすべて賠償として認めると損害が限りなく広がる可能性がある。そこで民法は、事実的因果関係にある損害の中から債務者が賠償すべき損害の範囲を限定した（改正民416条）。つまり、債務不履行があれば一般的に発生する通常損害については損害賠償の範囲に入ることとし、特別の事情によって発生する特別損害については、債務者がその事情を予見すべきであった場合に限り、賠償の範囲（相当因果関係）に入るのである。

Column　事実的因果関係と相当因果関係

事実的因果関係は、「あれなければこれなし」という条件関係に該当するかで判断する。つまり、債務不履行がなければ出なかった損害が事実的因果関係にある損害となる。したがって、車を引き渡すのが3日遅れたのでレンタカーを借りた場合のレンタカー代は入るのはもちろんであるが、レンタカーを返しに行った帰りにひき逃げにあった場合の治療費も事実的因果関係がある損害となる。しかし、これでは賠償の範囲が広すぎるので、民法416条に従って、ひき逃げという特別事情は予見できないので、治療費は除外されることになる（相当因果関係がない）。

⑦ 契約の成立

私たちの生活にとって契約は欠かすことのできない制度であり、財産取引は、通常、契約によって行われている。契約は複数の当事者の意思表示の合致によって成立する。一般的に、契約が成立することによって債権が発生する。たとえば、Aがある商品をBに売却する契約を締結した場合、AはBに対して代金を支払うよう請求できる債権を取得し、BはAに対して商品を引き渡すよう請求できる債権を取得する。したがって、契約は債権の主な発生原因の一つに数えられている。

1．契約自由の原則

契約は、原則として、締結するかどうか、どのような内容で締結するか、どのような方式で締結するかなどすべて当事者の自由である（改正民521条）。これを契約自由の原則という。その結果、当事者が決めた契約内容が当事者間のルールとなる。しかし、当事者は契約で問題となるすべての事を定めているとは限らない。そこで、民法は、決めていないことが問題になった場合に備えて、549条以下に贈与契約、売買契約など13種類の契約を規定している。これらの規定は当事者が決めていない場合に補充的に当事者間のルールとなる。たとえば、売買契約を締結する際に、専門家に依頼して売買契約書を作成してもらったとする。その費用について当事者間で買主が負担すると決めていればそれが当事者間のルールとなる。しかし、費用について当事者間で決めていない場合には、民法558条により、当事者で折半することになる。この規定のように、当事者が規定と異なった内容を取り決めることができるものを任意規定という。

2．申込みと承諾による契約成立

契約は複数の当事者の意思表示の合致によって成立するが、最初になされた意思表示を申込み、申込みに対して契約を成立させる意思表示を承諾という。たとえば、AがBに対して「私の車を100万円で買いませんか」という申込みに対して、Bが「買います」という承諾をすれば契約が成立する。Bが「90万円だったら買います」という意思表示をした場合には、この意思表示はAの申込みに対する拒絶の意味と、BからAに対する新たな申込みの意味を持っている（民528条）。したがって、これに対してAが「90万円で売ります」という承諾の意思表示をすれば、契約は成立する。

契約が成立すれば債権・債務が発生し、当事者は契約に拘束される。このことを、契約の拘束力という。たとえば、AがBとの間で、B所有の自動車を購入する売買契約を締結した場合、Aは代金債務を負担するので、たとえ、他に安くて質の良い中古車を見つけたとしても、Bの同意がない限り、代金債務から逃れることができない（つまり、B所有の自動車を購入せざるを得ない）。

申込みの意思表示だけでは契約は成立せず、債権は発生しないので、申込みをした当事者は申込みに拘束されず、申込みを自由に撤回できるはずである。しかし、申込みをされた相手方は自分が承諾をすれば契約を締結できると期待し、それに基づいて行動する場合があるため、申込みの相手方が不測の損害を受けないように、民法はこの期待を保護することとした。

まず、対話者間（直接会ったり、電話で交渉している場合）の場合には、その対話中であれば自由に撤回できる（改正民523条1項）。期待に基づく行動が起こされる前であれば、相手方に不利益は及ばないからである。

次に、隔地者間（手紙でやり取りしている場合）の場合には、申込みの意思表示をすれば、一定期間は撤回できないとしている。つまり、承諾期間の定めのある申込み（たとえば、「私の自動車を100万円で買いませんか。金曜日までにご返事ください」という申込み）の場合は、その承諾期間内（金曜日まで）は申込みを撤回できない（改正民523条1項）。なお、承諾期間を過ぎた後に承諾が到達した場合には、契約は成立しない（改正民523条2項）ので、申込みを撤回する必要はない。承諾期間の定めのない申込み（たとえば、「私の自動車を100万円で買いませんか」という申込み）の場合には、承諾の通知を受けるのに相当な期間（取引の種類・金額等によって異なる）は撤回できない（改正民525条）。

3. 契約書

契約自由の原則により、当事者は方式にとらわれず、自由に契約を締結できる（改正民522条2項）。契約が成立するためには、意思表示の合致があればよいが、意思表示とは意思を外部に伝えるための行為であり、手紙で書く、口頭で伝える、空車と表示して走行しているタクシーに向かって手を挙げる、自動販売機にお金を入れてボタンを押すなど、いろいろな行為が当てはまる。

このようにいろいろな方式で契約は締結されているが、契約に際して、口頭で申込みと承諾をした後に、契約書を作成する場合が多くある。この契約書について、原則として、契約書が契約の成立要件ではない。つまり、契約書の作成を合意していたとしても、口頭での申込みと承諾という意思表示の合致によって契約は成立している。この場合、契約書は契約の成立を証明するための書類ということになる。

Column　申込みの誘引

申込みとは、相手方の同意（承諾）があった場合には、契約を締結しようという意思表示である。したがって、相手方の同意があったとしても直ちに契約を成立させるつもりがない場合には、何らかの意思が表示されていても申込みの意思表示にはならない。たとえば、新聞に掲載されている求人広告の場合、求人広告を出した企業は、それに応じて来た者をすべて雇うつもりはない。したがって、求人広告は申込みではなく、求人広告に応じて来た者の意思表示が申込みで、企業はそれを承諾するかどうかの自由を有している。このような表示を申込みの誘引という。

⑧ 契約の効力

民法は、契約の効力として、同時履行の抗弁権、危険負担、第三者のためにする契約を定めている。前二者は双務契約について共通する効力を定めたものである（双務契約とは、当事者双方が対価的な債務を負担しあう契約である。たとえば、売買契約では、売主は目的物を引き渡す債務を負担し、買主は代金を支払う債務を負担する。またこれらの債務は対価的な関係にあるので、売買契約は双務契約に属している）。しかし、これらの規定は契約の効力についてごく一部を定めたに過ぎない。

契約の効力とは、契約を締結すると契約当事者にどのような権利が発生し、その権利に基づいて相手方に何ができるかということである。個々具体的な契約の効力は、当事者間の合意、民法に定められている売買などの契約に関する規定等から発生する。また、契約が成立すると債権が発生し、当事者双方あるいは一方が債権者となる。したがって、契約当事者は相手方に対して債権者として、履行の強制や債務不履行に基づく損害賠償を請求できる（「⑥債権とは」を参照）。

1. 同時履行の抗弁権

たとえば、Aが所有する自動車をBに100万円で売却するという売買契約が締結され、10月1日にAがBの自宅に自動車を持参し、Bがその時に代金を支払うことが合意されたとする。10月1日になり、Aが自動車を持たずにBに代金の支払いを請求しに来た場合、BはAが自動車を持参するまでは代金の支払いを拒絶できる。これを同時履行の抗弁権という（民533条）。10月1日になり、100万円の代金支払債務が履行期に来ているので、Bは先に履行しなければならないとすると、Aから自動車の引渡しを受けることができなくなったり、訴訟をしてやっと引渡しを受けることができるようになるなど、Bは不利な立場に立たされる。したがって、両当事者間の公平のために、相手方が履行の提供をするまでは、自己の債務の履行を拒むことができる。

先の例で、Bが100万円を10月1日に支払い、Aが11月1日に自動車を引き渡すという合意があったとする。Aが10月1日になったので、Bに支払いを求めた場合、Bは先に自分が履行するという合意をしているので、Aの支払請求に対して、履行を拒絶することはできない（民533条ただし書）。

同時履行の抗弁権の効果は、相手方の履行の提供があるまでは自分の履行を拒めるということである。ただ、訴訟において同時履行の抗弁権が行使された場合、先の例では、「BはAが自動車を引き渡すのと引き換えに、100万円を支払え」という形の判決（引換給付判決）になる。

また、同時履行の抗弁権を有していると、自分の履行を拒めるので、履行期を過ぎても、債務不履行責任を負うことはない。先の例で、Ｂは１００万円を支払わなくても履行遅滞にはならない。

２．危険負担

債務が履行不能になった場合、債権者は債務者に対して履行を請求することができない（改正民４１２条の２）。この時、債務者に帰責事由があれば、債権者は債務者に対して損害賠償を請求できる（改正民４１５条）。たとえば、Ａが自分の所有する絵画をＢに10万円で売却する契約を締結したが、Ｂにその絵画を渡す前に、隣家からの延焼によりそれが焼失してしまった場合、Ａの債務は履行不能となったので、ＢはＡに対して引渡しを請求できず、Ａには帰責事由がないので、Ａは損害賠償を支払う義務も負わない。この時、Ｂは代金10万円を支払わなければならないかが問題となる。

まず、絵画が焼失した原因が、隣家からの延焼ではなく、Ｂのたばこの火の不始末が原因による火事であった場合を考える。この場合、Ａの債務が履行不能になったことについてＢ（債権者）に帰責事由がある。この場合、債権者であるＢは反対給付（10万円の代金支払い）を拒むことはできない（改正民５３６条２項）ので、Ｂは絵画を受け取ることなく、代金10万円を支払わなければならない。

これに対して、絵画が焼失した原因が、隣家からの延焼であった場合、絵画の引渡債務の債務者であるＡにも、債権者であるＢにも帰責事由はない。このように当事者双方に帰責事由がない場合には、Ｂ（債権者）は代金10万円の支払い（反対給付）を拒むことができる（改正民５３６条１項）。このように、契約締結後履行が完了するまでの間に、一方の債務が当事者双方の帰責事由なしに不能になった場合に、反対給付を履行しなければならないかという問題を「危険負担」という。民法では、不能になった債権の債務者が負担することとした。つまり、先の例で、不能になった債権（絵画の引渡債権）の債務者Ａが危険（絵画の焼失した場合の損失）を負担することになる。

延焼の事例では、Ａの債務が履行不能になっているので、Ｂはこの売買契約を解除することができる（改正民５４２条）。解除がなされれば、契約が遡及的に消滅するので、改正民法５３６条１項を適用した結論と同じになる。

Column　物の売買における危険負担の意味

ＡがＢに自己所有の絵画を100万円で売却した例で考える。ＡとＢが売買契約を締結する前に、すでに絵画が落雷により焼失していた場合には、絵画が焼失した不利益（危険）はＡが負担する。また、売買契約締結後、引渡し・代金支払も終了した後に焼失した場合には、絵画が焼失した不利益（危険）はＢが負担する。つまり、絵画の所有者はＡからＢへと移っているので、不利益（危険）もＡからＢへと移る。つまり、引渡し・代金支払の時に不利益（危険）がＡからＢに移ることになる。

⑨ 契約の解除

契約の解除とは、契約締結後に生じた一定の事由を理由として、契約を一方的に破棄する意思表示である。錯誤（民95条）、詐欺・強迫（民96条）などの契約の無効、取消しは契約締結時に問題があった場合であり、契約の解除の場合には、契約締結には問題がない。契約の解除にはいくつかの制度があるが、ここでは、債務不履行に基づく契約解除について説明する。

1．債務不履行に基づく契約の解除とは

債務者が債務を任意に履行しない場合、債権者は債務者に対して、強制執行をしたり（改正民414条）、債務不履行に基づく損害賠償を請求することができる（改正民415条）（「⑥債権とは」参照）。たとえば、AがBから1千万円で土地を購入したが、Bが土地の引渡しを拒んでいる場合、Aは強制執行で土地の引渡しを受け、引渡しが遅れたため発生した損害について賠償請求することができる。この場合は、強制執行により、契約を前に進めていくという側面を有している。

これに対して、たとえば、AがBからパソコンを20万円で購入し、パソコンの設定等すべてBが行い、Aがパソコンの使用方法が分からない場合には、Bがアフターサービスとして電話等で教えるということも合意していたとする。ところが、Bが約束の期日にパソコンを納入せず、その後、連絡も取りづらくなり、連絡が取れたとしても言い訳に終始するようになった場合、Aは前の例のように強制執行を行使して、契約を前に進めることもできる。しかし、このような事例では、Bのような不誠実な売主からではなく、他の売主から購入したいと考える場合も多い。この場合、Aが他の売主から購入するためには、Bと契約を消滅させなければならない。このために利用できるのが、債務不履行に基づく契約の解除という制度である。

2．履行遅滞に基づく契約の解除

契約の解消を目的とする債務不履行に基づく契約解除という制度は、債務不履行をした当事者にとって極めて厳しい制裁となる。たとえば、AがBに新車を販売する契約を締結したとする。Aがたまたま納車する日を忘れ、約束の日に車を持っていかなかった場合、Aは債務不履行となる。この場合に、債務不履行があるから、Bはすぐ解除できるとなると、Aがそれまで準備したことが無駄となり、Aは多大な損害を受ける可能性がある。したがって、履行が可能で遅れているだけである履行遅滞の場合、履行を忘れているかもしれない債務者を保護し、もう一度チャンスを与えるために、債権者は催告しなければならない（改正民541条）。つまり、債権者は、相当の期間を定めて債務者に催告し、その期間内に履行がない場合に限り、解除できるのである。

契約の種類・当事者の意思表示により、一定の日時または一定の

期間内に履行をしなければ契約の目的を達成することができない場合（定期行為。たとえば、ピアノの発表会で演奏後に花束を渡すために花束を購入した場合は、演奏後に花束がなければ、その後に花束の引渡しを履行されても意味がない）、履行遅滞による債務不履行であっても、催告なしに解除することができる（改正民５４２条１項４号）。

3．履行不能に基づく契約の解除

履行遅滞と異なり、履行不能の場合には履行できなくなっているので、催告をしても無意味である。したがって、催告なしに解除することができる（改正民５４２条１項１号）。なお、履行の一部不能の場合には、債権者にとってその一部不能があれば契約をした目的を達することができない場合にのみ解除できると解されている。

4．不完全履行に基づく契約の解除

不完全履行の場合、追完が可能なものについては、履行遅滞に準じて催告が必要と解されており、追完が不可能なものについては、履行不能に準じて催告は必要ないと解されている。たとえば、新車を購入したが3日でエンジンが止まったとき、修理が可能であれば追完が可能ということになる。この場合、買主は、新車の修理について相当期間を定めて催告しなければ解除できない。また、医療契約で薬の量を間違えて患者が死亡してしまった場合には、追完は不可能ということになる。

5．解除の効果

債務不履行に基づく解除の要件が満たされると、債権者に解除権が発生する。この場合、債権者が解除権を行使すると契約は最初からなかったことになり（このような効果を遡及効という）、各当事者は契約前の元の状態に戻す義務（原状回復義務）を負う（改正民５４５条１項）。ただし、債務不履行に基づく損害賠償について、遡及効は制限され、債権者は債務不履行に基づく損害賠償を請求することができる（改正民５４５条４項）。

解除権が行使されれば当事者は原状回復義務を負うことは先に述べたが、その場合、第三者の権利を害することはできない（改正民５４５条１項ただし書）。たとえば、ＡがＢにある商品を売却し、Ｂが代金を支払う以前にその商品をＣにさらに売却したが、Ｂが代金の支払いをしないのでＡが売買契約を解除した場合、この規定により、Ｃはこの商品の所有権を取得できる。

Column　**付随的債務の不履行による解除**

契約の中心的な債務（要素たる債務）は履行されているが、付随的な債務に不履行がある場合に、その付随的債務の不履行を理由として契約を解除できないと解されている。たとえば、土地の売買契約において買主の要素たる債務は代金支払債務であり、仮に、その年の固定資産税を買主が支払う約束をした場合のその債務は付随的債務である。要素たる債務か付随的債務かは、その債務の不履行があるとその当事者にとって契約の目的が達成できないかどうかで区別される。

⑩ 不法行為

不法行為とは、ある者（加害者）が故意または過失によって他人（被害者）の権利または法律上保護される利益を違法に侵害し、その結果被害者に損害を与えたという場合に、その加害者に対して被害者の損害を賠償すべき債務を負担させる制度である。不法行為責任は、民事責任であるが、違法行為者の被害者個人に対する責任を問うものであり、被害者に現実に発生した損害を塡補しようとするものである。これに対して、同じく違法な行為を犯罪としてその行為者を処罰する刑事責任は反社会的行為者に対する、社会全体からの非難・制裁という機能を果たしている。したがって、両者で評価の視点が異なり、両方に該当する場合もあるが、いずれか一方にしか該当しない場合もある。たとえば、他人を故意に傷つけた場合、加害者は傷害罪で処罰される一方、被害者に対して治療費等の損害賠償責任を負担しなければならない。

不法行為は一般不法行為（民709条）と特殊不法行為（民714条～719条）の特殊不法行為に分けることができる。

1. 一般不法行為の要件（民法709条）

① 故意・過失があること

故意とは、結果発生を認識しながらそれを認容して行為をしようとする主観的な意思の態様である。必ずしも結果発生を意図していなくてもよい。それに対して、過失とは、損害発生が予見できたにもかかわらず、損害の発生を回避する義務を怠ったことである（予見可能性を前提とした結果回避義務違反）。

② 権利侵害または法律上保護される利益の侵害があること

この要件は、通説・判例によれば、「違法性」という文言で置き換えられている。違法性があるかどうかは、侵害された利益と侵害の態様の両面から判断される。侵害された利益が所有権のように強い権利と認められていれば、その加害行為は違法となる。これに対して、営業上の利益などのように確固たる権利とは言えないものについては、加害行為が不当なものでなければならない。たとえば、他人の家のガラス窓を割った場合（所有権の侵害）には、過失であったとしても違法性がある。これに対して、ある精肉店の売上げが減少して営業上の利益が侵害された場合、営業妨害のような犯罪とされるものであれば違法性があるが、新しい精肉店ができたことによる侵害であれば違法性はない（営業の自由があるため）。

③ 損害が発生し、侵害行為との間に因果関係があること

損害には、財産的損害と精神的損害があり、財産的損害には積極的損害（物が壊された場合のように積極的に生じた損害）と消極的損害（交通事故で入院したためその期間の給料を失った場合のように消極的に生じた損害）とがあるが、このような損害が発生しなければ不法行為にはならない。

債務不履行に基づく損害賠償と同じように、加害行為と損害との間に事実的因果関係がなければならない。さらに、その損害が相当因果関係の範囲内に入っていなければならない（詳細については、「⑥債権とは」参照）。ただし、相当因果関係について定めた規定は存在しない。そこで、判例は、債務不履行について相当因果関係を定めた民法416条を準用する。

④　責任能力

加害者が、自己の行為の責任を弁識するに足りる知能（責任能力）を備えていなかったときは、加害者には賠償責任はない。責任無能力者には、年齢が低いことによって責任能力のない者（民712条）と精神上の障害によって責任能力のない者（民713条）とがある。責任能力があるかどうかは個別具体的に判断されるが、一般的には12歳程度の能力と考えられている。

2. 特殊不法行為（民714条～719条）

(1)　責任無能力者の監督義務者等の責任（民714条）　加害行為をした者が責任無能力者の場合、その者を監督すべき法定の義務ある者（親権者など）は、監督義務を怠っていなかったこと（過失がないということ）、または、監督義務を怠らなくても損害が発生したこと（事実的因果関係がないということ）を証明しなければ、監督義務者が被害者に対して賠償責任を負わなければならない（民714条1項）。監督義務者に代わって監督する者（たとえば、精神病院長）も同様に賠償責任を負う（同条2項）。

(2)　使用者責任（民715条）　労働者が第三者に損害を加えたときは、それが「事業の執行」でなされた場合には、使用者が第三者に対する賠償責任を負担しなければならない。ただし、使用者が選任・監督について過失がなかったこと、または相当な注意をしても損害が生じたことを証明すれば、責任を免れることができる。

3. 不法行為の効果

不法行為による損害を賠償する方法は金銭賠償を原則としている（民722条1項）。ただし、名誉毀損の場合、裁判所は被害者の請求により、損害賠償に代えて、または損害賠償とともに、名誉を回復するのに適当な処分を命ずることができる（民723条）。たとえば、新聞紙上に謝罪広告を出すことである。

Column　受忍限度

騒音、振動、粉塵、臭気、日照・通風妨害など、周囲の他人の生活に各種の妨害や悪影響を与える行為のことを生活妨害という。この生活妨害の場合、ある一定程度はお互いに我慢しなければならない。たとえば、騒音について、近所にまったく音が聞こえないような生活を送るのは不可能である。したがって、判例では、社会生活上一般に受忍されるべき範囲（受忍限度）においては違法性を欠き、その範囲を超えた場合に、初めて違法として損害賠償の対象となるとされている（たとえば、最判平6・3・24判時1501号96頁）。

⑪ 事務管理・不当利得

7節から、債権の主な発生原因として、契約と不法行為を概説してきた。ここでは、契約・不法行為と並んで債権の主な発生原因とされている事務管理と不当利得を概説する。

1．事務管理

事務管理とは、義務なくして他人のために事務を管理する行為で、それにより行為者（管理者）と他人（本人）との間に債権関係を発生させるものである（民697条）。たとえば、台風によって屋根瓦が飛ばされた家屋の所有者が一家そろって海外旅行に行っており、隣人がこれに気づいて、修理しなければ風雨によって家屋の損害が拡大すると考え、親切心から修理したという場合である。原則として他人の事務（先ほどの例では他人の家屋を修理すること）を義務なしに行うことはできない。先の例で、家屋の所有者から家屋の管理を依頼されて契約が成立していれば、隣人はその契約によって家屋を修理する義務を負担するし、行うことができる。他人の事務を義務なしに行うことは「余計なおせっかい」であり、違法という評価を受けることになる。

しかし、他人から依頼を受けることなしに、その他人のために親切心で他人の事務を自発的に行うという行為は、事実として行われているのであり、民法もこのような行為（事務管理）を一定の要件のもとで是認する。

他人の事務を「他人のためにする意思」で「法律上の義務なし」に行った場合、それが「本人の意思または利益に反することが明らかでない場合」には、事務管理が成立する（民697条・700条参照）。「他人のためにする意思」とは自分以外の者の利益を図る意思（利他的意思）であるが、この意思は自分のためにする意思と併存しても良いと解されている。先の例で、屋根を修理しなければ、風で飛ばされた瓦が自分の家のガラスを破損する可能性があると考えたことも修理する理由になっていても構わない。

これらのことから、事務の管理が最初から客観的に見て本人の不利になるか、本人の意思に反することが明らかな場合には、事務管理は成立しないと解されている。これは、余計なおせっかいを排除するためのものである。

以上のような要件が満たされると事務管理が成立し、次のような効果が発生する。

管理者の行う行為は違法とはならず、不法行為（民709条）は成立しない。管理者は善管注意義務（その人の属する職業や社会的地位などから通常期待される注意義務）を負うものと解されている。管理者は本人の意思を推知することができる場合に、それにしたがって管理をしなければならない（民697条2項）。また、いったん管理を始めたら、管理者は管理を継続しなければならないが、本人の意思または利益に反することが明らかな場合には、管理の継続を中止しなければならない（民７００条）。

これに対して、本人は、管理者が支出した費用を償還しなければならず、管理者が本人のために負担した債務を代わりに弁済しなければならない（民７０２条）。

２．不当利得

不当利得とは、法律上の原因がないにもかかわらず、他人の財産または労務から利益を受け、これによってその他人に損害を与えることであり、不当利得があれば、損失者は受益者に対する不当利得返還請求権を取得する（民７０３条・７０４条）。

不当利得は、まず、契約が無効・取消しの場合に発生する。たとえば、売買契約が締結され、これに基づいて目的物が買主へ引き渡され、代金が売主に支払われた後に、売買契約が錯誤無効（民95条）になったり、詐欺・強迫（民96条）によって取り消された場合、契約は最初から存在しなかったことになる。この場合、目的物が買主に移ったことは法律上の原因を欠き、買主は目的物を取得するという利益を受け、売主は目的物を失うという損失を被っているので、買主は売主に対して目的物を返還する義務を負う。また、売主も同様の理由で代金を買主に返還する義務を負う。このような類型を「給付利得」という。給付利得とは、法律上の原因の存在を前提として給付されたが、その前提が存在しなかった場合に、給付させたものを返還させるものである。

次に、たとえば、Ａの駐車場にＢが無断で車を駐車させていた場合、Ｂは法律上の原因なしに駐車料金相当分の利益を受け、Ａは駐車料金相当分の損失を被っているので、ＡはＢに対して不当利得に基づき駐車料金相当分の返還を請求することができる。このような類型を「侵害利得」という。侵害利得とは、無権限者によって物が使用・収益・消費等なされた場合に、その無権限者に利益を金銭で返還させるというものである。

不当利得の効果としては、受けた利益の返還になるが、受益者が善意であったか、悪意であったかによってその範囲が異なっている。善意の受益者は、現存利益（返還が請求された時点で残っている利益）を返還しなければならない（民７０３条）。悪意の受益者は受けた利益のすべてとその分の利息を返還しなければならず、さらに損害を与えた場合には損害も賠償しなければならない（民７０４条）。

Column　不法原因給付

公の秩序・善良な風俗（公序良俗）に反する法律行為（契約）は無効である（民90条）。たとえば、賭博契約は公序良俗に反し無効となる。したがって、賭けマージャン（賭博契約）をし、負けて５万円払った場合、賭博契約は無効となるので、不当利得の要件に該当する（給付利得）。しかし、法の是認しない行為を行った者が、裁判所に対して救済を求めるのは社会的正義に反している。したがって、「不法な原因」（公序良俗違反）のために給付した者は、その給付したものの返還を請求することができない（民708条）。

⑫ 賃貸借

賃貸借とは一方の当事者が、相手方に、ある物の使用収益をさせることを約束し、相手方がそれに対して賃料を支払うことおよび引渡しを受けた物を契約が終了したときに返還することを約束することによって成立する契約である（改正民601条）。賃貸借契約の中で、建物の賃貸借、建物を所有するために土地を借りる賃貸借については、借地借家法という特別法が存在している。借地借家法によれば、建物の賃借権は借家権、建物の所有を目的とする地上権または賃借権を借地権という。

1. 賃貸借とは

賃貸借契約は賃料を支払う有償契約である。たとえば、友人に自転車を無償で貸すような場合は、使用貸借契約となる（改正民593条）。また、借りた物を消費して、後に同じ物を返す消費貸借契約（民587条）と異なり、賃貸借契約は借りた物をそのまま返す契約である。

2. 賃貸人・賃借人の権利義務

賃貸人は賃借人に対して、目的物を使用収益させる義務を負う（改正民601条）。また、賃貸人は目的物の修繕義務を負っている（改正民606条）。したがって、通常の使用に伴い生ずる損耗については、その修理費用は賃貸人が負担する。これに対して、賃借物の破損・汚損についての修理費用は賃借人が負担しなければならない（改正民606条1項ただし書）。通常の使用に伴い生ずる損耗についても、特約によって、賃借人の負担とすることができる。賃貸人が本来負担しなければならない費用（これを必要費という）について、賃借人が負担した場合（たとえば、建物の雨漏りを修理した場合）、賃貸人は直ちにその費用を返還しなければならない（民608条1項）。また、賃借人が目的物の改良のために支出した費用（有益費）がある場合（たとえば、賃借店舗における入口の改装工事費）、賃貸借が終了した時点で、目的物について、改良による価格の増加があれば、賃貸人の選択に従い、賃借人は投下した費用または増加額の償還請求を行うことができる（民608条2項）。

賃借人は、賃料支払義務を負う（改正民601条）。賃料は後払いが原則となっているが（民614条）、特約によって変更することができる。また、賃借人は契約や目的物の性質に応じた使用方法で目的物を使用しなければならず（用法遵守義務、改正民616条・594条1項）、賃借中は善良な管理者の注意をもって目的物を保管する義務がある（改正民400条）。さらに、賃借人は、賃貸借契約が終了した場合、目的物を原状に復して、これに付属させた物を収去することができる（改正民622条・599条）。収去をすることは権利であるが、同時に義務でもあると解されている。したがって、賃借人が土地を借りて建物を備え付けた場合、契約終了時に建物は撤去できるし撤去しなければならない。ただし、更地の土地を賃借して、賃借人が自分で建物を建てた場合、借地借家法により、契約終了時に、賃借人は賃貸人に対して建物を時価で買い取るよう請求することができる（建物買取請求権、借地借家13条）。

賃借人が、建物を譲渡するにあたって敷地の賃借権を無断で譲渡したり（賃借権の無断譲渡）、借りている建物を無断で第三者に又貸ししたり（賃借権の無断転貸）した場合には、賃貸人は契約を解除できる（民６１２条）。しかし、借地権の無断譲渡の場合、判例は、「賃貸人に対する背信的行為と認めるに足らない特段の事情がある場合」は無断譲渡・無断転貸を理由に契約を解除できないとしている（最判昭28・９・25民集七巻九号九七九頁）。このような考え方は信頼関係理論と呼ばれており、借地人・借家人のその他の債務不履行による解除についても適用されている。

３．賃借権の対抗力

不動産賃借権は債権であるが登記することができ、登記をすれば、その不動産の所有権を取得した者などに賃借権を主張することができる（改正民６０５条）。ただこの登記は賃貸人の同意がなければできないので、この登記がなされることは少ない。そこで、借地借家法では、借地の場合には、賃借人が登記した建物を所有していれば、また、借家の場合には、賃借人への借家の引渡しがあれば、その後、所有権を取得した者などに借地権・借家権を主張することできる（借地借家10条・31条）。

４．賃貸借契約の終了

存続期間が定められた賃貸借は更新のない限り、その期間が満了することによって終了する。

存続期間の定めのない賃貸借は一方当事者からの解約申し入れによって、それから一定期間経過後に終了する（民６１７条）。

賃貸借の最短期間について、民法では規定はないが、借地借家法では、借地権の存続期間は30年以上とされている（借地借家３条）。したがって、期間の定めのない借地権は存在しない。

また、存続期間が満了する場合に更新が可能であるが、借地権者（賃借人）が更新を求めた場合、借地権設定者（賃貸人）は「正当の事由」がなければ更新を拒絶できない（借地借家６条）。借家契約についても、賃借人が契約存続を希望する場合、賃貸人は「正当な事由」がなければこれを拒絶できない（借地借家28条）。

Column　**定期借地権・定期借家権**

借地法・借家法（借地借家法制定以前の法律）によって、借地人・借家人が厚く保護され、いったん土地・建物を賃貸したら、なかなか戻ってこないと考えられるようになった。その結果、借地として土地が提供されることが減り、借家も良質なものが少なくなった。そこで、借地借家法では、一定期間が経過すると更新がなく、必ず戻ってくる定期借地権・定期借家権が新たに創設された。たとえば、一般定期借地権では、50年たてば更地で戻ってくるし、建物譲渡特約付借地権では、終了時に建物を買い取らなければならないが、30年で土地は戻ってくる。

参考文献

◆民法に興味を持ちさらに学習しようと考えている場合の概説書として

宮本健蔵編著『新・コンダクト民法』嵯峨野書院、二〇二〇年

道垣内弘人『リーガルベイシス民法入門（第3版）』日本経済新聞出版社、二〇一九年

潮見佳男『民法（全）（第2版）』有斐閣、二〇一九年

◆民法を本格的に学習しようと考えている場合の体系書として

新井誠・岡伸浩編『民法講義録（改訂版）』日本評論社、二〇一九年

山田卓生ほか著『民法Ⅰ―総則（第4版）』（Sシリーズ）有斐閣、二〇一八年

淡路剛久ほか著『民法Ⅱ―物権（第4版補訂）』（Sシリーズ）有斐閣、二〇一九年

野村豊弘ほか著『民法Ⅲ―債権総論（第4版）』（Sシリーズ）有斐閣、二〇一八年

藤岡康宏ほか著『民法Ⅳ―債権各論（第4版）』（Sシリーズ）有斐閣、二〇一九年

第 8 章

家族法の基礎知識

1 親　族

1．親族の意義

民法の条文には、家族という言葉は見当たらないが、親族という言葉が存在する。親族とは、6親等内の血族、配偶者、3親等内の姻族からなる（民725条）。まず、図表8-1を参考にしつつ、親族関係の呼称を確かめておきたい。

(1) **血族と姻族**　血族には、自然血族と法定血族とがあり、前者が血縁のあるものである。そして後者は、血縁はないが、法律が特に血族とみなすものであり、養子と養親およびその血族との間に認められる（民727条）。

姻族とは、自分からみた配偶者の血族（たとえば、自分と妻の兄弟姉妹）または自分の血族の配偶者（たとえば、自分の息子の妻）である。

(2) **直系と傍系**　直系とは、血統が上下の関係にある者であり、たとえば親子、祖父母と孫の関係である。

傍系とは、血統が共同始祖から分かれた関係にある者であり、たとえば兄弟姉妹間の関係がこれにあたる。

(3) **尊属と卑属**　尊属は、自分より上の世代を指し、卑属とは自分より下の世代を指す。

(4) **親等**　親族関係の遠近を測定する単位である。

親等の数え方について、直系親族間では世代数を数えてこれを定め、傍系親族間では、同一の始祖にさかのぼり、その始祖から他の一人に下るまでの世代数による（民726条）。

2．親族関係の変動

自然血族における母子関係は、懐胎・分娩の事実により発生し、父子関係について、嫡出子は民法772条の嫡出推定により、嫡出でない子は認知により発生する。いずれも死亡により消滅する。

法定血族については、縁組により発生し（民727条）、離縁により消滅する（民729条）。

配偶者関係は、婚姻の成立により発生し、離婚および一方の死亡により消滅する。婚姻が取り消された場合も同様である。

姻族関係も婚姻の成立により発生し、離婚の場合は当然に消滅するが（民728条1項）、相手方配偶者が死亡したときは、その姻族関係は当然には消滅しない。生存配偶者が姻族関係終了の意思表示をし（同条2項）、届出をすることによって消滅する（戸籍法96条）。したがって、死亡した配偶者の親族から姻族関係は終了できないこととなる。

3．親族関係から生じる効果

親族関係より民法上生じる効果は様々であるが、特に重要なものとして以下のものがあげられる。

① 扶養義務（民877条）

② 互助義務（民730条）

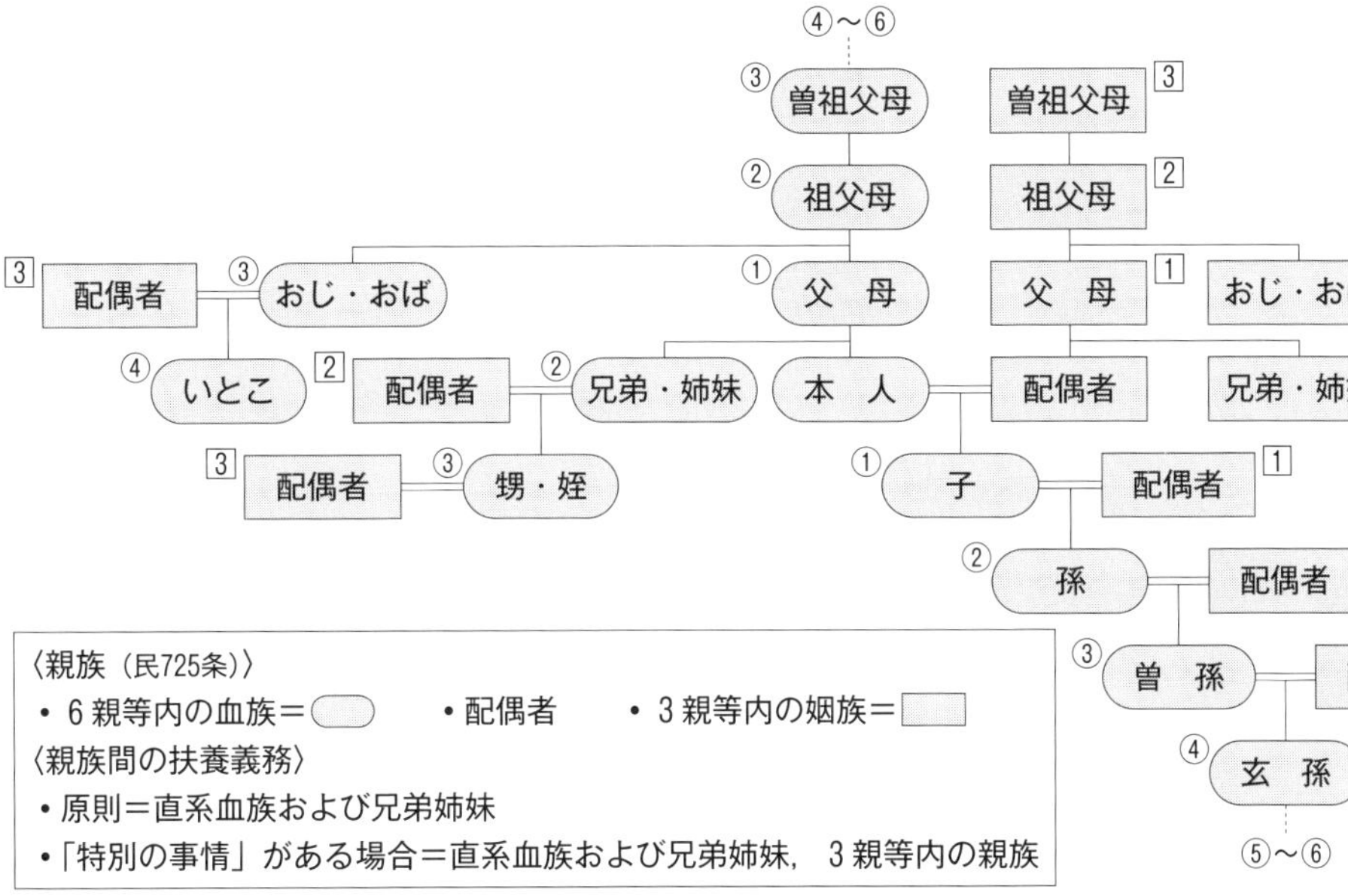

図表８－１　親族と扶養義務の範囲

注：数字は親等を示す
出所：生駒正文・平井卓・髙田富男編著『アクセス法学』嵯峨野書院、2009年、135頁

③　相続（民９００条）
④　近親婚の禁止（民７３４条〜７３６条）

上記で示した民法上の規定以外にも、刑法上にも、親族による犯罪に関する特例（刑１０５条）、親族間の犯罪に関する特例（刑２４４条）等、親族に関する条文が存在する。

Column　民法の一部を改正する法律案要綱（1996年）

1996（平成８）年に、法制審議会民法部会は、家族法関係の規定の改正を目指して「民法の一部を改正する法律案要綱」を法務大臣に提出した。内容としては、夫婦の選択的別姓制度、再婚禁止期間の短縮、婚姻適齢の男女同等化（後者二つについては、改正済み）等を含むものである。しかしながら閣議決定がなされず、国会に提出されなかった。

② 婚　姻

結婚が一般用語であるのに対して、法律用語として婚姻という言葉が用いられる。婚姻とは、男女の継続的な性的結合を基礎とし、終生にわたる経済的共同関係を目的として、国家によって制度として承認されたものである。

1．婚姻の成立

法制度として国家から承認されている婚姻の成立には、双方の婚姻意思の合致の他に5つの婚姻障害事由に該当しないこと、および婚姻届がなされていることが必要である。このように国家法上の法的手続きを要求する方式を法律婚主義（⇕事実婚主義）という。また、わが国では、戸籍係へ婚姻届を提出することにより、婚姻が成立する届出主義を採用している。

以下、それぞれの要件について見ていきたい。

⑴　婚姻意思の合致

憲法24条1項には、「婚姻は、両性の合意のみに基いて成立し、……」と規定されているように、双方の結婚しようという合意が最小限の基本的な要件である。また、ここでいう婚姻意思とは、「社会通念上夫婦とみられるような共同生活に入る意思」（通説・判例）と理解されており、たとえば全く見ず知らずの日本人と外国人が、日本国籍を取得する目的の為だけに婚姻届を提出したりする便宜上の婚姻届は、婚姻意思がないものとして無効として扱われる。

⑵　婚姻障害事由

①　婚姻適齢　男は18歳、女は16歳にならなければ婚姻することができない（改正前民731条）。この規定の趣旨として、婚姻は国家や社会全体にかかわる重要なもので、その健全な発展は社会生活に大きく影響する。よって婚姻の最低年齢を定め、婚姻の安定化をはかるということがある。従来から、男女の間で2歳差がある点については、批判的な意見が多く、令和4年4月から男女ともに婚姻適齢は18歳となる。

②　重婚の禁止　一夫一婦制の原則から、配偶者のある者は、重ねて婚姻することができない（民732条）。刑法上も、「配偶者のある者が重ねて婚姻をしたときは、2年以下の懲役に処する。その相手方となって婚姻をした者も、同様とする」（刑184条）と規定されている。

③　再婚禁止期間の経過　子の父を明らかにするという趣旨から、女は原則として前婚の解消または取消しの日から100日を経過した後でなければ、再婚をすることができない（民733条）。この規定に違反して、子がうまれた場合には、裁判所が父親を判断することとなる（民773条）。二〇一六年、この規定は、最高裁判所の判断をうけて、父親と子との関係を規定している民772条との関係から、再婚禁止期間を100日に短縮する改正がなされた。

④　近親婚の禁止　優生学的理由より直系血族または3親等

内の傍系血族の間では、婚姻をすることができない（民734条）。ただし、養子と養方の傍系血族との間ではこの限りではない（同条ただし書）。また、倫理的な理由により直系姻族間（民735条）、法定血族の直系血族間も婚姻することはできない（民736条）。

⑤　未成年者の父母の同意　未成年者が婚姻をするには、父母の同意を得なければならない（改正前民737条）。本条は、婚姻適齢が成年年齢と統一されることに伴い、令和4年4月に削除される。

(3)　婚姻届

婚姻の届出については、「婚姻は、戸籍法の定めるところにより届け出ることによって、その効力を生ずる」（民739条1項）と規定している。婚姻届については、当事者双方および成年の証人2人以上が署名した書面で、またこれらの者から口頭で、しなければならない（同条2項）。届出場所は、夫もしくは妻の本籍地または所在地であり（戸籍25条）、戸籍事務管掌者は実質的審査権を有していないため、婚姻届は形式面が整っていれば受理される。

2．婚姻の無効・取消し

(1)　婚姻の無効

人違いその他の事由によって当事者間に婚姻する意思がないときは、婚姻を無効とする（民742条1号）。人違いには、性質、年齢、財産、健康状態、地位などの属性についての錯誤は含まれない。同条2号において、婚姻の届出をしないときも無効と規定されているが、届出をしていないときにはそもそも婚姻が成立していない。そこで同号については、ただし書に意味があると考えられている。婚姻が無効である場合は、初めから婚姻の効力はなかったものとして扱われる。

(2)　婚姻の取消し

婚姻の取消しは、先に述べた婚姻障害事由に該当しているにもかかわらず婚姻届が受理された場合、または詐欺・強迫による婚姻の場合になされる。なお取消事由に該当している場合でも、不適齢者が適齢に達したとき（民745条）、再婚禁止期間内に婚姻した女性が、前婚の解消もしくは取消しの日から100日を経過した場合（民746条）等においては、もはや婚姻の取消しを請求することはできない。

婚姻が取り消された場合は、将来に向かってのみその効力を生じる（民748条）。婚姻の取消しは、遡及効をもたないので離婚に類似しており、離婚の規定が準用される（民749条）。

その他、実際上、夫婦と同様の生活を送っているが、婚姻届を欠くために法律上の婚姻とは認められないものを内縁とする。内縁の成立要件には、①婚姻意思があること、②実際上、夫婦共同体としての生活を必要とする。婚姻意思のない同棲状態や、夫婦共同体としての中身にとらわれない婚約とは異なる。内縁は、婚姻届がない点を除けば、法律上の婚姻と同様であり、婚姻に準ずるもの（準婚）として保護される。よって、その効果についても、身分関係に基づくもの（相続権、同姓、姻族関係）を除いては、婚姻の規定が類推適用される。

③ 夫婦関係

婚姻し夫婦関係から生じる効果として、大きく身分上の一般的効果と財産的効果が考えられる。

1. 一般的効果

(1) 夫婦同氏（姓）　夫婦は、婚姻の際に定めるところに従い、夫または妻の氏を称する（民750条）。夫の氏にするか、妻の氏にするかは、当事者の協議で決めることとなる。しかし実際は9割を超える夫婦が夫の氏を称している。一九九六年に示された「法律案要綱」では、夫婦同氏の他に、婚姻しても互いに従来の氏を使用できる「選択的夫婦別氏制度」を導入すべきとの提案がなされている。

(2) 同居・協力・扶助義務　夫婦は同居し、互いに協力し扶助しなければならない（民752条）。

同居の場所は、夫婦の協議で定め、協議が成立しない場合には家庭裁判所に同居の審判を求めることができる。同居義務は、その性質上、直接強制・間接強制にはなじまないため、正当な理由なく同居に応じない場合は離婚原因になる。

協力義務は、夫婦が婚姻生活を行っていくうえで、助け合うことを規定しており、扶助義務は、婚姻生活を送るにあたっての金銭的な義務をさす。

(3) 貞操義務　夫婦は配偶者以外の者と性的関係をもってはならない（貞操）義務を有する。民法上の明文規定はないが、一夫一婦制や離婚原因として不貞行為があげられていることにより、当然の義務と考えられている。

(4) 成年擬制　未成年者が婚姻をしたときは、これによって成年に達したものとみなされる（改正前民753条）。婚姻により独立した共同体関係を築いていくため、親権から解放し、私法上は成年と同じ行為能力者として扱うものである。私法上の話であるため、公法上は適用されない。本条は、婚姻適齢が成年年齢と統一されることに伴い、令和4年4月に削除される。

(5) 夫婦間の契約取消権　夫婦間でした契約は、婚姻中、いつでも、夫婦の一方からこれを取り消すことができる（民754条）。この取消権が利用される場面は、往々にして婚姻が破綻しかかっている場面において、濫用的に利用されることが多かった。そこで、本規定の「婚姻中」とは、実質的に夫婦関係が継続している場合に制限し、婚姻関係が破綻しているときには形式的に婚姻関係にあった場合でも取消権を行使することは許さないとして、取消権の行使の制限がなされている（最判昭42・2・2民集二一巻一号八八頁）。

2. 財産的効果

夫婦の財産関係を定める夫婦財産制には、契約財産制と法定財産制とがある。契約財産制を採用しなかった場合には、法定財産制が適用される（民755条）。

(1)　**契約財産制**　夫婦は、契約によって夫婦間の財産制を決定することができる（民755条）。そして第三者に契約の効力を対抗するには、婚姻の届出までに登記をしなければならない（民756条）。また、夫婦の財産関係は、婚姻の届出後、変更することができない（民758条1項）。これらの要件の厳格さから、夫婦財産契約は、ほとんど利用されていない。夫婦の形が多様化している現在、夫婦の財産関係も多様化しており、夫婦財産契約制度を利用しやすくすることが望まれる。

(2)　**法定財産制**　法定財産制については、①婚姻費用の分担、②日常家事債務の連帯責任、③夫婦別産制の3ヵ条のみが規定されている。

①　婚姻費用の分担　夫婦は、その資産、収入その他の一切の事情を考慮して、婚姻から生ずる費用を分担する（民760条）。「婚姻費用」とは、生活費、住居費用、教育費、医療費、交際費等の金銭的なものだけでなく、広い意味では、育児、家事といった金銭以外の現物出資も含まれる。婚姻費用分担義務については、婚姻が事実上破綻していても、離婚しない限り原則的に肯定される（ただし減額の可能性はある）。

②　日常家事債務の連帯責任　夫婦の一方が日常の家事に関して第三者と法律行為をしたときは、他の一方はこれによって生じた債務について、連帯してその責任を負う（民761条）。ここで「日常家事債務」が何かが問題となるが、夫婦の共同生活に必要な一切の債務と考えられており、具体的な範囲は、個々の夫婦の社会的地位、職業、資産、収入、その夫婦の共同生活の存する地域社会の習慣によっても異なる。また、本連帯債務は第三者に対し責任を負わない旨を予告した場合は負わない。

③　夫婦別産制　夫婦がそれぞれ婚姻前から有する財産および婚姻中自己の名で得た財産は、その特有財産とする（民762条1項）。本規定からも夫婦の財産関係は、「別産別管理制」と位置付けられる。また、夫婦どちらに帰属する財産か不明の場合には、夫婦の共有に属するものと推定する（同条2項）。夫婦別産制は、男女双方を経済的に独立した存在として、平等に扱う制度であり、形式的平等には資する。しかし、専業主婦と会社員といった夫婦では実質的には、外で働く夫のみ財産が増えるだけで、無償で家事労働等を担当する妻には、財産を獲得する機会がない。そこで、現在では、夫の収入であっても婚姻中は妻の内助の功があったものとして、妻が潜在的持分を有していると考え、婚姻中に夫婦の協力で得た財産は、実質的には共有財産に含めるべきとの考え方がある。

④ 離婚(1)

近代離婚法は、有責主義から破綻主義への流れを経ている。

有責主義とは、一方の有責行為を非難し、他方配偶者に離婚の権利を与えるという考えである。しかし、有責主義は法廷での当事者の非を責めあうことを促進し、離婚後の関係を悪化する事へと導いていった。そこで破綻主義という考えが生じる。

破綻主義とは、婚姻を継続・回復できないほど破綻している夫婦に、どちらが有責か無責かを問わず、離婚請求を認めるものである。

1. 離婚の手続

現行法では、離婚の方法として以下の方式がある。

(1) 協議離婚　夫婦は、その協議で、離婚をすることができる(民763条)。離婚総数の約90%がこの協議離婚である。協議離婚は、両当事者の離婚意思の合致と離婚届の提出によって成立する。離婚意思とは、離婚の届出をする意思であれば足りると考えられている。よって便宜的になされた離婚であっても、届出意思さえあれば、離婚は有効となる。

(2) 裁判(判決)離婚　夫婦の一方は、民法770条所定の離婚原因を理由に、離婚の訴えを家庭裁判所に請求できる。なお、裁判離婚は、夫婦の協議による離婚が成立しなかった場合に、すぐに行われるものではなく、離婚の訴えを提起する前には、調停の申立てをしなければならない(調停前置主義)。

(3) 調停離婚　家庭裁判所は、人事に関する訴訟事件その他一般に家庭に関する事件について調停を行うとなっており(家事244条)、離婚調停もこれに含まれる。また、先に述べた「調停前置主義」との点から、離婚事件に関しては、当事者間で離婚の協議が成立しなかったときには、まず夫婦関係調整の調停を申し立てなければならない。調停は家庭裁判所で行われるが、あくまで当事者の合意を基礎としている。

(4) 審判離婚　家庭裁判所は、調停が不調に終わったが、一切の事情をみて、職権で当事者双方の申立ての趣旨に反しない限度で、離婚についての審判ができる(家事284条)。ただし、審判に対し2週間以内に異議申立てがあった場合には、審判の効力を失う(家事286条)。異議申立てがなければ、確定判決と同一の効力を有する。

(5) 和解離婚・認諾離婚　この二つの方式は、平成16年4月より施行されている人事訴訟法によって導入された離婚方式である(人訴37条)。和解離婚とは、訴訟上の離婚請求について、その合意により訴訟を終了させ、確定判決と同一の効力を持つものである。認諾離婚は、離婚訴訟の被告が、原告の主張を全面的に受け入れ、離婚を成立させるものである。

2. 離婚原因

離婚原因として、民法770条1号から4号に個別的離婚原因が規定されており、5号において包括的離婚原因を規定している。

① 不貞行為（民770条1項1号）　夫婦の貞操義務に反する行為であり、配偶者の自由意思で行った配偶者以外との性的交渉をいう。

② 悪意の遺棄（同項2号）　正当な理由なく、夫婦の同居・協力・扶助義務（民752条）を継続的に果たさないことをいう。

③ 3年以上の生死不明（同項3号）

④ 回復の見込みがない強度の精神病（同項4号）　本号については、配偶者の一方が回復の見込みがない強度の精神病に罹患したからすぐに離婚できるわけではなく、裁判所はその配偶者の今後の療養、生活等について具体的な方途を講じなければ離婚を認めないとしている。

⑤ その他婚姻を継続しがたい重大な事由があるとき（同項5号）

⑤の具体例としては、同居に堪えられないような侮辱・虐待、相手方親族との不和、過度の宗教行為などがある。

図表8－2　離婚申立ての動機

申立人	総　数	性格が合わない	異性関係	暴力を振るう	酒を飲み過ぎる	性的不調和	浪費する	病　気
夫	17,146	10,438	2,373	1,502	384	2,141	2,030	643
妻	46,756	18,268	7,378	9,745	2,752	3,293	4,686	845

申立人	精神的に虐待する	家庭を捨てて省みない	家族親族と折り合いが悪い	同居に応じない	生活費を渡さない	その他	不　詳
夫	3,370	887	2,294	1,597	744	3,525	637
妻	11,801	3,600	3,171	862	13,725	5,189	2,810

注：申立ての動機は、申立人の言う動機のうち主なものを3個まで挙げる方法で調査重複集計。
出典：平成30年度司法統計・家事　第19表
https://www.courts.go.jp/app/files/toukei/705/010705.pdf

5 離婚(2)

離婚の効果は、一般的効果と財産的効果に分けられる。

1. 一般的効果

(1) 復氏　婚姻によって氏を改めた夫または妻は、婚姻前の氏に復する。ただし離婚の日から3ヵ月以内に戸籍法の定めるところにより届け出ることによって、婚姻中の氏を使用することが可能となる（民767条）。

(2) 姻族関係の終了　離婚によって姻族関係は終了する（民728条）。

(3) 親権者・監護者の決定　夫婦間に子がいる有子離婚の場合には、離婚によりそれまでの夫婦共同親権から単独親権となるために、夫婦どちらが子の親権者となるかを定めなければならない（民819条）。必要な場合には、親権者と別に実質的に子の監護をする監護者を定めることもできる（民766条）。親権者・監護者にならなかった父母であっても、子の扶養義務は免れるものではなく、養育費等の支払いはこれまで通り必要である。また、子との面会交流も、子の福祉に必要な限りにおいて認められている（民766条）。

2. 財産的効果

(1) 財産分与　財産分与については、民法では1ヵ条のみにおいて定められている（民768条）。財産分与は、当事者の協議によって決められるが、協議が成立しない場合には、家庭裁判所の審判によって定められる。財産分与の法的性質としては、夫婦の協力によって築き上げた婚姻中の財産を離婚に際して清算する清算的要素、離婚後生活に困窮する配偶者に対して扶養を継続するための扶養的要素、離婚されたこと自体を原因として生じる精神的損害賠償のための慰謝料的要素の3つを含むと考えられている。

民法768条は、白紙条項であり、割合についても特に示されていないが、最近の傾向としては、衡平の観点から2分の1とされる事が多い。また、平成8年の民法改正要綱案においても、

図表8－3　離婚後の財産分与事件のうち認容・調停成立件数

総数	財産分与の取決め有り									取決め無し
	総数	100万円以下	200万円以下	400万円以下	600万円以下	1000万円以下	2000万円以下	2000万円を超える	算定不能・総額が決まらず	
1,098	958	245	124	156	90	131	76	36	100	140

出典：平成30年度司法統計・家事　第34表
https://www.courts.go.jp/app/files/toukei/720/010720.pdf

「当事者双方がその協力によって取得し、又は維持した財産の額及びその取得又は維持についての各当事者の寄与の程度、婚姻の期間、婚姻中の生活水準、婚姻中の協力及び扶助の状況、各当事者の年齢、心身の状況、職業及び収入その他一切の事情を考慮し……当事者双方がその協力により財産を取得し、又は維持するについての各当事者の寄与の程度は、その異なることが明らかでないときは、相等しいものとする」として、財産分与において考慮する事項を具体的に示し、双方が同等の寄与である場合には、相等しいすなわち2分の1とするとしている。

なお、財産分与の請求は、離婚のときから2年以内にしなければならない。

(2)　離婚時年金分割　平成16年6月に「国民年金法等の一部を改正する法律」が公布され離婚時の年金分割制度が導入されることとなった。これらの法律によって、平成19年からは、夫婦の合意または裁判所の決定により最大2分の1の保険料納付記録（報酬比例部分）の分割が可能となり、平成20年からは、その年以降の保険料納付記録に関して、専業主婦に代表される国民年金の第三号被保険者は、離婚時に当然に2分の1の分割が可能となった。

Column　**養育費・面会交流**

2011（平成23）年の民法の一部改正によって、民法766条に、父母の離婚に伴う、面会交流、子の監護費用の分担（養育費を含む）、子の利益の優先考慮および養育費の負担の取り決めの有無についてのチェック項目欄が設けられた。

面会交流とは、父母の離婚や別居の場合において、子と生活を別にする親（非監護親）が、直接面会する方法や文通などの間接的な方法によってその子と面会交流することである。面会交流は実際監護している親が、非監護親に合わせるのを拒む場合、子どもが非監護親に会いたくないと言っている場合等、様々な事案が想定されており、答えのない難問に取り組むことなる。近時は、面会交流を支援する民間団体や地方公共団体があらわれてきており、重要な役割を果たしている。

養育費については、その支払い額が低額であり、かつ支給が滞ることが多くある。そして何よりも取決め率も低いのが現状である。しかし、そもそも父母が離婚した場合であっても、子どもとの親子関係は途切れるものではない。よって、親である限りは、子に対する養育費の負担は、最低限行わねばならないことである。

⑥ 親子関係――実子

親子関係は、血縁関係がある実親子関係と、養子縁組によって成立する養親子関係がある。また実子には嫡出子と嫡出でない子(非嫡出子、婚外子とよばれることもある)があり、養子には普通養子と特別養子がある。

1. 嫡出子

(1) 親子関係の発生　嫡出子の母子関係について、子は女性から生まれてくるのであり、その客観的事実である分娩の事実によって成立する。続いて父子関係については、母子関係と異なり分娩のような客観的事実がないため、「嫡出推定」という法技術を用いて設定することとなる。嫡出の推定として、妻が婚姻中に懐胎した子は、夫の子と推定し(民772条1項)、婚姻の成立の日から200日を経過した後または婚姻の解消・取消しの日から300日以内に生まれた子は、婚姻中に懐胎したものと推定する(同条2項)。

(2) 推定を受けない嫡出子・推定の及ばない子　推定を受けない嫡出子は、俗に言う「授かり婚」、「できちゃった婚」をイメージすれば分かるように、婚姻成立の日から200日以内に生まれた子については、本来なら嫡出推定を受けないのであるが、現在ではすべての子を嫡出子として受理する取扱いとなっている。このような嫡出子のことを「推定を受けない嫡出子」という。

続いて、推定の及ばない子とは、民法772条の嫡出推定に該当する子であっても、夫が長期の海外出張等で、かつ接触が一切なかった事からその親子関係が皆無である場合、このような子を「推定の及ばない子」として扱う。

「推定を受けない嫡出子」および「推定の及ばない子」については、父子関係を争う場合には、親子関係不存在確認の訴え(人訴2条2号)で争うことが可能となる。

(3) 父子関係否定のための手続き

① 嫡出否認の訴え　婚姻中に妻が懐胎し、嫡出推定によって夫の子と推定されたものの事実に反する場合には、嫡出否認の

Column **300日問題**

前婚の夫との嫡出推定(民法772条2項により、離婚後300日以内に生まれた子は、婚姻中に懐胎したものと推定される)に基づく父子関係を断ち切るためには、前婚の夫が嫡出否認をするか、親子関係不存在確認訴訟を行うこととなる。しかし、前婚の夫が嫡出否認をせず、かつたとえば婚姻期間中のDVを理由として前妻が前夫との関わりを避けるために、子と前夫との親子関係不存在確認訴訟を提起せず、子の戸籍上の父が嫡出推定によって前夫となるのを避けるため子の出生届けをしなかった場合、その子は無戸籍となる。これら無戸籍の子は、成長過程において保険証やパスポートが作れない等の様々な不便を被る。これが、いわゆる「300日問題」と言われるものである。

訴えにより、この推定を争う事ができる（民774条）。しかしこの嫡出否認の訴えは、夫のみしか提起できない。また嫡出否認制度は、速やかに父子関係を安定させるとの目的の下、子の出生を知って1年以内にかぎり訴えを起こすことが許される（民777条）。

② 親子関係不存在確認の訴え　先に述べた「推定を受けない嫡出子」、「推定の及ばない子」に関して、父子関係を争う方法としては、嫡出否認の訴えによる必要はなく、親子関係不存在確認の訴えを提起する事ができる（人訴2条2号）。親子関係不存在確認の訴えは、確認訴訟であり確認の利益を有するものであれば誰でも、いつでも訴えを提起する事が可能である。

⑷ **父を定める訴え**　再婚禁止期間（民733条）の規定に反して、前婚の解消・取消しの日から300日以内で、後婚の成立の日から200日後に生まれた子は、前婚の嫡出推定と後婚の嫡出推定とが重複する事となる。このような場合、前婚の夫または後婚の夫のどちらを生まれてきた子の父とするかは、裁判所が定める（民773条）。

2．嫡出でない子

法律上の婚姻関係にない男女を父母として出生した子のことを嫡出でない子という。嫡出でない子は、その父または母がこれを認知することができる（民779条）。ただし、母子関係については、嫡出子と同様に分娩の事実より当然に生じるとされている。

認知には、認知者が自発的に行う任意認知と、任意認知がない場合に裁判によって成立させる強制認知とがある。

嫡出でない子は、原則として母の氏を称し（民790条2項）、母の戸籍に入り（戸籍18条2項）、母の親権に服する（民819条）。

⑴ **任意認知**　認知は、戸籍法の定めるところにより届け出ることによってする（民781条1項、戸籍60条）。また、遺言によっても認知を行う事は可能である（民781条2項）。任意認知は、認知者の意思に基づかない場合には、たとえ当該父子間に自然的血縁関係があったとしても無効となる。また、真実に反する認知については、子その他の利害関係人が、認知に対して反対の事実を主張することができる（民786条）。

⑵ **強制認知**　父が任意認知をしない場合には、子やその法定代理人等が認知の訴えを提起することができる（民787条）。ただし、強制認知の訴えは、父または母の死亡の日から3年に限定される（同条ただし書）。

⑶ **認知の効果**　認知の効果は、任意認知、強制認知ともに、出生時に遡ってその効力を生じる（民784条）。戸籍上は、父の戸籍には子を認知したこと、子の戸籍には認知されたことが記載される。

⑷ **準正**　準正とは、嫡出でない子がその後の父母の婚姻によって、嫡出子の身分を取得する制度である。嫡出でない子の福祉と保護をはかるため、父母の婚姻を奨励することを目的とする。

⑦ 親子関係――普通養子

1. 養子制度の変遷

養子制度は、人為的に親子関係を設定する制度であり、すでに明治民法にも規定は存在していた。養子制度の流れは大きく、「家のための養子」から「親のための養子」そして「子のための養子」と発展してきた。

わが国では、養子縁組の件数は年間約7~8万件程であり、その大半は成年養子（婿養子が多いと言われている）という特徴を持っている。「子のための養子」を実現するものとして、一九八七（昭和62）年に特別養子制度が導入されている。

2. 普通養子

わが国の普通養子縁組の成立要件は、諸外国と比べて非常に緩やかである。

(1) 普通養子縁組の成立要件

【実質的要件】 以下の①~⑧の要件が規定されている。

① 縁組意思の合致　縁組意思は、婚姻意思と同様で、形式的縁組意思では足りず、社会通念上、真に親子関係の設定を欲する効果意思（実質的縁組意思）が必要であると解される。実際上は、節税目的や家の跡継ぎの目的のために行われていることも多いが、戸籍窓口では形式的審査権しか有さないため、実質的縁組意思か否かは判断されない。

② 養親となる者が成年者であること（民792条）。人為的な親子関係を形成するにあたって、養親に最小限度の成熟を求めたものである。

③ 養子が尊属または年長者でないこと（民793条）。養親が養子よりも1日でも早く生まれていればこの要件は満たされる。

④ 後見人が被後見人を養子とする場合は家庭裁判所の許可を得ること（民794条）。後見人は、被後見人の財産を管理しているため、縁組が後見人の不正を隠ぺいする手段となるのを防止する趣旨である。

⑤ 夫婦共同縁組（民795条）。

⑥ 配偶者のある者が縁組をするには、その配偶者の同意を得ること（民796条）。

⑦ 養子となる者が15歳未満であるときは、法定代理人が代わって縁組の承諾をする（民797条）。このような縁組を代諾縁組という。

⑧ 未成年者を養子とする場合は家庭裁判所の許可を得ること（民798条）。未成年者の利益を図るための規定であり、家庭裁判所は子の利益を考慮して縁組の許可を出すか否かを決定する。

【形式的要件】 縁組は、戸籍法の定めるところにより届け出ることによって効力を生じる（民799条による民739条の準用）。

(2) 縁組の無効・取消し

縁組は、①人違いその他の事由に

よって当事者間に縁組をする意思がないとき（民８０２条１号）、または②当事者が縁組の届出をしないとき（同条２号）に限り無効となる。

また縁組は、一定の要件の下に取り消すことができる（民８０４条～８０７条）。取消しの効果は、婚姻の取消しの効果の規定が準用され、将来に向かってのみ効力が生じる（民８０８条）。

⑶　**縁組の効果**　養子は、縁組の日から養親の嫡出子としての身分を取得する（民８０９条）。普通養子の場合には、実親との親子関係も残り、養親子関係と二重の親子関係が発生する。養子が未成年であるときは、養親の親権に服する（民８１８条２項）。養子と養親およびその血族との間においては、養子縁組の日から、血族間におけるのと同一の親族関係を生ずる（民７２７条。法定血族関係）。

養子は、養親の氏を称し（民８１０条）、養親の戸籍に入る（戸籍18条３項）。戸籍の続柄欄には、「養子」、「養父母」との記載とともに、実父母についての記載もされる。

⑷　**縁組の解消**　養子または養親の一方の死亡によって養親子関係は消滅する。縁組の当事者の一方が死亡した後に生存当事者が離縁をしようとする場合、すなわち死後離縁を行う場合は、家庭裁判所の許可を得て行うことができる（民８１１条６項）。

①　離縁の方式　縁組の当事者は、その協議で離縁をすることができる（民８１１条１項。協議離縁）。養子が15歳未満である場合は、養親と養子の離縁後にその法定代理人となるべき者との協議で行う（同条２項。代諾離縁）。養親が夫婦である場合において、未成年者と離縁をするには、夫婦が共にしなければならない（民８１１条の２）。単独での離縁を認めると、未成年養子について夫婦共同縁組の要件を形骸化する恐れがあるからである。

協議が調わなかった場合は、調停（家事２４４条。調停離縁）、審判（家事２８４条。審判離縁）による離縁が存在し、最終的には離縁の訴えを提起することもできる（民８１４条。裁判離縁）。離縁原因としては、悪意の遺棄（同条１項１号）、３年以上の生死不明（同項２号）、その他縁組を継続し難い重大な事由（同項３号）が規定されている。

②　離縁の効果　離縁の場合は、死亡による解消と異なって、養子およびその配偶者ならびに養子の直系卑属およびその配偶者と養親およびその血族との親族関係は、終了する（民７２９条）。氏について、養子は、離縁によって縁組前の氏に復する（民８１６条１項）。また、縁組の日から7年を経過した後に、離縁により縁組前の氏に復した者は、離縁の日から３ヵ月以内に戸籍法の定めるところにより届け出ることによって、離縁の際に称していた氏を称することができる（同条２項。縁氏続称）。

8 親子関係――特別養子

特別養子制度は、普通養子制度と異なり未成年者のみを養子の対象としており、「子のための養子」の目的に資する制度である。また縁組も、当事者の合意ではなく、家庭裁判所の審判において確定する（民817条の2）。その要件・手続の厳格さから利用件数は、年間500〜600件程と少ない。そしてこのような現状を踏まえて、特別養子制度の利用を促進することを目的として、特別養子制度の見直しに関する「民法等の一部を改正する法律」が、令和元年6月7日に成立し、同月14日に公布され、令和2年4月1日から施行された。改正により、養子となる者の上限年齢が引き上げられ、特別養子縁組の成立の審判が2段階に分けられた。第1段階は特別養子適格の確認の審判手続であり、第2段階で特別養子縁組の成立の審判手続を行い、養親となる者の負担を軽減している。

1．特別養子縁組の成立要件

① 養親の夫婦共同縁組（民817条の3）　夫婦共同縁組を要件としているのは、幼児の健全な育成には父母双方がそろった家庭であることが望ましいとの趣旨からである。

② 養親となる者が25歳以上であること（民817条の4）　養親となる者の一方が25歳以上であれば、もう一方の配偶者は20歳以上であれば足りる。

③ 養子となる者の年齢が15歳未満であること（改正民817条の5）　令和元年改正法により、特別養子縁組における養子となる者の年齢の上限が原則6歳未満から原則15歳未満に引き上げられた。

④ 養子となる者の父母の同意（民817条の6）　特別養子縁組を締結すると、養子と実親（養父母を含む）との関係は断絶するため、実親の意思を尊重する観点から規定されている。

⑤ 子の利益のための特別の必要性―要保護性（民817条の7）。

⑥ 6ヵ月以上の試験養育期間（民817条の8）　養親となる者に実際に養子を監護させ、養親の適格性や養親子間の相性を判断する。

2．特別養子縁組の効果

特別養子縁組が成立すると、養子は普通養子と同様に養親の嫡出子の身分を取得し（民809条）、養子と実方の父母およびその血族との親族関係は終了する（民817条の9）。ただし近親婚の禁

図表8－4　特別養子縁組事件（成立及び離縁）件数

	既済件数	認　容	却　下	取下げ	その他
1988（昭和63）年	1,747	730	155	861	1
2000（平成12）年	459	362	13	81	3
2010（平成22）年	417	326	21	68	2
2015（平成27）年	655	542	31	81	1

出典：平成27年度司法統計　家事編　第3表
http://courts.go.jp/app/files/toukei/697/008697.pdf

止は持続される（民734条2項）。夫婦の一方が他の一方の嫡出である子の養親となる場合は、夫婦の一方のみと特別養子縁組が成立する（民817条の3第2項ただし書）。

特別養子の戸籍について、まず初めに養子について単独の新戸籍を編製し（戸籍20条の3）、次に単独の新戸籍から養親の戸籍に入籍させる（戸籍18条3項）。このような順序を踏むことにより、初めに作成された養子の新戸籍は、除籍簿として保存される。特別養子の戸籍の身分事項欄には、「民法817条の2による裁判確定」と記載され、父母との続柄欄には「長男」等の記載がされる。

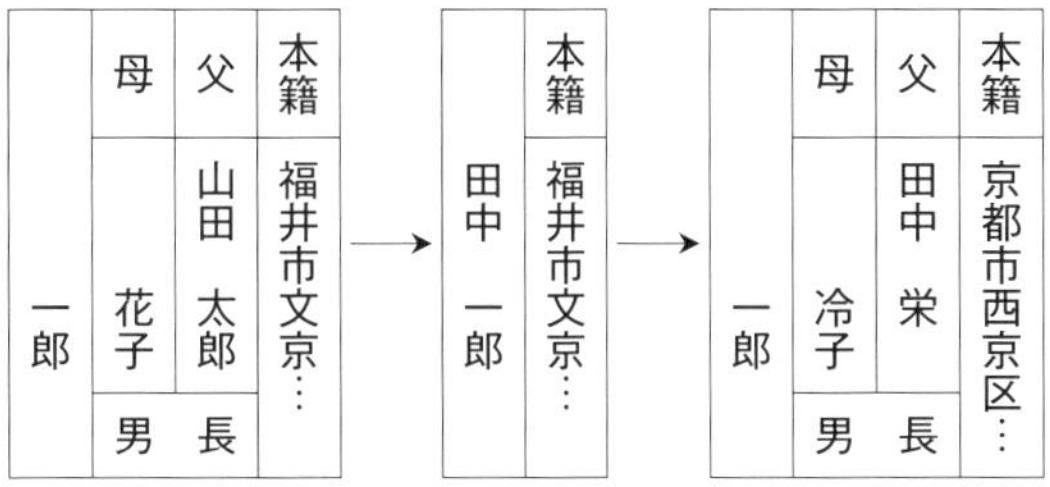

図表8－5　特別養子の戸籍（山田夫妻の子一郎が田中夫妻と特別養子縁組を締結した場合）

3. 特別養子縁組の離縁

特別養子縁組は原則として離縁が認められない。しかし例外として、養親による虐待、悪意の遺棄その他養子の利益を著しく害する事由があり、かつ実父母が相当の監護をすることができる場合において、養子の利益のため特に必要があると認めるときは、家庭裁判所は離縁をさせることができる（民817条の10）。離縁の請求は、養子、実父母等が行うことができる。離縁が認められると、養子と実父母およびその血族との間においては、離縁の日から、特別養子縁組によって終了した親族関係と同一の親族関係を生ずる（民817条の11）。

Column　**里親制度について**

里親制度は、何らかの事情により家庭での養育が困難または受けられなくなった子どもに、温かい愛情と正しい理解を持った家庭環境の下での養育を提供する制度である。民法上の制度である養子制度ともに家庭的養護として、実親の養護に恵まれない子に、実親子の生活に近い環境を与えようとするものである。里親には、養育里親、専門里親、養子縁組を希望する里親（養子縁組里親）、親族里親の4類型がある。

わが国において、親が育てられなくなった子（要保護児童）は、児童養護施設等の施設に入所するのが約9割、里親に委託されるのは約1割であり、施設養護に偏っているのが現状である。しかし、家族を基本とした家庭は、子どもの成長、福祉および保護にとって自然な環境であり、要保護児童は里親の下で育つことが望ましい。

平成29年、厚生労働省の有識者会議が「新しい社会的養育ビジョン」を発表し、その中で3歳未満については概ね5年以内に、それ以外の就学前の子どもについては概ね7年以内に里親委託率75%以上を実現し、学童期以降は概ね10年以内を目途に里親委託率50%以上を実現するとしている。

⑨

親 権

1．親権の意義

親権とは、父母が未成年の子を監護・教育し、子の財産を管理することを内容とする親の義務および権利の総称である。

婚姻中、原則として父母が共同で親権を行使する（民818条）。離婚の際には、父母のどちらか一方を親権者として定めなければならない（民819条1項）。その後、子の利益のために必要である場合には、親権者を変更することも可能である（同条6項）。これに対して嫡出でない子の親権は、原則として母が行う（同条4項）。親権に服するのは、成年に達していない子である（民818条1項）。

2．親権の内容

身上監護権と財産管理権に大別される。

(1) 身上監護権

① 居所指定権（民821条）　子は、親権を行使する者が指定した場所に、その居所を定めなければならない。

② 懲戒権（民822条）　親権を行使する者は、監護・教育に必要な範囲で自らその子を懲戒することが認められる。あくまで必要な範囲であり、必要な範囲を超えた場合には、虐待との関係が問題となる。本規定については、児童虐待を正当化する口実に利用されているとの指摘がなされており、懲戒権に関する規定の見直しの議論が法制審議会で進められている。

③ 職業許可権（民823条）　子は、親権を行使する者の許可を得なければ、職業を営むことができない。

(2) 財産管理権

親権を行う者は、子の財産を管理し、かつ、その財産に関する法律行為についてその子を代表する（民824条）。

(3) その他

親権者と子との利益が相反する行為（利益相反行為）については、親権者はその子のために特別代理人を選任することを家庭裁判所に請求しなければならない。たとえば、親権者がその子の財産を自身が買い手となる売買契約を締結するという場合である。特別代理人を選任せずに、親権者が子を代理した場合には、当該代理行為は無権代理行為となる（民826条）。

3．親権の制限・終了

(1) 親権の喪失

親権者による虐待または悪意の遺棄があるとき、その他親権者による親権の行使が著しく困難または不適当であることにより、子の利益を著しく害するときは、家庭裁判所は親権喪失の審判を行うことができる（民834条）。親権のうち財産管理権のみを喪失させることも可能である（民835条）。親権喪失、管理権喪失の原因が消滅したときは、親権喪失、管理権喪失の審判を取り消すことができる（民836条）。

(2) 親権の停止

親権者による親権の行使が、困難または不

平成30年度中に、全国212か所の児童相談所が児童虐待相談として対応した件数は159,850件（速報値）で、過去最多。

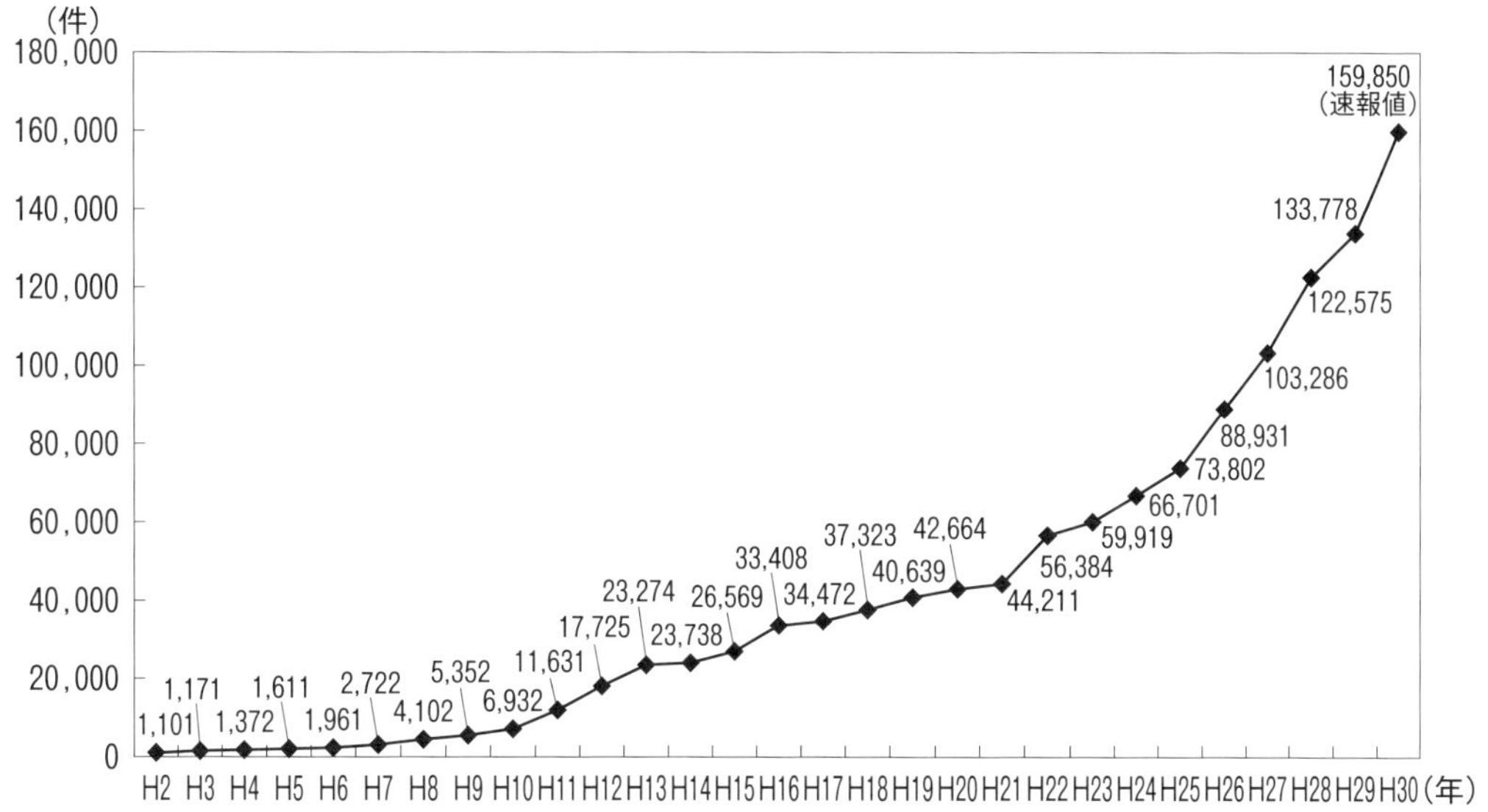

図表８－６　児童虐待の相談対応件数

※平成22年度は、東日本大震災の影響により、福島県を除いて集計した数値

出典：厚生労働省 HP
https://www.mhlw.go.jp/content/11901000/000533886.pdf

適当であることにより子の利益を害するときは、家庭裁判所は２年を超えない範囲内で親権を停止することができる（民８３４条の２）。親権の停止制度は、親権喪失にまで至らないケースに備えて、二〇一一（平成23）年の民法改正において新設された規定である。

(3)　**親権・管理権の辞任**　親権者は、やむを得ない事由があるときは、家庭裁判所の許可を得て、親権または管理権を辞することができる（民８３７条１項）。やむを得ない事由が消滅したときは、家庭裁判所の許可を得て、親権または管理権を回復することができる（同条２項）。

(4)　**親権の終了**　未成年の子が成年に達した場合、子の死亡、子の婚姻、親権者の死亡等において親権は終了する。

⑩ 後見・保佐・補助の制度

後見とは、制限行為能力者を保護するための制度であり、未成年者を対象とする未成年後見と成年者を対象とする成年後見とがある。

1．未成年後見制度

未成年後見は、親権を行う者がいないとき、または親権を行う者が管理権を有しないときに開始する（民838条1号）。未成年後見人は、最後の親権者が遺言等で指定することもできるし（民839条）、指定がない場合には家庭裁判所が選任する（民840条）。未成年後見人は複数の者を選任すること、または監督機関として未成年後見監督人を置くことも可能である。

2．成年後見制度

一九九九（平成11）年の民法の一部改正によって成年後見制度が導入された。本制度は、「自己決定の尊重」、「残存能力の活用」、「ノーマライゼーション」といった新たな理念を示し、柔軟かつ利用しやすい制度を構築することをその趣旨として導入された。

成年後見制度は、判断能力の不十分な成年者を保護することを目的としており、法定後見制度と任意後見制度とに分かれる。

3．法定後見制度

法定後見制度は、その判断能力に応じて、成年後見・保佐・補助の三類型に分かれる。

(1)　成年後見　精神上の障害により事理を弁識する能力を欠く常況にある者に対し、家庭裁判所は、一定の者の請求により後見開始の審判を行い、本人（成年被後見人）の同意なしに成年後見人を選任する（民7条・843条）。成年後見人には、複数および法人も選任することが可能である。

成年後見人は、成年被後見人の生活、療養看護および財産に関する事務を行うに当たっては、成年被後見人の意思を尊重し、かつ、その心身の状態および生活の状況に配慮しなければならない（民858条）。また後見人は、相当の報酬を受けることができる（民862条）。

その他、家庭裁判所は必要があると認めるときには、後見監督人を選任することができる（民849条）。

(2)　保佐　精神上の障害により事理を弁識する能力が著しく不十分な者に対し、家庭裁判所は、一定の者の請求により保佐開始の審判を行い、本人（被保佐人）の同意なしに保佐人を選任する（民11条・876条の2）。

保佐人は、保佐の事務を行うに当たっては、被保佐人の意思を尊重し、かつ、その心身の状態および生活の状況に配慮しなければならない（民876条の5）。

(3)　補助　精神上の障害により事理を弁識する能力が不十分である者に対し、家庭裁判所は、一定の者の請求により補助開始の審判を行い、本人（被補助人）の同意を得たうえで、補助人を選任することができる（民15条・876条の7）。

補助に関しても保佐と同様に、後見の規定が多く準用されている。

4．任意後見制度

任意後見制度は、一九九九（平成11）年制定の「任意後見契約に関する法律」によって導入された制度である。

本制度は、自己決定の尊重の観点から、本人が自ら契約締結に必要な判断能力を有している間に、将来精神上の障害により判断能力が不十分になったときに備えて、任意後見人に自己の生活、療養監護および財産管理に関する事務につき、あらかじめ代理権を付与するとの任意後見契約の締結を内容とするものである。

図表８－７　成年後見・保佐・補助の制度の概要

	後　見	保　佐	補　助
対象となる者	判断能力が欠けているのが通常の状態の者	判断能力が著しく不十分な者	判断能力が不十分な者
申立て可能な者	本人、配偶者、四親等内の親族、検察官など 市町村長（注１）		
成年後見人等の同意が必要な行為	－	民法13条１項所定の行為（注２）（注３）（注４）	申立ての範囲内で家庭裁判所が審判で定める「特定の法律行為」（民法13条１項所定の行為の一部）（注１）（注２）（注４）
取消しが可能な行為	日常生活に関する行為以外の行為	同上（注２）（注３）（注４）	同上（注２）（注４）
成年後見人等に与えられる代理権の範囲	財産に関するすべての法律行為	申立ての範囲内で家庭裁判所が審判で定める「特定の法律行為」（注１）	同左（注１）
制度を利用した場合の資格などの制限	医師、税理士等の資格や会社役員、公務員等の地位を失うなど（注５）	医師、税理士等の資格や会社役員、公務員等の地位を失うなど	－

注１：本人以外の者の請求により、保佐人に代理権を与える審判をする場合、本人の同意が必要となる。補助開始の審判や補助人に同意権・代理権を与える審判をする場合も同じものとする。
注２：民法13条１項では、借金、訴訟行為、相続の承認・放棄、新築・改築・増築などの行為が挙げられる。
注３：家庭裁判所の審判により、民法13条１項所定の行為以外についても、同意権・取消権の範囲を広げられる。
注４：日常生活に関する行為は除かれる。
注５：公職選挙法の改正により、選挙権の制限はなくなる。
出典：法務省 HP より

11 相続とは (1)

1. 相続法の制定経緯

明治民法では、「家制度」を中心に戸主の権限と家の重要な財産の相続を長男だけに単独相続させる家督相続を規定していた。しかし「家制度」は、戦後施行された日本国憲法の「個人の尊厳と男女の平等（憲24条）」に反するとして廃止された。それに伴い現行の民法では、それまでの家督相続を廃止して個人主義的相続（均分相続）へと転換した。

2. 相続の意義

相続とは、ある人の死亡により、その人に属していた財産を、その人と一定の親族関係にたつ者（相続人）が、法律上当然かつ包括的に承継することである（民896条）。

相続を認める根拠としては、死亡した者の近親者の生活を保障するという機能と、死亡した者の財産形成への寄与に対する清算としての機能を含むものと考えられる。

3. 相続の開始

相続は死亡によって開始する（民882条）。相続が開始するとは、相続によって生ずる法律効果が発生することである。死亡の前後が不明の場合には、同時に死亡したものと推定される（民32条の2）。死亡には失踪宣告（民30条）や認定死亡（戸籍89条）も含まれる。相続は、被相続人の住所において開始する（民883条）。

4. 祭祀財産の承継

系譜・祭具・墳墓などの祭祀財産は、一般の遺産とは別に承継される。祭祀承継の順位については、被相続人が指定していた場合にはその者であり、指定がなかった場合には慣習により、慣習がなければ家庭裁判所が定める（民897条）。

5. 相続の回復

相続回復請求権とは、本当の相続人（真正相続人）が、相続人である資格がないにもかかわらず相続人らしく振舞っている者（表見相続人）に対して相続権の確認を求めることに加えて、相続財産の返還など相続権の侵害を排除してその回復を求める権利である（民884条）。

6. 相続の対象となる財産

相続人は、相続開始の時から、被相続人の財産に属した一切の権利義務を承継すると規定されており（民896条）、このように相続財産がまとめて相続人に承継されることを包括承継という。ただし、一身に専属した権利義務や、4. で述べた祭祀財産は、相続財産から除外される。一身に専属した権利の例としては、扶養請求権や生活保護法に基づく保護受給権などがあげられる。

その他、死亡保険金は、被相続人が自らをその受取人にしていた場合には、相続財産となるが、特定の相続人を受取人としていた場合には相続財産には含まれない。また葬式の際の香典も、喪主に対する贈与であり、相続財産には含まれない。

７．相続人の範囲と順位

相続人の順位については、以下のように定められている（民９００条）。

第一順位は、子と配偶者である。子は実子、養子を問わない。また胎児であっても相続権を有する（民８８６条）。嫡出子と嫡出でない子の相続分は、従前は２対１であったが、二〇一三（平成25）年の法改正によって同等とされている。

第二順位は、直系尊属と配偶者である。直系尊属については、親等の近い者が優先するので、父母の次に祖父母の順となる。

第三順位は、兄弟姉妹と配偶者である。兄弟姉妹において、父母の一方のみを同じくする兄弟姉妹の相続分は、父母の双方を同じくする兄弟姉妹の相続分の２分の１となる。

なお、いずれの順位にも含まれる配偶者には、内縁関係を含まない。

８．代襲相続

代襲相続は、相続人となるべき子が相続の開始以前に死亡または欠格、廃除によって相続権を失った場合に、その者の子が代って相続人になることである（民８８７条）。代襲相続人に代襲原因がある場合には、再代襲が認められている（同条３項）。ただし、兄弟姉妹を代襲して相続人となるものは、被相続人のおいまたはめいに限られている。

９．相続人の欠格・廃除

⑴　相続欠格　相続欠格とは、本来ならば相続人となる者が、被相続人の意思に関係なく法定の不行跡事由（民８９１条１号～５号）によって、法律上当然に相続資格を失うことをいう。

⑵　相続人の廃除　相続人の廃除とは、被相続人の意思によって、相続人となる地位を一定の要件の下に奪うことである。被相続人は、その推定相続人が被相続人に対して虐待をし、もしくはこれに重大な侮辱を加えたとき、または推定相続人にその他の著しい非行があったときは、廃除を家庭裁判所に請求することができる（民８９２条）。遺言による廃除も可能であり（民８９３条）、また被相続人はいつでも廃除の取消しを家庭裁判所に請求することができる（民８９４条）。

12 相続とは(2)

1. 相続分

(1) 指定相続分　被相続人は、遺言で共同相続人の相続分を定め、またはこれを定めることを第三者に委託することができる（民902条1項）。また被相続人が、共同相続人中に一人もしくは数人の相続分のみを定め、またはこれを定めさせたときは、他の共同相続人の相続分は法定相続分によってこれを定める（同条2項）。

(2) 法定相続分　遺言による相続分の指定がない場合には、相続分は民法の規定による（民900条）。

① 子と配偶者が相続人の場合（第一順位）　子と配偶者の相続分は、各2分の1とする。子の間では相続分は平等である。

② 直系尊属と配偶者が相続人の場合（第二順位）　直系尊属が3分の1、配偶者が3分の2とする。

③ 兄弟姉妹と配偶者が相続人の場合（第三順位）　兄弟姉妹が4分の1、配偶者が4分の3とする。

(3) 特別受益・寄与分

① 特別受益（民903条・904条）　共同相続人中に、被相続人から、遺贈を受け、または婚姻もしくは養子縁組のためもしくは生計の資本として贈与を受けた者（特別受益者）があるときは、他の相続人との間で不公平となる可能性が生じるため、調整が行われる。

調整方法としては、相続開始時の財産価格に特別受益を加えて（みなし相続財産）、それを法定相続分で分ける。そして特別受益者の相続分については、その価格から特別受益の価格を控除する。

② 寄与分（民904条の2）　共同相続人中に、被相続人の事業に関する労務の提供または財産上の給付、被相続人の療養看護その他の方法により被相続人の財産の維持または増加について特別の寄与をした者（寄与者）があるときは、公平の見地から調整が行われる。

調整方法としては、相続開始時の財産価格から寄与分を控除し（みなし相続財産）、それを法定相続分で分ける。そして寄与分を有する相続人については、その価格に寄与分を加算する。

2. 遺産分割

相続人が複数いる場合には、相続財産は全員の共有となり、その持分は各人の相続分によって定まる。個々の財産を各相続人の単独所有にするための分配手続きを遺産分割という。

共同相続人は、いつでも遺産の分割をするように他の相続人に対して請求することができる（民907条1項）。共同相続人が同意しておれば、法定相続分と違った分配であっても差支えない。相続財産について、分割の協議が成立すると、その内容を記載した遺産分割協議書を作成する。遺産分割協議に一部の相続人を参加させなかった場合には、この分割協議は無効となる。共同相続人間で協議が調わない場合には、その分割を家庭裁判所に請求することができる（同条2項）。

3．相続の承認と放棄

被相続人の死亡により相続が開始し、相続人は被相続人の財産に属した一切の権利義務を承継する。相続財産にはプラス財産だけでなく、マイナス財産も存在する。そこで相続人は、当該財産を相続するかしないかを3ヵ月の間に決定することができる（民915条）。

(1) 単純承認　相続人は、自己のために相続の開始があったことを知った時から3ヵ月以内に限定承認または相続放棄をしない場合や相続財産を処分した場合等には、単純承認をしたものとみなされる（民921条）。単純承認をしたときは、無限に被相続人の権利義務を承継する（民920条）。

(2) 限定承認　限定承認とは、相続によって得た財産の限度においてのみ被相続人の債務および遺贈を弁済すべきことを留保して、相続の承認をすることである（民922条）。

限定承認は、相続人が複数いる場合には共同で行わなければならず（民923条）、自己のために相続の開始があったことを知った時から3ヵ月以内に、相続財産の目録を作成して家庭裁判所の提出し、限定承認をする旨の申述しなければならない（民924条）。

(3) 放棄　相続の放棄をしようとする者は、その旨を家庭裁判所に申述しなければならない（民938条）。相続放棄をした場合には、その相続に関して、初めから相続人とならなかったものとみなす（民939条）

4．相続人の不存在

相続人のあることが明らかでないときは、相続財産は法人とする（民951条）。また相続人が不存在の場合には、相続財産の管理人を選任し、相続人の捜索と財産の管理をさせる。そして相続人の捜索を行ったが相続人が見つからなかった場合には、特別縁故者からの請求によって相続財産の全部または一部を分与し得る（民958条の3）。以上の手続を経ても、相続財産が残っている場合には、当該財産は国庫に帰属する（民959条）。

Column　**嫡出子と嫡出でない子の相続分**

相続分を定める民法900条には、従来4号ただし書に嫡出でない子の相続分は、嫡出子の相続分の半分とするとの規定が存在した。当該規定は、立法当初から様々な議論を経て、多くの指摘がなされてきたが、最高裁判所大法廷は、平成25年9月4日に当該規定について、社会の動向や国民の意識の変化等を踏まえて、合理的根拠は失われていると判断した（民集67巻6号1320頁）。最高裁判所の判断をうけて、民法900条4号ただし書を削除すべく国会において、民法改正法案が審議され、平成25年12月5日に改正法が成立し、同月11日に公布・施行されている。

⑬ 遺　言

1．遺言の意義

遺言は、一定の方式に従って行われる、相手方のない単独の意思表示である。15歳に達した者は、遺言をすることができる（民961条）。また遺言はいつでもその全部または一部を、撤回することができ（民1022条）、前の遺言と後の遺言との内容が抵触する場合には、後の遺言で前の遺言を撤回したものとみなす（民1023条）。遺言は、遺言者の死亡の時からその効力を生じる（民985条）。なお、法律的に遺言で有効に定め得る事項（遺言事項）は限られており、たとえば認知（民781条2項）、遺言者執行者の指定とその委託（民1006条）等があげられる。

2．遺言の方式

遺言の方式には、普通方式と特別方式があり、それぞれ厳格な要式が定められている（民960条）。

⑴　普通方式

①　自筆証書遺言（改正民968条）　遺言者が、その全文、日付および氏名を自書し、これに印を押して作成する。自書が要件のため、ワープロやパソコンでの作成は認められない。ただし、平成30年の改正法により、添付書面である財産目録については、自筆でなくてもよいこととなった。また、自筆証書遺言の保管制度も創設されることとなった。

②　公正証書遺言（民969条・969条の2）　公正証書遺言は、証人二人以上の立会いの下、遺言の趣旨を公証人に口授し、公証人が筆記し、これを遺言者および証人に読み聞かせ、遺言者および証人が筆記の正確なことを承認した後に、各自これに署名押印し作成する遺言である。

③　秘密証書遺言（民970条〜972条）　秘密証書遺言は、遺言者が、その証書に署名・押印し、その証書を封し、証書に用いた印で封印し、公証人一人および証人二人以上の前に封書を提出して、自己の遺言書である旨ならびにその筆者の氏名および住所を申述する。そして公証人が、その証書を提出した日付および遺言者の申述を封紙に記載した後、遺言者および証人とともにこれに署名・押印を行い作成する遺言である。

なお、秘密証書遺言がその方式を満たしていない場合であっても、その遺言が自筆証書遺言としての方式を満たしていれば、自筆証書遺言としての効力が認められる。

⑵　特別方式

①　一般危急時遺言（民976条）　疾病その他の事由によって死亡の危急に迫った者が遺言をしようとするときは、証人三人以上の立会いをもって、その一人に遺言の趣旨を口授して行う。そして、その口授を受けた者が、これを筆記して、遺言者および他の証人に読み聞かせ、各証人がその筆記の正確なことを承認し

た後、これに署名・押印し作成する。さらに、当該遺言は、遺言の日から20日以内に、証人等から家庭裁判所に請求してその確認を得なければその効力は生じない。

②　難船危急時遺言（民979条）　船舶が遭難した場合において、当該船舶中において死亡の危急に迫った者は、証人二人以上の立会いをもって口頭で遺言をすることができる。当該遺言は、証人がその趣旨を筆記し、これに署名・押印し、証人等から遅滞なく家庭裁判所に請求してその確認を得なければその効力を生じない。

③　一般隔絶地遺言（民977条）　伝染病のため行政処分によって交通を断たれた場所にいる者は、警察官一人および証人一人以上の立会いをもって遺言書を作ることができる。

④　船舶隔絶地遺言（民978条）　船舶中にいる者は、船長または事務員一人および証人二人以上の立会いをもって遺言書を作ることができる。

3．遺　贈

遺贈とは、遺言によって遺産の全部または一部を無償、負担付であるかを問わずに、他の者に譲与することである。遺贈を受ける者を受遺者といい、受遺者は、遺言者の死亡後いつでも遺贈の放棄をすることができる（民986条）。

4．遺言の執行

公正証書遺言以外の遺言については、遺言書の保管者（保管者がいない場合においては、遺言書を発見した相続人）は、相続の開始を知った後、遅滞なくこれを家庭裁判所に提出して、その検認を請求しなければならない（民1004条1項）。封印のある遺言書は、家庭裁判所において相続人またはその代理人の立会いがなければ、開封することができない（同条3項）。以上の事項を守らなかった場合には5万円以下の過料に処せられる（民1005条）。

遺言により、または家庭裁判所が遺言執行者を選任した場合には、遺言執行者がその権限内において遺言執行者であることを示してした行為は、相続人に対して直接にその効力を生じる（改正民1015条）。そして、遺言執行者は、遺言の内容を実現するため、相続財産の管理、その他遺言の執行に必要な一切の行為をする権利義務を有する（改正民1012条）。

Column　**斜線を引かれた遺言書の効力**

「自宅兼病院や預金など遺産のほとんどを長男に相続させる」との内容の遺言書が、左上から右下に赤のボールペンで斜めに線が引かれ、封筒の上部が切られていた。当該遺言について、相続人である長女が、遺言の無効を求めた裁判において、第１審広島地裁、第２審広島高裁は、当該遺言を有効としたのに対して、最高裁判所は、「赤色のボールペンで遺言書の文面全体に斜線を引く行為は、その行為の有する一般的な意味に照らして、その遺言書の全体を不要のものとし、そこに記載された遺言の全ての効力を失わせる意思の表れとみるのが相当である」として本件遺言を撤回したものとした（最二判平成27・11・20民集69巻７号2021頁）。

14 遺留分

1. 遺留分概要

遺留分とは、一定の相続人のために遺留されなくてはならない遺産の一定割合のことであり、被相続人の生前処分等によって奪うことができないものである。したがって、遺留分は被相続人からすると財産処分の自由に対する制約を意味し、相続人からすると相続により期待できる最小限度の財産の確保を意味することとなる。遺留分を侵害された相続人は、遺留分の権利を行使することにより、受遺者等に対し、遺留分侵害額に相当する金銭の支払を請求することができる。遺留分減殺請求権は、遺留分権利者が相続の開始および減殺すべき贈与または遺贈があったことを知った時から1年間行使しないときは時効によって消滅する（改正民1048条）。

2. 遺留分権利者

兄弟姉妹以外の相続人が、遺留分を有する。遺留分は、直系尊属のみが相続人である場合、被相続人の財産の3分の1となり、それ以外の相続人については、被相続人の財産の2分の1となる（改正民1042条）。

3. 遺留分の算定

遺留分の算定の基礎となる財産の額は、被相続人が相続開始の時に有した財産の額に、原則として、相続人以外になされた贈与については相続開始前1年以内に限り、相続人になされた贈与については10年以内に限り行った贈与の額を加え、この額から債務の金額を控除して算出する（改正民1043条・1044条）。

4. 遺留分減殺請求権の行使

遺留分請求権は、遺留分権利者の意思表示により、遺留分侵害

Column 平成30年相続法改正

相続法は、平成30年「民法及び家事事件手続法の一部を改正する法律」等により、昭和55年以来の大きな見直しがなされた。

改正の骨子は、①配偶者の居住権を保護するための方策として、配偶者短期居住権と配偶者居住権を新設している。②遺産分割等に関する見直しとして、配偶者保護のための方策として、持戻し免除の意思表示推定規定、遺産分割前の払戻し制度、遺産分割前の遺産に属する財産を処分した場合の遺産の範囲についての規定を新設した。③遺言制度に関する見直しとして、財産目録については自筆でなくても可能とする自筆証書遺言の方式緩和、公的機関における自筆証書遺言の保管制度の創設、遺言執行者の権限の明確化を図ってる。④遺留分制度に関する見直し、⑤相続の効力等に関する見直し、⑥相続人以外の者の貢献を考慮するための方策として、相続人以外の被相続人の親族が、無償で被相続人の療養看護等を行った場合には、一定の要件のもとで相続人に対して金銭請求をすることができるようになった。

施行に関しては、多くの事項は令和元年7月からとなっている（③の遺言書の保管制度については令和2年7月である）。

額に相当する金銭債権が生じる（形成権）。

遺留分の減殺は、遺留分を保全するのに必要な限度で、まず遺贈についてその目的の価格の割合に応じて減殺し、次に贈与へと及ぶ。贈与の減殺は、後の贈与から減殺し、続いて前の贈与に対して減殺を行う（改正民１０４７条）。

遺留分減殺請求を行ったものの、その相手がすでに無資力であった場合には、その損失については遺留分権利者の負担となる（改正民１０４７条）。

遺留分の放棄は、相続の開始前は家庭裁判所の許可を必要とし、相続の開始後であれば家庭裁判所の許可なく自由に放棄することができる（改正民１０４９条）。

図表８－８　遺言公正証書作成件数の推移

	遺言公正証書作成件数
平成21年	77,878
平成24年	88,156
平成27年	110,778
平成30年	110,471

出典：日本公証人連合会 HP より

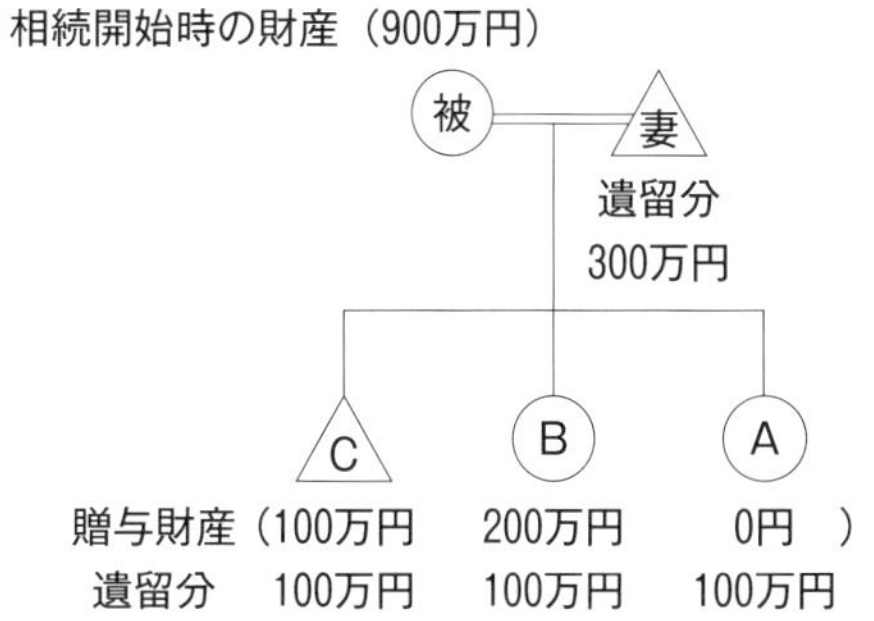

（相続開始のときに有した財産＋贈与財産－債務＝遺留分算定の基礎となる財産）×各遺留分権者の遺留分率＝遺留分額

900万円（相続開始時の財産）＋100万円（Cへの贈与）＋200万円（Bへの贈与）＝1,200万円みなし遺産

$1,200万円 \times \frac{1}{2} \times \frac{1}{2} = 300万円$　妻の遺留分

$1,200万円 \times \frac{1}{2} \times \frac{1}{2} \times \frac{1}{3} = 100万円$　子供たちそれぞれの遺留分

図表８－９　遺留分額の算定方法

出典：國府剛ほか編著『アクセス民法』嵯峨野書院、2007年、231頁

参考文献

床谷文雄他『新プリメール民法5〔第2版〕』法律文化社、二〇二〇年
梶村太市他『家族法実務講義』有斐閣、二〇一三年
本澤巳代子他『よくわかる家族法』ミネルヴァ書房、二〇一四年
國府剛他編著『アクセス民法』嵯峨野書院、二〇〇七年
窪田充見『家族法〔第4版〕』有斐閣、二〇一九年

第9章

労働法学の基礎知識

① 労働法とは

人は生まれてから多くのことを学び、学校を卒業して社会に巣立っていく。このときに自ら起業をする、親の仕事を引き継ぐという道を選択する学生もいるが、その多くは企業に就職する。この就職した企業で働くために、使用者、労働者の双方に必要となるのが労働法である。一般的に労働法と称しているが、「労働法」という法律自体はない。労働基準法、労働契約法、男女雇用機会均等法、労働組合法など労働に関係する諸法律の総称のことを労働法といい、労働者の保護が主な目的である。

労働法は、労働者を募集する時から退職までの一連の事項について、使用者がどのようにすべきかの基準や指針を定めている。企業に就職する時に、企業と採用試験合格者とが締結する契約を雇用契約または労働契約という。契約に関する一般原則を定めるのが民法で623条から631条まで雇用契約に関する規定が置かれている。わずか9条の条文で複雑な労働関係の規制をすることはできない。そこで労働法によって、採用時の契約、労働時間、賃金の支払、休暇、育児のための休業、労働組合活動への参加など民法の雇用に関する規定をより具体的に規制している。このことから働くための契約を民法的に雇用契約と言う場合と、使用者と労働者の使用従属関係を基準にして労働法的に労働契約と言う場合がある。日常生活の中では雇用契約と労働契約を厳密に使い分けてはいない。

1．労働関係法

総称「労働法」を構成している労働関係法は数多く制定されている。

(1) **労働基準法・労働契約法**　労働基準法と労働契約法は労働法の基本的な事項を定める極めて重要な法律であることから、②以降で具体的に述べる。

(2) **最低賃金法**　労働の対価として労働者が受ける賃金の最低額を定め、最低額以下で労働者を働かせることがないようにするものである。労働契約によって、最低賃金額を下回る賃金を使用者と労働者の双方が合意したとしても無効とされ、最低賃金額と同額を定めたものとなる。

(3) **労働安全衛生法**　労働者の安全の確保と健康の維持、快適な職場環境の形成促進を目的とする法律である。労働災害を防止するための危害防止基準の確立、責任体制の明確化及び自主的活動の促進、労働者の健康を保持増進するための措置についての義務の定めがある。

(4) **男女雇用機会均等法**　労働者が性別により差別されることなく、働く女性が母性を尊重されつつ能力を十分に発揮できるようにするものである。採用試験、就職後の研修受講、昇進、昇格、賃金などについて性別による差別を禁止し、男女の均等な機会及び待遇の確保を図るものである。

(5) 育児・介護休業法　育児や介護を行う労働者が企業を退職することなく、子の養育及び家族の介護を容易にし、職業生活と家庭生活との両立を図れるようにすることが目的である。

(6) パートタイム有期雇用労働法　一般の労働者より短い時間で労働するパートタイム労働者や雇用期間が定められている有期雇用労働者の適正な労働条件の確保、雇用管理の改善、通常の労働者への転換の推進、職業能力の開発および向上等に関する措置等を講じることが目的である。

(7) 労働組合法　労働者が使用者と交渉をする場合に対等な立場に立つことができるようにするために労働組合を組織し、労働条件の改善・向上を図るための活動を行うことを保障する。

(8) 労働者派遣法　派遣労働者の保護、雇用の安定、その他福祉の増進が目的である。

(9) 高年齢者等雇用安定法　労働者の定年年齢の引上げ、継続雇用制度の導入など高年齢者の安定した雇用の確保の促進、高年齢者等の再就職の促進、定年退職者その他の高年齢退職者に対する就業の機会の確保等が目的である。

(10) 女性活躍推進法　女性が自らの意思によって職業生活を営み、個性と能力が十分に発揮されるために女性の職業生活における活躍を推進し、豊かで活力ある社会の実現を図るものである。そのために女性に対する採用、昇進等の機会の積極的な提供、性的役割分担等を反映した職場慣行が及ぼす影響への配慮などを事業主に要請している。

その他、労働関係調整法、職業安定法、障害者雇用促進法などがある。

2. 判例・告示・通達

使用者が労働法を遵守して、労働者を適切に管理していくためには、単に労働法の条文を理解すればよいということではない。裁判所が示した判断の蓄積による判例法理、条文に対する個別具体的な指針や運用方法を示す告示（行政機関がある事項を公に知らせるために発するもの）や通達（上位行政庁が下位行政庁に対して法律の解釈や判断を具体的に示したもの）を十分理解した取扱が重要である。判例・告示・通達は、労働法を理解するために重要な要素で、企業実務上労働者を管理する上で個別具体的な事例を見ながら、その基となる労働法との関係を考慮し、判断していく必要がある。

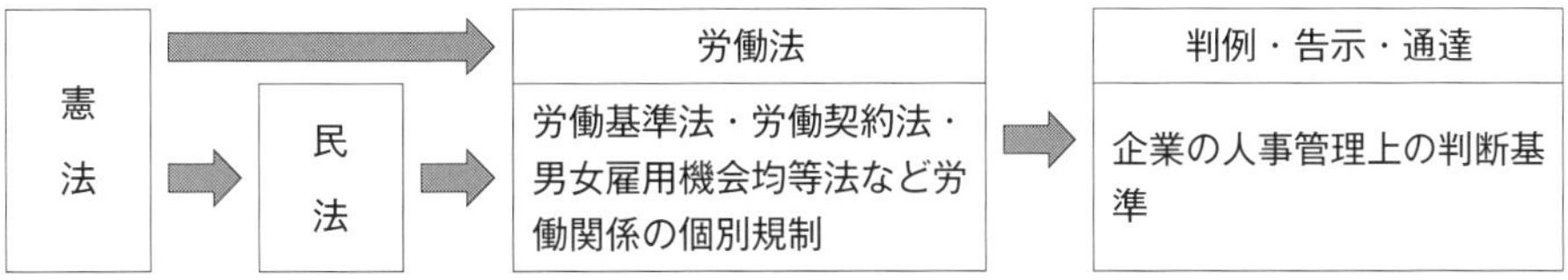

図表９－１　労働法の位置づけ

② 労働基準法

労働法の中でその中心的な役割を担っているのが労働基準法である。労働基準法には、労働者を採用するときから、企業内で働いている間の労働時間、休日、休暇、賃金、災害補償など定年までの一連の流れの中で最低限守らなければならない事項、および就業規則の作成・変更をする場合の手続きなど広範な定めがある。労働基準法の構成は図表9‐2のとおりである。

1. 労働基準法の適用者

労働基準法が適用されるのは、企業等に使用される労働者である。労働者には正規労働者はもちろんパート、アルバイトなどの非正規労働者も含まれる。しかし、同居の親族や家事使用人については適用されない（労基法116条2項）。なお、船員については船員法が適用されるために労働基準法の多くが適用除外となる（労基法116条1項）。一般職国家公務員も国家公務員法によって適用が除外される（国公法附則16条）。近年、委託や請負という形態で業務を行う場合も多い。委託や請負は使用従属関係がないため労働基準法は適用されない。

2. 使用者

使用者とは、労働契約において賃金の支払いや業務命令を行う主体である。使用者は事業主または事業の経営担当者その他その事業の労働者に関する事項について、事業主のために行為をするすべての者である（労基法10条）。使用者には、企業の経営者はもとより一定の権限がある管理職も含まれる（昭22・9・13発基17号）。

親会社、子会社の関係にある企業集団で子会社が労働者と労働契約を締結し、人事権等も有している場合には子会社が使用者となり親会社は使用者ではない（ここでは親子関係を表すために企業ではなく「会社」を用いている）。ただし、親会社から子会社に対する支配が強い場合には親会社が使用者とされる場合がある。外形的には、別法人であっても実質的には事業の執行・財産管理等が極めて制限されていた子会社に対して親会社の使用者性を認めた黒川建設事件（東京地判平13・7・25労判八一三号一五頁）がある。なお、労働者派遣における派遣先企業は、具体的な業務指示を行ってはい

図表9－2　労働基準法の構成

第1章	原則、適用範囲、用語の定義など
第2章	労働契約の締結、解除、労働者保護に必要な事項など
第3章	賃金の支払いに関する原則や休業手当など
第4章	労働時間、休憩、休日、年次有給休暇、割増賃金など
第5章	労働者の安全と衛生（詳細は、労働安全衛生法で定める）
第6章	年少者や妊産婦に関する制限や保護規定など
第7章	技能習得者の保護など
第8章	業務上の療養補償、障害補償など
第9章	就業規則の作成、変更、届出など
第10章	寄宿労働者に対する私生活の自由の保障や安全衛生など
第11章	監督機関の組織や権限など
第12章	労働者への周知義務、労働者名簿・賃金台帳の作成など
第13章	労基法に違反した場合の罰則規定など

るが使用者ではない。

3. 労働基準法と当事者間契約の優劣

労働基準法は、直律的効力、強行的効力を有している。使用者と労働者が合意した労働時間や賃金などが労働基準法を下回るときは、その下回った部分が無効となり、労働基準法に定める基準まで引き上げられる（労基法13条）。この効力は労働協約や就業規則にも及ぶ。

労働協約とは、使用者と労働組合が交渉を行い、労働条件その他について合意した内容を書面にし使用者と労働組合が署名または記名押印したものである（労組法14条）。これは憲法28条の労働基本権を具現化し、労働者に使用者と対等な立場で労働条件を決定するようにするものであるから個々の労働者が結んだ労働契約に優先する。労働基準法93条と労働契約法12条で就業規則に定める基準に達しない労働条件を定める労働契約は就業規則に定める基準によることになる。さらに、労働基準法92条で労働協約は就業規則に優先することから図表9－3のような関係となる。

労働基準法は、違反に対して罰則規定（労基法117条～121条）を有する。違反行為については懲役刑もあり、強い強制力がある。

図表9－3　労働基準法の直律的効力

4. 付加金

付加金とは、使用者が割増賃金等を支払わない場合に、労働者の訴えにより裁判所がそれと同一額を限度として使用者に対して支払いを命じることができるものである（労基法114条）。付加金の対象は、解雇予告手当（労基法20条）、休業手当（労基法26条）、割増賃金（労基法37条）である。

5. 時効

時効は、契約の一般原則である民法に規定されているが、労働者が有する労働に関する請求権については労働基準法に個別の規定がある。災害補償、その他の請求権は2年、退職金については5年（労基法115条）である。

6. 監督権限

労働基準法を始めその他労働関係法の強行規定の履行を担保するために各地域に労働基準監督署を設置し、事業者を監督する。具体的な権限としては、解雇制限の除外認定（労基法19条2項）、時間外労働の制限除外の許可（労基法33条）、業務上の負傷、疾病などの認定の審査・仲裁（労基法85条）、事業所に対する調査のための臨検・尋問（労基法101条）などである。

③ 就業規則

就業規則とは、労働者が守るべき就業に関する規律と職場の秩序、労働者の権利として受け取る賃金等の労働条件を明確にし、多数の労働者を画一的に管理するためのものである。就業規則は、労働基準法89条で常時10人以上の労働者を使用する使用者に対して作成が義務付けられている。就業規則には労働時間や休日、賃金がどのように決定されるのか、いつ支払われるのかという労働者が働くための基本的な労働条件やその他の条件を記載しなければならない。就業規則には、必ず記載しなければならない絶対的必要記載事項、定めた場合に記載しなければならない相対的必要記載事項がある（労基法89条）。その他記載するかしないかは使用者の自由に任されている任意的記載事項がある。

1．絶対的必要記載事項

絶対的必要記載事項は、就業に欠かすことのできない、①始業及び終業の時刻、休憩時間、休日、休暇、交替勤務の場合の就業時転換に関する事項、②賃金（臨時の賃金等を除く）の決定、計算、支払方法、締切、支払時期、昇給に関する事項、③退職に関する事項（解雇の事由を含む）である。

2．相対的必要記載事項

相対的必要記載事項は、あらかじめその事業場で共通のルールとして定めた場合には、記載しなければならないもので、①退職手当に関する事項、②臨時の賃金、最低賃金に関する事項、③食費、作業用品その他の負担をさせる場合にはこれに関する事項、④安全及び衛生に関する事項、⑤職業訓練に関する事項、⑥災害補償及び業務外の傷病扶助に関する事項、⑦表彰及び制裁の種類及び程度に関する事項、⑧前記の外、当該事業場の労働者のすべてに適用される事項である。

3．任意的記載事項

任意的記載事項は、絶対的必要記載事項、相対的必要記載事項に該当しない項目を記載するものである。なお、法令や公の秩序、善良な風俗に反する事項は記載できない。

4．就業規則の作成・変更

就業規則の作成、変更については、労働者の過半数で組織する労働組合がある場合にはその労働組合、労働者の過半数で組織する労働組合がない場合には労働者の過半数代表者の意見を聴く必要がある（労基法90条）。また、労働契約法の9条で、使用者は労働者と合意することなく、就業規則を変更することにより、労働者の不利益に労働条件を変更することはできないと規定し、不利益変更の場合には労働者の合意を原則要求している。

5．届出義務

就業規則は、労働組合等の意見書を付して行政官庁（所轄の労働基準監督署長）に届け出なければならない（労基法89条・90条）。行政官庁は就業規則の内容が法令や労働協約に抵触する場合には変更を命じることができる（労基法92条２項）。

６．周知義務

就業規則は、常時職場の見やすい場所に掲示する、備え付けるなどの方法によって労働者に周知しなければならない（労基法１０６条）。フジ興産事件（最判平15・10・10労判八六一号五頁）で就業規則が効力を発するためには周知が必要であるとした。さらに、労働契約法にも効力発生に周知が必要である旨の規定がある（労契法７条・10条）。

７．不利益変更

就業規則の不利益変更とは、就業規則が変更されることにより労働条件が従来よりも低下することである。就業規則は、経営環境の変化、行政取締法規の改正、経済・社会の変化などに柔軟に対応しなければならないことから適宜内容を見直す必要がある。

就業規則の変更、届出、周知の方法は前述のとおりである。就業規則を変更する場合に、休日が増加する、所定労働時間が減少するという就業規則の内容が労働者に有利に変更されるときには、異論を唱える者はいないと考えられるため労働者の合意を必要としない。一方、不利益に変更される場合は労働者の権利に大きく関わることから、労働者の合意を必要とする（労契法９条）。

しかし、就業規則を変更する必要がある場合に、労働者の反対によっていつまでも就業規則の変更ができないと、労働者全体としてかえって不都合が生じることも考えられる。そこで、変更の必要性、内容の相当性、手続の適正性などを総合考慮して、変更後の内容が合理的であれば、労働契約法９条の合意がなくても、同法10条により変更できることになっている。就業規則の不利益変更における合理性担保の判断要素は次のとおりである。

⑴　**変更によって労働者が受ける不利益の程度**　就業規則の変更が合理的なものであるか否かを判断するに当たっての考慮要素であり、労働者がどれくらいの不利益を被るかについて個別具体的事案において変更に係る事情を考慮して判断する。

⑵　**変更の必要性**　就業規則の労働条件を変更しなければならない事情があるかということについて判断する。

⑶　**変更後の内容の相当性**　代替措置その他関連する他の労働条件の改善状況、同種事項に関するわが国社会における一般的状況も含めて変更内容が相当であるかを判断する。

⑷　**労働組合等との交渉の状況**　労働組合等に対して、誠意をもって団体交渉や協議を行うことが必要となる。これに加えて労働者に対する誠実な説明等がなされたかを判断する。

⑸　**その他就業規則の変更に係る事情**　⑴～⑷に含まれない事項についても包括的に考慮すべき事項がある場合にそれを判断する。

④ 労働契約

労働契約とは、労働者が使用者に使用されて労働し、使用者がこれに対して賃金を支払うことについて、労働者および使用者が合意することによって成立する契約のことである（労契法6条）。民法623条に雇用契約として同様の趣旨の条文がある。労働契約法は、民法の雇用契約規定の特別法である。労働契約の成立によって、労働者は使用者からの業務命令を受け、就業規則等に定められた労働時間を守り、業務規程を遵守して労働する義務が生じ、これに対して使用者は賃金を支払い、安全に労働させる義務を負っている。

労働契約を締結する前段として使用者からの誘引（募集）が行われる。これに対して労働者が応募をし、この応募に対する承諾がなされて労働契約は締結される。労働契約の締結前の採用選考から試用期間終了後の本採用までの法的規制、効果は特に重要である。

1．募　集

使用者が労働者を募集する際に様々な規制がある。まず、職業安定法5条の3によって労働条件の明示義務がある。さらに、他人に募集を依頼する場合は厚生労働大臣の許可が必要である（職安法36条）。男女雇用機会均等法では、性別による採用差別を禁止し（均等法5条）、障害者雇用促進法によって一定割合の障がい者を雇用しなければならない（障雇法37条・43条）。加えて、雇用対策法9条で年齢に係わりない均等な機会の確保が求められる。また、非正規労働者については、労働契約法18条によって契約期間が5年経過したことにより正規労働者への転換義務が、労働者派遣法40条の4によって一定期間経過による派遣先への雇用依頼もある。

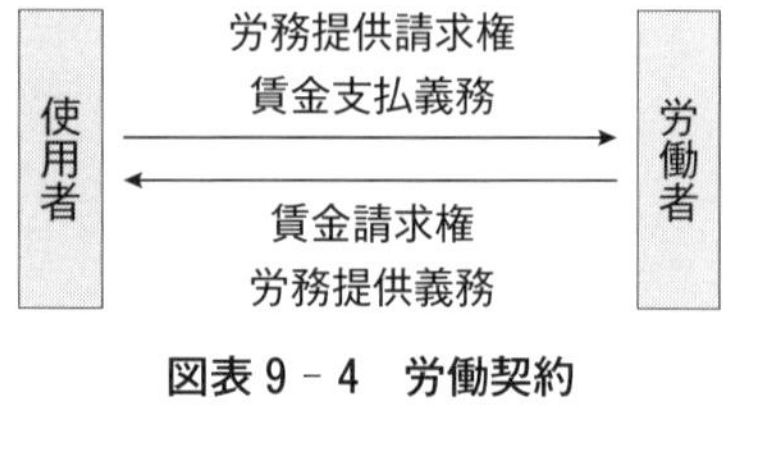

図表9－4　労働契約

2．採用の自由

採用の自由とは、採用選考において自社で今後活躍が期待できる労働者を使用者が好きに選択できるというものである。当然、応募する労働者もどこの企業を選択するかの自由を有する。企業の採用の自由について、三菱樹脂事件（最大判昭48・12・12民集二七巻一一号一五三六頁）で、企業はいかなる者を雇い入れるかを決定する自由があるとする。現在は、前述の募集・採用における規制と採用の自由のバランスを考慮した採用選考を慎重に行う必要がある。

3．内　定

採用内定とは、企業が採用選考を行い、選考を通過したことを応募者に通知し、その応募者が採用決定した企業の入社日を待っている状態の総称である。この採用内定の中で単に企業から採用する旨の連絡を受けた状態を一般的に内々定と呼ぶ。応募者が承諾書等を提出して入社の意思を企業に表示した状態が本来の意味での内定である。内々定の内容は様々で一概に法的効果を断定できない。一般的には労働契約締結の準備段階で未だ契約を締結していないことから企業から採用取消しが通知されても雇用しろとはいえない場合が多い。本来の意味での内定者は労働契約を締結していることから、企業が採用を取り消した場合には解雇と同様の法的効果が生じる。また、承諾書や誓約書を提出していなくても企業が必要書類を送付したり、入社前健康診断を実施するなどの行為をしたときには労働契約を締結したのと同じ効力をもつ場合がある。採用内定の取消しに関しては、入社間近で企業が内定を取り消した大日本印刷事件（最判昭54・7・20民集三三巻五号五八二頁）で、採用内定を取り消すには、「解約権留保の趣旨、目的に照らして客観的に合理的と認められ社会通念上相当として是認することができるものに限られる」と判示した。一方で内定した応募者からの内定辞退にはこのような制限はかけられていない。

4. 試用期間

試用期間とは、企業が採用した労働者の能力、職場適性、協調性などを見極める期間のことである。試用期間中も労働者であることに変わりはない。したがって、労働基準法、最低賃金法など全ての労働関係法が適用となる。試用期間について前述の三菱樹脂事件（最大判昭48・12・12民集二七巻一一号一五三六頁）では「解約留保権付の労働契約」と認めた。試用期間で重要なことは、労働者を本採用にするか否かである。試用期間が設定されている労働者について、その試用期間内、試用期間終了時にそのまま採用することを拒否するのが本採用拒否である。本採用拒否は、法的に解約留保権のついた契約の解約権を行使することである。この解約権の行使は具体的には「解雇」として効果を発生する。したがって、試用期間中の者を解雇するに足りる社会的相当性、合理性を欠く場合には、労働契約法16条により解雇権の濫用とされ解雇が無効と判断される。

Column　ブラック企業

ブラック企業について定義することは難しいが労働法的には、労働者に対して長時間労働や過大なノルマを課すなどにより、労働者の権利と健康を奪う企業のことと考えられる。学生が就職活動を行う際にブラック企業を見極めるのは難しい。一概にこの事項に該当する企業がブラックであると断定できないが、「離職率が高い」、「事務所の照明が夜遅くまでついている」、「教育をしないまま店長等責任の重い業務に入社後すぐ就かせる」、「現在の従業員数に対して採用人数が毎年著しく多い」など様々な要素分析と先輩やインターネットなどから十分な情報を得て自分自身で確かめる必要がある。

5 労働条件

労働条件とは、賃金、就業する場所、始業および終業の時刻、休憩、休日、休暇、作業用品の貸与、災害補償など労働者が企業において就労をするために必要となる各種の事項のことである。

1. 労働条件の明示

企業が労働者を募集する場合には、職業安定法施行規則4条の2により、始業・終業時刻や賃金の額などの労働条件を求人票等で明示しなければならない。労働条件は学生等がどの企業に応募するかを決定するための重要な要素である。採用試験によって雇用する労働者が決定し実際に労働契約を締結する際には、労働基準法15条により具体的な労働条件を明示しなければならない。なお、明示しなければならない労働条件の一部については、書面の交付を義務付けている。労働基準法15条及び労働基準法施行規則5条による労働条件の明示義務は図表9-5のとおりである。

労働契約を締結する際に図表9-5による労働条件を個々の労働者と個別に締結すると、賃金の上昇等個別の条件が変更される都度契約更改をしなければならなく、手続きが煩雑であるとともに多くの労働者がいる企業では現実的ではない。そこで初任給と入社時の勤務地など最低限の内容のみを提示し、その他の条件は就業規則を交付するという方法で労働契約を締結するようにしておく場合がある。この方法によれば、細かい労働条件は就業規則に定めることができ、労働者を画一的に管理することができる。

図表9－5　明示すべき労働条件

① 労働契約の期間に関する事項
② 期間の定めのある労働契約を更新する場合の基準に関する事項（期間の定めのある労働契約であって当該労働契約の期間の満了後に当該労働契約を更新する場合があるものの締結の場合に限る）
③ 就業の場所及び従事すべき業務に関する事項
④ 始業及び終業の時刻、所定労働時間を超える労働の有無、休憩時間、休日、休暇並びに労働者を二組以上に分けて就業させる場合における就業時転換に関する事項
⑤ 賃金（退職手当及び臨時に支払われる賃金、賞与を除く）の決定、計算及び支払いの方法、賃金の締切り及び支払いの時期並びに昇給に関する事項
⑥ 退職に関する事項（解雇の事由を含む）
⑦ 退職手当の定めが適用される労働者の範囲、退職手当の決定、計算及び支払いの方法並びに退職手当の支払いの時期に関する事項
⑧ 臨時に支払われる賃金（退職手当を除く）、賞与及びこれに準ずる賃金、最低賃金に関する事項
⑨ 労働者に負担させるべき食費、作業用品その他に関する事項
⑩ 安全及び衛生に関する事項
⑪ 職業訓練に関する事項
⑫ 災害補償及び業務外の傷病扶助に関する事項
⑬ 表彰及び制裁に関する事項
⑭ 休職に関する事項
※⑦～⑭は定めをしない場合には明示の義務はない。

2. 就業規則による画一的規制

就業規則が多くの労働者を一括して拘束することができるかについて、秋北バス事件（最大判昭43・12・25民集二二巻一三号三四五九頁）では「合理的な労働条件を定めているものであるかぎり、経営主体と労働者との間の労働条件は、その就業規則によるという事実たる慣習が成立しているものとして、その法的規範性が認められ

る……当該事業場の労働者は、就業規則の存在および内容を現実に知っているると否とにかかわらず、また、これに対して個別的に同意を与えたかどうかを問わず、当然に、その適用を受ける」と判示した。労働契約法7条でも使用者が合理的な労働条件が定められている就業規則を労働者に周知した場合には、就業規則で定める労働条件になるとする。このことから適正手続きによって作成された就業規則であれば全労働者を画一的に管理することができるのである。

3．労働条件の変更

一度決定した労働契約の内容は当事者の合意によって変更することができる。労働契約法8条で労働者および使用者は、その合意により、労働契約の内容である労働条件を変更することができるとしている。しかし、先に述べた多くの労働者を画一的に管理しなければならない企業では、就業規則による変更を容認せざるを得ない。そこで、就業規則による画一的な変更を認めている。労働契約法9条で労働者と合意することなく、就業規則を変更することにより労働者の不利益に労働契約の内容である労働条件を変更することはできないとしながらも、ただし書で同法10条の場合はこの限りでないと規定する。同法10条により使用者が就業規則の変更により労働条件を変更する場合において、変更後の就業規則を労働者に周知し、かつ就業規則の変更が、労働者の受ける不利益の程度、労働条件の変更の必要性、変更後の就業規則の内容の相当性、労働組合等との交渉の状況その他の就業規則の変更に係る事情に照らして合理的なものであるときは、労働契約の内容である労働条件は、当該変更後の就業規則に定める内容によることができることを認めている。

4．労働条件の承継

企業が合併する、事業が譲渡される、分割される場合に、労働契約は承継されるのか、されないのかは労働者にとって大きな問題である。合併には、合併によって新しい企業を作る新設合併と、一方の企業が存続し他方が解散して吸収される吸収合併がある。いずれの合併もその法的性質は債権、債務の包括承継であるから、労働契約に付随する権利関係も承継される。合併時に労働契約は承継されるが、現実的には合併した企業毎に労働条件は異なる。そこで合併企業毎の労働条件の不整合は、就業規則の変更等によって調整される。

事業譲渡とは、事業の一部を他の企業に譲渡するものである。事業譲渡の法的性質は取引（特定承継）であるから、事業譲渡と一体として移動した労働者の労働契約に付随する権利関係は譲渡企業と譲受企業の個別の合意による。そこで、労働契約の内容については個別に検討するのが一般的である。

企業分割には、新しく企業を作る新設分割と存続企業に承継される吸収分割がある。いずれの分割も、労働契約に付随する権利関係は承継される（承継法３条）。

6 労働時間

労働時間とは、労働契約に基づき、使用者の指揮命令下にあって労働者が自己の労働力を使用者に提供する時間のことである。昼休みのような労働をしていないが始業時刻から終業時刻の間にある休憩時間は労働時間ではない。なお、来客当番として待機しているような手待時間は労働時間である。

1．法定労働時間

使用者は、労働者に休憩時間を除き1週間について40時間、1日について8時間を超えて労働させてはならない（労基法32条）。この時間のことを法定労働時間という。

2．変形労働時間制

企業は、顧客対応の関係等から多様な勤務体制を組まなければならない。シフト勤務や交替勤務などの勤務体制を構築するためには、1週40時間、1日8時間の法定労働時間内での対応はできない場合がある。そこで、労働基準法は32条の2以降にさまざまな変形労働時間制を設けている。一定の要件（労働者の過半数で組織する労働組合、労働者の過半数を代表する者との協定の締結や就業規則等への記載）を具備すれば変形労働時間制を採用することができる。

(1) 1ヵ月単位の変形労働時間制　労働基準法32条の2により1ヵ月以内の一定の期間を平均し1週当たりの労働時間が同法32条の労働時間を超えない定めをしたときは、特定された週又は特定された日において同法32条の法定労働時間を超えて労働させることができる。

(2) フレックスタイム制　労働基準法32条の3により当該労働者に係る始業及び終業の時刻をその労働者の決定に委ねるものである。清算期間を平均して1週当たりの労働時間が同法32条の労働時間を超えない範囲において、1週間において、1日においても同法32条の法定労働時間を超えて労働させることができる。

(3) 1年単位の変形労働時間制　労働基準法32条の4により1ヵ月を超え1年までの期間の中で平均し1週間当たりの労働時間が同法32条の労働時間を越えない定めをしたときは、特定された週または特定された日において同法32条の法定労働時間を超えて労働させることができる。

(4) 1週間単位の変形労働時間制　労働基準法32条の5により日ごとの業務に著しい繁閑が生じることが多く、かつ、これを予測することが困難な労働者30人未満の特定の事業において適用できるものである。1週間を単位として一定の要件内で就業規則その他これに準ずるものによりあらかじめ特定することなく、1日の労働時間を10時間まで延長することができる。

3．時間外労働

労働基準法36条では、労働者の過半数で組織する労働組合または労働者の過半数を代表する者との書面による協定をして、これを行政官庁に届け出た場合には時間外労働、休日労働をさせることができる。企業はトラブル対応等で急に業務を処理をしなければならなく、法定労働時間や変形労働時間制でも対応できない場合がある。その場合に法定労働時間、変形労働時間を超えて労働させるために必要なものが時間外労働・休日労働に関する労使協定である。労使協定によって延長することができる時間は、１ヵ月について45時間及び1年について３６０時間までとなっている。なお、通常予見することのできない業務量の大幅な増加等に伴い臨時的に1ヵ月45時間、1年３６０時間を超えて労働させる必要がある場合においても、1ヵ月については１００時間未満（ただし、1年に6ヵ月以内に限る）、1年について７２０時間を超えないようにしなければならない。

4. 休憩時間

休憩時間とは、労働時間の途中に労働から離れることを保障されている時間のことである。休憩時間は、労働時間の長さによって異なる（労基法34条）。この休憩時間は、原則労働者に一斉に与え、自由に利用させなければならない。なお、この労働時間は所定労働時間に時間外労働の時間を加えた実際の労働時間を指すことに注意が必要である。

図表９－６　労働時間に対する必要な休憩時間

実労働時間	休憩時間
６時間を超え８時間以下	45分以上
８時間を超える	１時間以上

5. 休　日

休日とは、労働日と労働日の間に労働義務のない日を設け完全に労働を免除する日のことである。労働基準法35条で使用者は労働者に対し毎週少なくとも1回の休日を与えなければならないとし、４週を通じて4日以上の休日を与える方法でもよいと規定する。休日については労働義務がないため、この日に使用者が労働者に労働を命じるためには、前述の労働基準法36条に定める時間外労働・休日労働に関する労使協定を締結しなければならない。なお、労働基準法の休日は法定休日についての規定であり、企業が法定休日を超える休日を与えている場合について、その休日についてはこの規制を受けない。

6. 年次有給休暇

年次有給休暇とは、休日とは別に通常の労働日の労働義務を免除し、この免除した労働日に相応する賃金を保障するものである。労働基準法39条により労働者を雇用した日から6ヵ月継続雇用し、その間の労働日の８割以上出勤した者に対しては、10日の有給休暇を与えなければならない。さらに継続して雇用した者には1年毎に定められた日数の有給休暇の付与が必要である。

図表９－７　年次有給休暇付与日数

雇用期間	６ヵ月	１年６ヵ月	２年６ヵ月	３年６ヵ月	４年６ヵ月	５年６ヵ月	６年６ヵ月 以降１年毎
付与日数	10日	11日	12日	14日	16日	18日	20日

7 賃　金

賃金とは、賃金、給料、手当、賞与その他名称のいかんを問わず、労働の対償として使用者が労働者に支払うすべてのものをいう（労基法11条）。なお、恩恵的・任意的給付としての病気見舞金、災害見舞金、作業服の支給など労働の対価でないものは原則として賃金ではない。

1．基本的賃金

賃金の名称や内容については、各企業の考え方によって異なることから様々なものがある。日本企業の代表的な賃金に「年功給」、「職能給」、「役割給」、「職務給」がある。これらは、一般的に基本給と呼ばれている。

(1) **年功給**　労働者の「年」と「功」を評価して賃金が上昇する仕組みのことである。年齢が上がる、勤続年数が長くなるほど賃金が高くなるというシステムのことをいう。日本的雇用慣行の中で長い間導入企業が多かった制度である。

(2) **職能給**　労働者の顕在的な能力と潜在的な能力に着目するものである。労働者の入社時の能力を評価して、あるランクに格付する。そして、その後の能力の伸長によって職能ランクが上昇し、当該職能ランクに見合った賃金を支給するものである。

(3) **役割給**　部長、課長など労働者が担う業務遂行上の役割の重さや責任の度合いなどを評価して賃金額を決定するものである。

(4) **職務給**　労働者の従事する職務の難易度や職責を評価するもので事務、営業、製造といった職務毎にその職務の内容を分析して、その職務に見合った別々の賃金額を設定するものである。

2．手　当

手当とは基本的賃金を補完するものである。手当は、企業独自に長年の慣行や労使関係の中で設定しているもので企業によって多種多様なものがある。名称や内容は各企業で決定できるため一概に定義することはできない。手当はその事象に該当した労働者に支給するものである。たとえば、部長や課長という役職に支給する「役職手当」、扶養家族の状況を考慮して支給する「家族手当」が有名である。その他「営業手当」、「外勤手当」、「公的資格手当」、「技能手当」、「地域手当」、「単身赴任手当」、「教育手当」、「住宅手当」、「特殊勤務手当」、「寒冷地手当」、「食事手当」、「皆勤手当」などがある。時間外や休日に労働をした場合には割増賃金の支給が必要である。手当は、この割増賃金を計算する場合の基礎となる賃金に算入する必要が有るものと無いものがある。手当の中で割増賃金を計算する際に含める必要のない賃金として、家族手当、通勤手当がある（労基法37条5項）。さらに労働基準法施行規則21条により、別居手当、子女教育手当、住宅手当、臨時に支払われる賃金、1ヵ月を超える期間毎に支払われる賃金は、割増賃金の基礎とする必要はない。したがって、これ以外の性格を有する手当は割増賃金の算定の基礎にする必要がある。この割増賃金のことを一般的に「時間外手当」と言っている。

3. 賃金支払いの原則

賃金は労働者の生活に必要なものであるから、労働基準法24条により図表9－8のとおり賃金支払いの5原則が定められ、使用者はこれを遵守する必要がある。

図表9－8　賃金支払5原則

① 通貨払い：賃金は、通貨で支払わなければならない。なお、金融機関への振込みは、労働基準法施行規則7条の2により労働者の同意があれば認められる。
② 直接払い：賃金は、労働者本人に直接支払わなければならない。
③ 全額払い：賃金は、その期間の全額を支払わなければならない。
④ 毎月払い：賃金は、毎月支払わなければならない。
⑤ 一定期日払い：賃金は、一定期日を定めて支払わなければならない。

4. 定期昇給とベースアップ

定期昇給とは、一定の期間毎に賃金が昇給するシステムである。ベースアップとは、企業収益の一部を労働者に分配するためや他社の賃金水準等を考慮して基本的賃金の水準を上昇させることである。定期昇給やベースアップは法律上の規制はなく、就業規則に定めることにより具体的な義務となる。

5. 賞　与

賞与とは、毎月支払われる月額賃金とは別に支払われる特別な賃金である。企業の一定期間の業績等を考慮して収益の一部を労働者に配分するという性格を持つものである。支払うか否か、どのように支払うかは、各企業の実態に合わせて制度設計して構わない。毎月支払われる賃金は、労働者の生活を支える重要なものであるから、毎月1回以上、一定の期日を定めて支払わなければならないとされているのに対し、賞与は労働基準法24条2項による毎月払い、一定期日払いの原則の適用はない。

6. 退 職 金

退職金とは、企業への長年の功労を評価して退職時に支給されるものである。退職金の支給は法によって強制されていないが、退職金を制度化した場合には、労働基準法第89条により適用される労働者の範囲、退職手当の決定、計算、支払方法、時期を就業規則に記載しなければならない。退職金の代表的なものに、本人の退職時の基本的賃金に勤続年数に応じて増加するように設計された率を乗じる年功的なものがある。近年は、業績重視の退職金制度が導入され、労働者の社内での等級や役職などによって、毎年ポイントを付与して、退職時に積み立てた総ポイントに1ポイントあたりの金額を乗ずる退職金制度も増えてきている。退職金が賃金に該当するか否かについて、伊予相互銀行事件（最判昭43・5・28判時五一九号八九頁）、朝日火災海上保険事件（最判平8・3・26民集五〇巻四号一〇〇八頁）では賃金としての性格を認めている。

8 労働契約の終了

労働契約の終了とは、労働者からの退職の意思表示、使用者からの解雇の意思表示、就業規則に定める定年年齢による退職など使用者と労働者との契約が終了することである。一般的に労働者が就業していた企業から退くこと全般の総称として退職と言うことがある。

1. 労働者からの退職の意思表示

労働者が労働契約を締結している企業を辞めたいと考えたときには、期間の定めがない場合には民法627条により2週間前に申し出ることにより理由のいかんを問わず退職できる。期間の定めがある契約の場合には、民法628条によりやむを得ない事由のときに退職することができる。労働者からの退職の意思表示に対して企業が強制的に引き止めることはできない（労基法5条）。

2. 解　雇

解雇は使用者から労働者に対する契約解除の意思表示である。解雇には、普通解雇、懲戒解雇、整理解雇の三形態がある。

(1) 普通解雇

懲戒解雇、整理解雇以外の理由による使用者からの契約終了の一方的意思表示である。なお、現行法上一定の事象については、解雇制限が設けられている。労働基準法19条（解雇制限）、同法104条2項（行政庁への申告）、労働組合法7条（労働組合活動）、男女雇用機会均等法6条4号（性別を理由とする差別）、同法9条（婚姻、妊娠、出産等を理由とする不利益取扱）、育児・介護休業法10条（育児休業の申し出等）などがある。解雇については、日本食塩事件（最判昭50・4・25民集二九巻四号四五六頁）、高知放送事件（最判昭52・1・31労判二六八号一七頁）で「普通解雇事由がある場合においても、使用者は常に解雇しうるものではなく、当該具体的な事情のもとにおいて、解雇に処することが著しく不合理であり、社会通念上相当なものとして是認することができないときには、当該解雇の意思表示は、解雇権の濫用として無効になるものというべきである」と判示した。これ以降解雇権濫用法理が確立し労働契約法16条にその趣旨が取り入れられた。

(2) 懲戒解雇

業務命令に従わない、企業内・外で不都合な行為を行うなど企業秩序維持のための制裁として労働者との契約を終了させるものである。懲戒は、就業規則や懲戒規程などに規定されている事由に該当し、相当の手続きを経て実施しなければならない。懲戒事由や実施方法について法律上の規定はない。関西電力事件（最判昭58・9・8労判四一五号二九頁）で「使用者は、広く企業秩序を維持し、もつて企業の円滑な運営を図るために、その雇用する労働者の企業秩序違反行為を理由として、当該労働者に対し、一種の制裁罰である懲戒を課することができるものである」と判示し、懲戒権を認めた。一般的な懲戒の種類として、注意、厳重注意、けん責、減給、出勤停止、降職・降格・降級、諭旨退職、懲戒解雇などがある。この中で最も重いのが懲戒解雇である。

(3)　整理解雇　企業の業績が悪化し、経費の削減、労働者の配置転換・出向、新規採用の中止、希望退職者の募集によってもなお、人員が余剰であり、その人員を削減しなければならないような場合に労働者を選定して解雇するものである。東洋酸素事件（東京高判昭54・10・29労民集三〇巻五号一〇〇二頁）で整理解雇を行うためには、「業務上の必要性」、「解雇回避努力義務」、「被解雇者選定の妥当性」、「適正手続」の4要件が必要であるとされている。

3．合意解約

合意解約とは、使用者、または労働者の一方からの意思表示ではなく、双方の合意によって労働契約を終了させるものである。代表的なものに希望退職がある。希望退職とは、使用者が希望退職者を募集しこれに労働者が応じて合意によって労働契約を終了するものである。

4．定　年

定年とは、労働契約の終了を労働者が一定の年齢に到達したことにより終了させるものである。日本における長期雇用システムの中では、使用者からの解雇は合理的な理由や社会的相当性がないと認められない。そこで一定の年齢に到達した時点をもって労働契約を終了させるという契約の終期を定めておくのが一般的である。

5．雇　止

雇止とは、雇用期間を設定している労働者について、その期間が到来することにより労働契約を終了させるものである。更新すれば契約の再締結ということになり、更新をしなければ契約期間の満了となる。

Column　正規労働者と非正規労働者の処遇差

正規労働者と非正規労働者とでは、月額の賃金はもとより賞与、退職金、年金で大きな開きがある。それ以外にも住宅補助や長期傷病の場合の休業制度など正規、非正規の格差は大きい。特に退職金や年金は老後の生活に必要なものであるから、どのような働き方をするかを労働者自身が十分考えなければならない。

（単位：円）

	賃　金	賞　与	退職金	年　金
正規労働者	436,300	759,177	22,558,000	220,724
非正規労働者	240,800	基本的に不支給	基本的に不支給	65,141

※賃金は厚生労働省「令和元年賃金構造基本統計調査」50歳～54歳男性の月額賃金、賞与は日本経団連・東京経営者協会「2019年夏季・冬季賞与・一時金調査結果」（非管理職夏季）、退職金は日本経団連・東京経営者協会「2018年9月度退職金・年金に関する実態調査結果」大学卒、年金は厚生労働省「令和2年4月分からの年金額等について」月額の例より。

参考文献

荒木尚志・菅野和夫・山川隆一『詳説　労働契約法〔第2版〕』弘文堂、二〇一四年

安熙卓『人的資源管理入門』文眞堂、二〇一四年

大内伸哉『就業規則からみた労働法〔第二版〕』日本法令、二〇〇八年

下井隆史『労働基準法〔第5版〕』有斐閣、二〇一九年

菅野和夫『労働法〔第12版〕』弘文堂、二〇一九年

西谷敏『労働法〔第2版〕』日本評論社、二〇一三年

野川忍『新訂　労働法』商事法務、二〇一〇年

吉田三喜大・名古道功・根本到編『労働法Ⅱ〔第3版〕個別的労働関係』法律文化社、二〇一八年

法律等の略称

育児・介護休業法——育児休業、介護休業等育児又は家族介護を行う労働者の福祉に関する法律

高齢者雇用安定法——高年齢者等の雇用の安定等に関する法律

国公法——国家公務員法

障害者雇用促進法・障雇法——障害者の雇用の促進等に関する法律

職安法——職業安定法

女性活躍推進法——女性の職業生活における活躍の推進に関する法律

男女雇用機会均等法・均等法——雇用の分野における男女の均等な機会及び待遇の確保等に関する法律

発基——厚生労働省事務次官から各都道府県労働局長宛の通達

パートタイム労働法——短時間労働者の雇用管理の改善等に関する法律

労基法——労働基準法

労契法——労働契約法

労働契約承継法・承継法——会社分割に伴う労働契約の承継等に関する法律

労組法——労働組合法

労働者派遣法・派遣法——労働者派遣事業の適正な運営の確保及び派遣労働者の保護等に関する法律

第10章

割賦販売・訪問販売等の基礎知識

① 消費者契約法

1. 消費者契約法と改正の経緯

消費者契約法とは、消費者と事業者との間で、契約に関する構造的な情報の質・量ならびに交渉力の格差に着目して規定されている。具体的に個人消費者を誤解させたり、困惑させたりする交渉により締結された契約について取消権を与え、事業者の損害賠償を免除させる条項、その他消費者の利益を不当に害する契約各項の全部または一部を無効とする規定が定められている（1条、平成13年4月1日施行）。

平成18年法改正では、消費者の被害の発生または拡大を防止するため適格消費者団体（個人に代わり認定団体が賠償裁判）による差止請求制度（消費者団体訴訟制度）を導入し、平成20年の法改正では、差止請求の対象を景品表示法上の不当表示、特定商取引法の不当行為に、平成25年の法改正では、食品表示法の不当表示について拡大された。さらに、平成28年法改正では、適量契約の取消権、消費者の解除権を放棄させる条項の無効、平成30年法改正では、不安をあおる行為などによる取消しや、消費者の後見などを理由とする解除条項の無効の規定を定めるなど、消費者契約に関する被害事例などを踏まえ対応されている。

2. 消費者契約法はどのような場合に対応するのか

消費者契約法が必要な場合は、商品売買契約・サービス提供の契約締結過程、契約条項の是正、消費者トラブル発生時に消費者の保護に対応することである。消費者契約の当事者は、消費者と事業者で、消費者とは事業としてでもなく、事業のためにでもなく、契約の当事者となる個人、事業者とは法人、法人以外の団体、事業のために契約の当事者となる場合における個人（飲食店、税理士事務所など）をいう（2条）。

特に事業者の努力義務の明示としては、①消費者契約の内容が、その解釈について疑義が生じない明確なもので、消費者にとって平易なものになるよう配慮すること（条項の作成）、②個々の消費者の知識および経験を考慮した上で、必要な情報を提供すること（情報の提供）に努めなければならない（3条）。

3. 消費者契約法の内容

消費者と事業者との間の消費者契約に関する構造的な情報の質・量並びに交渉力に鑑み、契約の取消し、契約各項の無効等について規定し、当契約であれば労働契約以外は全契約が対象とされる。

(1) 取消しうる不当な勧誘行為

① 消費者に誤認を与える行為

(ア) 不実告知（4条1項1号）――「実際は普通の作品でありながら著名作品であると嘘をつく契約」

(イ)　断定的判断の提供（同条同項2号）――「骨董品の売買契約で、将来、必ず価格が高騰すると告知」

(ウ)　不利益事実の不告知（同条2項）――「土地・家売買契約において、数年後、隣に高層のマンションの建設を知りながら、日照と景観が良いと告知」

②　消費者が困惑する行為

(ア)　不退去（同条3項1号）――「自宅等に訪問してきて断っても帰らず、根負けして契約をする」

(イ)　退去妨害（同条同項2号）――「店等で勧誘を受け、帰ろうとしても契約締結まで帰れなかった」

(ウ)　不安をあおる告知（同条同項3号）――「今のままでは人生成功しない、この人生セミナーが必要」

(エ)　恋愛感情等に乗じた人間関係の濫用（同条3項4号）――「商品を購入しないと交際を続けない」

(オ)　加齢などによる判断力の低下の不当な利用（同条同項5号）――「この食品を購入しないと今の健康は維持できない」

(カ)　霊感などによる知見を用いた告知（同条同項6号）――「この真珠を買わなければ悪霊が憑いてくる」

(キ)　契約締結前に債務の内容を実施など（同条同項7号・8号）――「建築契約締結前に、建築を開始」

③　適量契約（同条4項）――「健康食品を単身で居住する高齢者が3年分購入する契約」

消費者取消権（4条1項から4項・7条）は追認の時から1年行使しないと消滅、または消費者契約の締結の時から5年経過したときも消滅する。

(2)　無効な不当契約条項（契約自体は有効のまま）

(ア)　事業者の損害賠償責任（引渡期日後も商品を引渡さない場合〈債務不履行責任〉、債務の履行に際し、消費者に傷を負わせ履行させた場合〈不法行為責任〉、商品に欠陥があった場合〈契約不適合責任〉）を免除する条項、または事業者が自分の責任（過失責任）を自ら決める条項（8条）。

(イ)　消費者の解除権（事業者の債務不履行責任発生）を放棄させる条項、または事業者が解除権の有無（事業者に判断）を自ら決める条項（同条の2）。

(ウ)　消費者の後見など（消費者が成年被後見人等になった場合）を理由とする解除条項（同条の3）。

(エ)　消費者が支払う損害賠償の額を予定（平均的な損害額と言えるか否か考慮）する条項など（9条）。

(オ)　消費者の利益を一方的に害（消費者が全く予測できない権利制限や義務の加重）する条項（10条）。

②　割賦販売・クレジット

1．割賦販売法とは

消費者が事業者から商品等を購入する際、その代金については、一括払いの他に、複数回に分割して後払いすることがある。このように、商品代金を数回に分けて支払う販売方式のことを割賦販売という。事業者にとっても、多種多様な支払い方法を消費者に適宜選択してもらうことが、ビジネスチャンスの拡大に寄与するということができる。代金後払いの典型例として、クレジットカードを利用した取引が挙げられる。カードを利用した取引には、事業者と消費者との間の当事者のみで完結するものもあるが、信販会社が介在する形式が一般的である。そこで、複雑な取引形態を含む取引についてのルールを明確化することにより、消費者が不利益を受けることを防ぐとともに、公正な割賦販売などに関する取引の実現を図るため、割賦販売法がさまざまな規制を設けている。

2．割賦販売法の規制する取引形態について

割賦販売法の規制対象とする取引は次の6つがある。①割賦販売、②ローン提携販売、③包括信用購入あっせん、④個別信用購入あっせん、⑤前払式特定取引、⑥前払式割賦販売がある。

①　割賦販売　　消費者が事業者に対し、2カ月以上に渡り、3回以上の分割払い（リボ払い〈毎月の支払額をあらかじめ設定〉の場合はカードを利用）して、事業者が政令で指定された指定商品、指定権利、指定役務の適用対象を販売する取引（カード利用いずれも可能）。

②　ローン提携販売　　消費者が事業者から購入する指定商品、指定権利、指定役務の代金について金融機関から借り入れ、2カ月以上に渡り、3回以上で分割返済（リボ払いの場合はカード利用）することを条件に、事業者が消費者の債務（借金）を保証する販売取引（カード利用有）。

③　包括信用購入あっせん　　信販会社が予め消費者に包括的信用を与え、消費者が信販会社からクレジットカードの交付を受けて、適用対象となる不動産以外の商品・すべての役務・指定権利をクレジットカードを提示して購入した場合に、事業者にクレジットカード発行の信販会社が代金の立替払いをし、後から消費者は信販会社に代金・手数料を2カ月後に後払い（リボ払い利用可）する販売の取引。

④　個別信用購入あっせん　　消費者が事業者からカード等を利用せずに不動産以外の商品・すべての役務・指定権利を購入するたびに、その代金は事業者と提携する信販会社が立替払いをし、消費者が信販会社に代金・手数料を2カ月後に後払いとする販売の取引。

特定商取引法が規定する訪問販売、電話勧誘販売、連鎖販売取引、特定継続的役務提供、業務提携誘引販売取引などの5つの取

引形態で、個別信用購入あっせん契約を利用した場合、割賦販売法ではクーリングオフが認められている。また訪問販売などで事業者が嘘の説明をした不実の告知の場合の取消権、適量販売を消費者がなかったことにできる権利の適量販売解除権なども割賦販売法上認められている。なお上記③の包括信用購入あっせんを利用した場合には、前述の5つの取引形態について割賦販売法によるクーリングオフ制度を事業者に利用できないために、特定商取引法上のクーリングオフ制度が利用できる。これに関連して、信販会社にも割賦販売法が規定する支払停止の抗弁が主張できる。

⑤　前払式特定取引　　消費者が経済産業大臣の許可を受けた事業者に対し、会費の名目で代金の全部もしくは一部を2カ月以上・3回以上に分割して支払った後に、商品取次業者から適用対象となるすべての商品・指定役務（他の場合と内容異なる）の提供を受ける割賦前払いの取引（カード利用無）。

⑥　前払式割賦販売　　消費者が事業者に対し、代金の全部もしくは一部を2カ月以上・3回以上（うち前払い2回以上）に分割して支払った後に、適用対象となる指定商品が引き渡される割賦前払いの取引（カード利用いずれも可能）。

3．支払停止の抗弁

①　支払停止の抗弁制度とは　　割賦販売で商品を購入（消費者と事業者と信販会社の三者間契約）したものの、事業者と消費者との間にトラブルが発生したとき、例えば、商品が届かない場合、消費者は信販会社に対し、「商品が納品されるまでお金を払わない」と主張することができる制度である。

②　支払停止の抗弁主張の要件（30条の4）

(ア)　割賦販売法に定める信用購入あっせん、ローン提携販売の取引であること。

(イ)　割賦販売法に定める指定商品・指定役務・指定権利であること。

(ウ)　2カ月以上の期間に渡る3回以上の分割払いであること。

(エ)　販売店に対する抗弁事由があること。

「販売店に債務不履行がある場合（商品の引渡しがない、商品に欠陥がある、引渡しが遅延、カタログ等と現物が相違）」など。

(オ)　売買契約に起因する事由があること。

「詐欺・強要による売買契約」「未成年者・成年被後見人等の売買契約」「公序良俗違反・錯誤による売買契約」「クーリングオフ行使による売買契約」など。

(カ)　一つの契約金額（支払い総額）4万円以上であること（リボルビング方式の時は3万8000円）。

(キ)　売買契約が商品・役務の提供を受けるものにとって、商行為とならないこと。

4．所有権の留保

割賦販売法では、政令で指定された商品などを割賦販売する場合、その所有権は代金完済までは信販会社に留保される（7条）。

③ 訪問販売等の規制に関する特定商取引法（1）

序．特定商取引法とは

特定商取引法は、一般の売買契約時とは異なる勧誘方法や手段、もしくは、契約内容や条件が特殊な取引について、事業者に対する規制を行い、消費者を保護することにより、国民経済の健全な発展を図ることを目的とする法律である。

規制の対象となる取引は、1．訪問販売、2．通信販売、3．電話勧誘販売、4．連鎖販売取引、5．特定継続的役務提供、6．業務提供誘引販売取引、7．訪問購入、8．ネガティブオプション、であるが、消費生活の変化に伴い新たな取引形態が次々と誕生し、消費者被害が拡大しては法改正が頻繁に行われている現状である。

1．訪 問 販 売

訪問販売には、販売事業者が自己の営業所、店舗等以外に出向いて申込みの誘引や契約を締結する場合だけでなく、別の場所でつかまえた客を自己の営業所等に連れて行き、契約等をさせるような、いわゆるキャッチセールス型のものも含まれる。

いずれの場合も、消費者側にとっては不意打ち性が高く、規制の対象となる。

また、全ての種類の商品、役務が訪問販売の対象となるが、ゴルフ会員権等の権利については、指定された権利に限られる。

特定商取引法は、訪問販売事業者に対して取引の際の義務を課す規制をする一方、クーリング・オフ、不実行為等による契約の取り消し等の救済手段を用意することで、両方の面から消費者保護を図っている。（図表10－1参照）

(1) 訪問販売事業者に課せられる義務及び規制事項

① 氏名・勧誘目的等の明示義務（特定商取引法3条） 訪問販売の際、自己の氏名、会社名、及び販売の目的となる商品等の種類を明示しなければならない。

② 勧誘の際の不当行為の禁止（特定商取引法6条） 不実（ウソ）の告知、事実、重要事項の故意の不告知、脅迫、詐欺などによる勧誘等が禁止されている。

③ 申込書・契約書面交付義務（特定商取引法4条・5条） 申込

行政（消費者庁）

①氏名・勧誘目的等の明示義務（特定商取引法3条）
②勧誘の際の不当行為の禁止（特定商取引法6条）
③申込書・契約書面交付義務（特定商取引法4条・5条）
④再勧誘の禁止（特定商取引法3条の2第2項）
⑤過量販売規制（特定商取引法9条の2）

↓ 規制 ↓

訪問販売事業者

↑ 救済 ↑

⑥クーリング・オフ（特定商取引法9条）
⑦不実行為等による契約の取消し（特定商取引法9条の3）

消 費 者

図表10－1 訪問販売に対する特定商取引法による規制と救済

みの内容を記載した申込み書面を直ちに、また、契約内容を記載した書面を、契約締結後遅滞なく交付する義務がある。

④　再勧誘の禁止（特定商取引法3条の2第2項）　勧誘を受けるつもりが無い意思表示をした消費者に対し、再度の勧誘等の行為が禁止されている。

⑤　過量販売規制（特定商取引法9条の2）　日常生活で必要とされる分量を著しく超えるような、多量の商品等を販売する契約が規制されている。消費者は、契約締結日から1年間に限り、過量販売解除権を行使できる。

(2)　消費者に対する救済事項

⑥　クーリング・オフ（特定商取引法9条）　購入した商品等について、一定期間は消費者の一方的な意思によって自由に契約解除できることにより、結果、商品等の返品と代金返還請求を可能とする制度。クーリング・オフされると、すでに使われてしまった商品でも事業者はその代金を請求することはできない。

⑦　不当勧誘・不実行為等による契約の取消し（特定商取引法9条の3）　訪問販売事業者が①～⑤の義務違反や禁止行為を行った場合、クーリング・オフ可能期間経過後も、消費者は将来に向かって、契約を解除することができる。

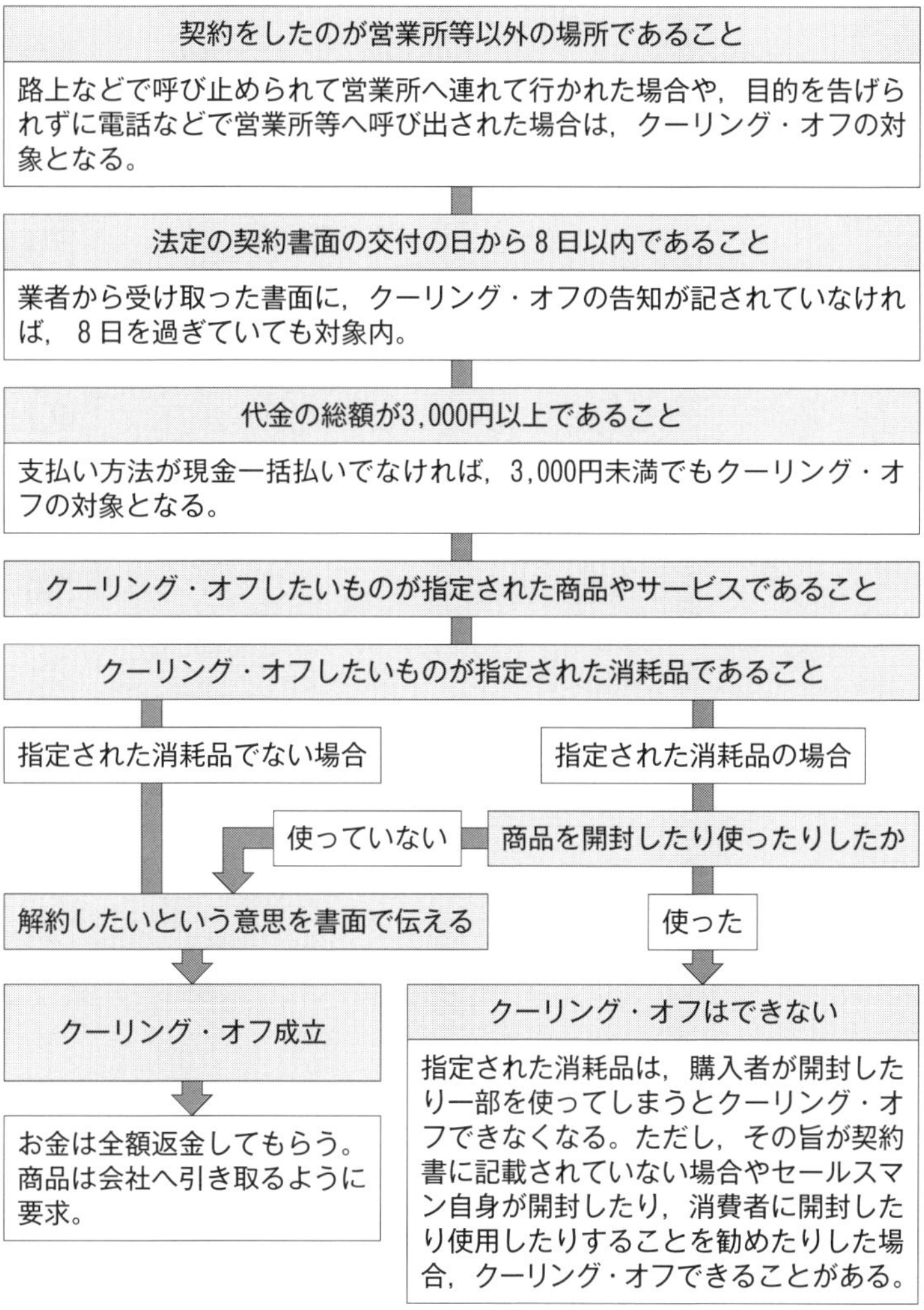
契約をしたのが営業所等以外の場所であること
路上などで呼び止められて営業所へ連れて行かれた場合や，目的を告げられずに電話などで営業所等へ呼び出された場合は，クーリング・オフの対象となる。
法定の契約書面の交付の日から8日以内であること
業者から受け取った書面に，クーリング・オフの告知が記されていなければ，8日を過ぎていても対象内。
代金の総額が3,000円以上であること
支払い方法が現金一括払いでなければ，3,000円未満でもクーリング・オフの対象となる。
クーリング・オフしたいものが指定された商品やサービスであること
クーリング・オフしたいものが指定された消耗品であること
指定された消耗品でない場合
指定された消耗品の場合
使っていない
商品を開封したり使ったりしたか
解約したいという意思を書面で伝える
使った
クーリング・オフ成立
クーリング・オフはできない
お金は全額返金してもらう。商品は会社へ引き取るように要求。
指定された消耗品は，購入者が開封したり一部を使ってしまうとクーリング・オフできなくなる。ただし，その旨が契約書に記載されていない場合やセールスマン自身が開封したり，消費者に開封したり使用したりすることを勧めたりした場合，クーリング・オフできることがある。

図表10－2　クーリング・オフのチェックポイント（訪問販売）

出典：徳島県立消費センター『あなたは大丈夫か？』14頁より一部変更

④ 訪問販売等の規制に関する特定商取引法(2)

次に、2．通信販売～8．ネガティブオプションの説明と、適用される主な規制と救済を図示する。（図表10-3参照）

2．通　信　販　売

通信販売とは、販売事業者が各種メディア、インターネット等を通じて商品等の販売を行う非対面型の販売形態の内、次項3．の電話勧誘販売に該当しないものをいう。

3．電話勧誘販売

販売事業者が消費者の自宅、勤務先等に電話をかけて、または、消費者から電話をかけさせて勧誘する販売方法のことをいう。

4．連鎖販売取引

いわゆるマルチ商法、ネットワークビジネスと呼ばれる取引形態である。販売事業者が消費者に商品等を販売し会員とし、その会員をリベートという餌で釣り、さらに下位の会員を勧誘させる販売員に仕立て上げることで連鎖的、重層的に会員組織を拡大させるビジネスモデルを指す。

5．特定継続的役務提供

特定継続的役務とは、対価の支払いにより一定の期間継続的に、①エステティックサロン、②語学教室、③家庭教師、④学習塾、⑤パソコン教室、⑥結婚紹介サービス、の政令指定された6種類

図表10－3　主な規制・救済等の適用状況

	①氏名・勧誘目的等の明示義務	③申込書・契約書面交付義務	⑥クーリング・オフ	※広告規制
適用あり	1．訪問販売 3．電話勧誘販売 4．連鎖販売取引 6．業務提供誘引販売取引 7．訪問購入	1．訪問販売 3．電話勧誘販売 4．連鎖販売取引 5．特定継続的役務提供 6．業務提供誘引販売取引 7．訪問購入	期間８日 1．訪問販売 3．電話勧誘販売 5．特定継続的役務提供 7．訪問購入 期間２０日 4．連鎖販売取引 6．業務提供誘引販売取引	2．通信販売 4．連鎖販売取引 5．特定継続的役務提供 6．業務提供誘引販売取引
適用なし	2．通信販売 5．特定継続的役務提供 8．ネガティブオプション	2．通信販売 8．ネガティブオプション	2．通信販売 8．ネガティブオプション	1．訪問販売 3．電話勧誘販売 7．訪問購入 8．ネガティブオプション

の役務（サービス）に限定されている。

6．業務提供誘引販売取引

収入になる業務（仕事）で消費者を誘い、その業務に必要と称した商品等を販売する、いわゆる内職・モニター商法が、これに該当する。

7．訪問購入

いわゆる「押し買い」で、自宅を訪問した買い取り事業者に、強引に安値で貴金属等を買い取られてしまうことを指す。

8．ネガティブオプション

注文していない商品を請求書とともに送りつけ、あたかも契約が締結されているかのように、消費者を騙す、いわゆる「送りつけ商法」のことである。

※広告規制とは、

- 販売価格、送料等、必要的記載事項の明記義務
- 誇大・不実広告の禁止
- 迷惑メール広告の禁止
- 返品が可能かどうかの明記（通信販売の場合）等の定めにより、事業者に適正な情報提供を行わせる規制である。

Column　民法（一般法）と特定商取引法（特別法）

民法（一般法）は、互いに平等な権利能力を持つ当事者が、その意思に基づき対等な立場で、契約等の法律関係を自由に形成できる想定で、私的自治の原則を基本原理としている。

しかし、現実社会では、権力、資産、情報等を持つ者と持たざる者との間には、対等な立場などありえない。

そこで、その不平等を是正するのが、特定商取引法のような特別法である。

社会の高度・複雑化に伴って、今後も特別法の種類は増え続ける。その法の目的は何か、その目的のため、どのような法構造になっているのか、そういった視点から理解していくことが重要である。

5 電子取引上の契約とホームページ作成（インターネットを含む）

1．電子取引上の契約

契約とは、「申込み」と「承諾」、双方の意思表示の合致により成立する法律行為である。従来、契約等の取引は、対面で行う場合、または、双方が離れた場所に存在する場合、電話、書面のやりとり等の通信手段により行われることが想定されていた。

近年、IT技術の発達により、インターネットのオンライン、電子メール等を利用したネットショッピングやネットオークション等の電子商取引が急拡大している。

電子商取引は、従来の取引とは異なる性質、特色があり、既存の法規制では制御に至らず、電子消費者契約法、特定商取引法等の特別法により、独自の取り決めがなされている。

(1) なりすましと文章改ざんの問題　物理的に相手方と対面、接触が可能である従来の取引とは異なり、電子取引では本人の署名ですらデジタルデータであり、他人が本人になりすまし、本人名義で取引を行うことが可能である。

そこで、「電子認証及び認証業務に関する法律」の定めにより、民間の認証機関による認定制度を用いて、本人確認が行われる。

この結果、取引の内容が記された電子文章が改ざんされていないか、また、正しく本人の意思を表示しているかどうかを確認できることとなる。

(2) 契約の成立時期　電子取引上の契約成立は、「承諾」の意思表示が相手方に到達した時期、いわゆる「到達主義」を採用することを電子消費者契約法4条で定めている。

(3) 操作の問題　電子取引においては、誤りや勘違い等のキー操作により、消費者が、自らの意思と異なる表意をしてしまう危険性がある。民法95条（ただし書）の規定では、これら意思表示の錯誤の場合、消費者に重大過失があれば、契約は有効に成立してしまう。

そこで、電子消費者契約法3条では、事業者が消費者の申込み、承諾等の意思確認をするための措置、いわゆる内容確認措置を講じてない場合、消費者の重大過失に基づく無効を主張できないこととし、消費者保護を図っている。

(4) 広告規制　電子取引における広告規制について、特定商取引法11条、12条は通信事業者に対し、①販売価格、送料等、必要的記載事項の明記、②誇大・不実広告の禁止、③迷惑メール広告の禁止、④返品が可能かどうかの明記、を義務付けている。

また、迷惑メール広告の送りつけについて、特定電子メール法（特定電子メールの送信の適正化に関する法律）3条も、あらかじめ送信に承諾した者のみに対してのみ送信できる、いわゆるオプトイン方式を採用し、営利を目的とした全ての送信者を規制している。

2．電子取引上のホームページ作成

電子取引上のホームページは、有力な販売促進ツールであると

同時に、著作権を侵害する可能性も高い。

(1)　**著作権の発生**　著作権法は、権利を発生させるために何ら手続きを必要としない「無方式主義」を採用している。よって、電子掲示板等に書き込まれた文章、掲載された写真等、その創作時点から著作権が発生している。

(2)　**著作物の定義**　著作権法上保護を受ける著作物とは、「思想又は感情を創作的に表現したものであつて、文芸、学術、美術又は音楽の範囲に属するもの」（著作権法2条1号）である。

この要件を満たした写真は、写真の著作物として著作権を有し、かつ、そこに美術の著作物である建築物が写っていれば美術の著作物の著作権、人が写っていれば肖像権が発生するように、一つの著作物の掲載にも多数の権利者の許可を得なければならない。

(3)　**著作権の構成（支分権）**　著作権は、権利の束と称され、多数の権利（支分権）から構成されている。支分権は人格権と財産権の2種類に大別され、財産権は他人に譲渡可能だが、人格権は専ら著作者に所属し、譲渡することができない。

よって、他人の著作物を掲載するにあたり、削除、改変を行うには、必ず著作者本人の許諾を得なければならない。

(4)　**著作権の権利制限規定**　著作権法は一般公衆の利益として、ある一定の場合、権利者の許諾なく著作物を利用できるよう、いくつかの権利の制限規定を設けている。

①　私的複製の制限（著作権法30条）　個人、家庭内等、私的範囲での使用であれば、他人の著作物を許諾なく複製して使用できる。ただし、ホームページへの掲載は不特定多数の者がアクセス可能であるため、私的範囲に該当しない。

②　引用（著作権法32条）　他人の著作物を利用する際の目的が、報道、批評、研究の目的であり、かつ、引用する部分をかぎかっこで区切る等明瞭に区分し、引用部分が従、自身の作成部分が主の主従の関係であること、出所を明示する等の要件を全て満たせば、権利侵害とはならない。ただし、商業目的の広告では、引用の制限規定を用いることは困難であり、自社の商品等がメディアで紹介された記事等の転載も、権利者の許諾を得る必要がある。

(5)　**インターネット上に関する改正著作権法**

①　違法ダウンロードの取締まり　ネット上に掲載された著作物（これまで映像と音楽に限定）の規制対象が全般に拡大し、海賊版と知りながらダウンロードする行為は原則として違法となる。この行為に対し、権利者が損害賠償請求でき、悪質な行為は刑事罰の対象となる（令和3年1月1日施行）。

②　授業目的公衆送信補償金　学校が著作物を教材としてネットで配信する場合、著作権者の許諾を不要とする代わりに補償金を学校法人などがＳＡＲＴＲＡＳ（サートラス）に支払う必要があり、令和2年4月28日開始されている。ただ新型コロナウイルスの影響で令和2年度に限って無償となっている。

参考文献

森公任監修『解除・解約・クーリングオフ・解雇の法律と解決文例60』三修社、二〇一〇年
消費者庁消費者制度課編『逐条解説 消費者契約法〔第4版〕』商事法務、二〇一九年
大村敦志『生活民法入門』東京大学出版会、二〇〇三年
藤田裕監修『図解で早わかり 消費者契約法・特定商取引法・割賦販売法のしくみ〔改訂新版〕』三修社、二〇一七年
日本弁護士連合会・消費者問題対策委員会編『コンメンタール消費者契約法〔第2版増補版〕』商事法務、二〇一五年
デイリー法学選書編修委員会編『事業者必携！特定商取引法と消費者取引の法律知識』三省堂、二〇二〇年
後藤巻則・齋藤雅弘・池本誠司『条解 消費者三法 消費者契約法 特定商取引法 割賦販売法』弘文堂、二〇一五年
圓山茂夫『詳解 特定商取引法の理論と実務〔第4版〕』民事法研究会、二〇一八年
村千鶴子『Q&A これで安心！ 改正特定商取引法のすべて〔第4版〕』中央経済社、二〇一三年
松本恒雄・齋藤雅弘・町村泰貴編『電子商取引法』勁草書房、二〇一三年
吉川達夫編著『電子商取引法ハンドブック〔第2版〕』中央経済社、二〇一二年
高橋和之・松井茂記・鈴木秀美編『インターネットと法〔第4版〕』有斐閣、二〇一〇年
富樫康明『ケータイ・ネットに気をつけろ！』日本地域社会研究所、二〇一〇年

な

は

た

さ

索　引

ガイドブック法学［改訂版］　〈検印省略〉

2017年6月20日　第1版第1刷発行
2021年2月10日　改訂版第1刷発行

編著者　生駒正文
　　　　髙田富男

発行者　前田　茂

発行所　嵯峨野書院

〒615-8045　京都市西京区牛ヶ瀬南ノ口町39　電話(075)391-7686　振替01020-8-40694

共同印刷工業・吉田三誠堂製本所

ISBN978-4-7823-0603-1